篇章视域下的华语二语教学研究

刘 惠◎著

中国社会科学出版社

图书在版编目(CIP)数据

篇章视域下的华语二语教学研究 / 刘惠著 . —北京：中国社会科学出版社，2018.12
ISBN 978 – 7 – 5161 – 8346 – 5

Ⅰ.①篇… Ⅱ.①刘… Ⅲ.①汉语—对外汉语教学—教学研究 Ⅳ.①H195.3

中国版本图书馆 CIP 数据核字（2016）第 133305 号

出 版 人	赵剑英
责任编辑	刘　艳
责任校对	陈　晨
责任印制	戴　宽

出　　版	中国社会科学出版社
社　　址	北京鼓楼西大街甲 158 号
邮　　编	100720
网　　址	http://www.csspw.cn
发 行 部	010 – 84083685
门 市 部	010 – 84029450
经　　销	新华书店及其他书店
印　　刷	北京明恒达印务有限公司
装　　订	廊坊市广阳区广增装订厂
版　　次	2018 年 12 月第 1 版
印　　次	2018 年 12 月第 1 次印刷
开　　本	710×1000　1/16
印　　张	15
插　　页	2
字　　数	221 千字
定　　价	66.00 元

凡购买中国社会科学出版社图书，如有质量问题请与本社营销中心联系调换
电话：010 – 84083683
版权所有　侵权必究

谨以此书献给我至爱的父亲和母亲

序　言

养成大拙方为巧

陈学超

　　为刘惠博士新出版的专著写序，我是先想到这个题目才动笔写的。"养成大拙方为巧，学到真愚始知贤"，是九华山百岁宫大殿的一副对联，是老子道家哲学的精髓，也是自古以来真正的学问之士希冀达到的境界。这里的"拙"、"愚"，看起来普通，甚至为人所不屑，却是大德，大智，大功夫，大修养，大学问。意思是说：真正的智者贤人，看起来常若愚人；真正的巧技卓术，看起来殊若笨拙。这智、愚、巧、拙之辨，凝练出了千古传诵的格言——大智若愚，大巧若拙。老子《道德经》里的大音希声，大象无形，大盈若冲，大辩若讷，大方无隅，大直若曲，大成若缺等，都贯穿着这种"无为而无不为"的哲学思想，其智慧就在于掌握、顺应事物的本质规律，使人的目的得到自然而然的实现。

　　我在这里重申这一经典，有两个原因。

　　一是对刘惠博士学术精神的褒扬和勉励。刘惠于2010年到2014年从美丽的桂林到儒雅的古都长安攻读博士学位。虽然她离职学习期间已经有了副教授职称，但在四年长安求学中，她还是充分利用以收藏和建设在全国高校著称的陕西师大图书馆，广泛阅读文史哲各类历史资料和前沿理论学理，夯实以往自己人文基础欠缺的部分。她硕士是读文学的，转向应用语言学专业后，又从几十本语言学及应用语言学基础读本学起，为做专门研究奠定基础。当时她几乎每天"泡"

图书馆，以此为乐。这种内功的勤苦修炼，看似愚拙苦笨，却对博士论文的写作，对这本专著的完成，对未来的学术研究，都具有重要的意义。

二是面对当今大学里生硬的学术生产体制、简单量化的学术管理手段，以及所造成的急功近利的学术氛围，低层次重复的学术泡沫，以及逐年降低的研究生水准，我也想中肯地说几句话。那就是提倡老老实实、"坐冷板凳"的学术精神，做学问不可投机取巧、虚张声势。现在一些青年研究者，整天为职称晋升、项目申报填报表、写汇报，为完成发表指标疲于奔命，磨灭了学术创新的理想和志气。这种"短平快"的"收获"，不但不可能有什么学术价值，还会戕害学术生命，污染学术空气，贻误更年轻的一代。

这本名为《篇章视域下的华语二语教学研究》的专著，是刘惠博士在几年前的博士论文的基础上完成的。我已经忘记了那洋洋洒洒十几万字的详细内容，只是依稀记得我们多次讨论的情形。它不是一本纯粹的应用语言学理论著述，也不是一本纯粹的实用华语教学法阐释，而是在一种新的理论学理观照下对一种新的教学观的思考和论述，是一种开拓思维空间的基础理论和实践研究。华语二语教学研究与英语二语教学研究比较，是一个年轻的学科。无论从本体论、认识论还是方法论、工具论的角度，都有待年轻一代的应用语言学专家深入研究和开拓。20世纪八九十年代"对外汉语"学科初创时期那批简单因袭西方TESOL教本的入门读物，现在已经显得十分稚浅了。比如华语二语教学，到底应该以字词本位、语法本位、句子本位，还是以篇章本位，每个教学阶段应该如何侧重、如何取得最好的学习成效等，还没有系统的研究论著。刘惠博士立足研究的"篇章"，是一个中国传统文章学的范畴，也是西方有声的话语discourse和有形的文章text的综合。她借用廖秋忠先生的定义，将其设定为"一次交际过程中使用的完整的语言体"，为交际的最终呈现方式，以及语言构成的最大单位。根据华语高语境的特点，提出"交际语义场"的概念，希图从理论建设和教学实践两个方面，建构口头语篇章与书面语篇章教学的参考范式。这无疑是一个很有意义的探索。研究就是要补充前人的不足、修正前人的偏误,这点她做到了。

最后要说的是,华语二语教学研究是多学科的综合研究,需要语言学、教育学、心理学、跨文化交际学等各方面的人文知识和理论学养,需要博学之才。近年的博士研究生多偏专一隅,不无缺憾。希望刘惠今后的学习研究,不仅有华语二语教学研究的"生长点",还可有其他方面的"生长点";不仅学习研究应用语言学,还可学习研究文学文化等其他有意义的课题。继续多读多写,不卑不亢,不骄不躁,"学到如愚","养成大拙",方成大器。我十分敬佩有"华语二语教学之父"称誉的赵元任先生的为学。他一生致力于华语教学,创造了"普林斯顿教学法",同时又是翻译家、文学家、音乐家、语言学家。这样博通里有精专,精专中有博通,才是大学问、大学者,堪为风范。

是为序。

陈学超

2016 年 3 月 9 日

于加拿大多伦多

目　　录

第一章　绪论 ··· (1)
　第一节　问题的提出与研究意义 ···················· (1)
　　一　问题的提出 ······································· (1)
　　二　研究意义 ·· (5)
　第二节　研究方法与创新点 ·························· (8)
　　一　研究方法 ·· (8)
　　二　主要创新点 ······································· (9)
　第三节　语料来源 ······································ (9)
第二章　篇章教学观建立的理论基础 ················ (11)
　第一节　篇章的界定与性质 ·························· (11)
　　一　篇章的界定 ······································· (11)
　　二　篇章的性质 ······································· (12)
　第二节　篇章教学观的理论基础 ···················· (14)
　　一　篇章是思维的语言呈现 ······················· (14)
　　二　语境决定篇章生成与理解 ···················· (21)
　　三　语体是篇章表达的形态 ······················· (31)
　　四　篇章语言学与华语二语篇章教学 ··········· (34)
　本章小结 ··· (36)
第三章　篇章研究与华语二语篇章教学 ············· (37)
　第一节　篇章研究概况 ································ (37)
　　一　二语习得中的篇章研究 ······················· (37)

二　华语篇章研究现状 …………………………………… (38)
第二节　华语篇章特点 ……………………………………… (50)
　　一　华语篇章类型 ………………………………………… (50)
　　二　华语篇章结构 ………………………………………… (53)
　　三　华语篇章制作 ………………………………………… (57)
第三节　建立华语二语篇章教学观 ………………………… (60)
　　一　篇章视域下的交际语义场 …………………………… (60)
　　二　语言教学即篇章教学 ………………………………… (64)

第四章　篇章视域下华语口头语教与学 ……………………… (72)

第一节　口头语篇章类型与特点 …………………………… (72)
　　一　口头语篇章类型 ……………………………………… (72)
　　二　口头语篇章特点 ……………………………………… (76)
第二节　基于篇章的口头语习得问题 ……………………… (77)
　　一　关于口头语习得顺序的再思考 ……………………… (77)
　　二　口头语习得易被忽略的几个问题 …………………… (80)
　　三　口头语篇章连贯、衔接的手段 ……………………… (83)
第三节　基于实验方法的口头语篇章教学 ………………… (84)
　　一　口头语篇章实验法 …………………………………… (84)
　　二　感叹词的篇章功能 …………………………………… (106)
　　三　实验法在华语二语教学中应用的意义 ……………… (109)
第四节　篇章教学观在口头语篇章教学中的贯彻 ………… (110)
　　一　口语课教学新范式 …………………………………… (110)
　　二　听力课教学对口头语篇章能力培养的意义 ………… (133)
第五节　从篇章视角看口头语教材 ………………………… (138)

第五章　篇章视域下华语书面语教与学 ……………………… (144)

第一节　书面语篇章与口头语篇章的差异性 ……………… (144)
第二节　书面语篇章习得的基本问题 ……………………… (146)
　　一　连贯问题 ……………………………………………… (148)
　　二　衔接问题 ……………………………………………… (150)
　　三　修辞问题 ……………………………………………… (154)

   　四　图式问题 …………………………………………（168）
   　五　本节小结 …………………………………………（169）
  第三节　篇章教学观在书面语篇章中的贯彻 ……………（170）
   　一　篇章阅读教学的理论与方法 ……………………（170）
   　二　篇章写作教学的理论与方法 ……………………（181）
  第四节　书面语篇章习得的两个问题 ……………………（195）
   　一　汉字问题 …………………………………………（195）
   　二　语言输入与输出的问题 …………………………（198）

结　语 ………………………………………………………（205）
参考文献 ……………………………………………………（209）
附　录 ………………………………………………………（219）
致　谢 ………………………………………………………（227）

第一章 绪论

第一节 问题的提出与研究意义

一 问题的提出

长期以来,华语二语教学研究在华语语音、词汇、语法的本体及其教学方面的研究都比较用力,教学方法、教学策略和教材编写也是较为关注的内容;近些年,对学习策略的研究以及学习者个体差异、国别化和二语习得心理的研究也得到了重视。随着本学科研究的逐渐成熟和深入,我们发现:曾经存疑的有些问题逐渐达成共识,如华语二语教学的目的和目标是使学习者能够运用华语进行必要的和必需的社会交际,即语言学习目的在于交际,语言学习在于语言的运用和语言能力的提升;同时,有些问题也越来越令人困扰,如华语学习者从中级水平向高级跨越过程中遇到的瓶颈问题,在各类课型的驾驭上应该以什么作为语言教学的指归等。随着学科的日渐成熟,华语二语教学研究经历了初建、探索时期之后,再次对学科体系的整体构建和完善等宏观问题给予关注。

华语二语教学学科在理论建设和教学实践中,教学观或者说教学理念始终是学者努力探究的重要课题,也是教师努力在教学中贯彻的准则。但是,从华语二语教学的实际情况看,教学观在实际教学中的缺失程度是比较高的,主要表现在教师普遍缺少明确的教学理念来指导课堂教学,各类型、课型的语言课堂缺少一以贯之的核心理念来统摄。华语二语教学中曾出现过所谓词本位、语法本位、字本位、句子本位的提法，不过，这些体现教学重心和落脚点的"本位"还不能称作严格意义上的教学观。当下，"语法本位"已经慢慢退出原来在教学上的强势垄断地位，现在更受重视的是建立在以语言交际为语言学习目的上的"句子本位"。观念的改变带动教学方法的改进和一系列教学环节以及教材编写的调整，华语二语教学从听说法到"结构—功能—文化"相结合的探索，在教与学双向上都收获了很多成功的经验。但经由长期教学实践的检验，各种教法也都暴露出了各自的问题和局限；任何一种教学方法都不可能包治百病、尽善尽美，任何一种教学方法也都有其可取之处。这是人们对具体教学方法的一种较为客观公正的态度。以建立在功能语法和言语交际理论基础上的"句子本位"教学为例，它强调语言学习的目的在于交际和运用，因此对交际活动中的语言最小单位"句子"教学十分重视，特别强调句型和句型替换操练，通过这样的操练，学习者可以张口就说出正确的符合语法规范的句子，为言语交际储备了大量的可以使用的实用句型。和"词本位"、"语法本位"相比较，"句子本位"的优越性首先体现在更贴近语言交际的实际。但以句子为中心的教学的局限性也同样存在，很多学习者无法把学习到的句型或句子运用到现实交际当中，即使能够在现实交际中使用，也常出现"不得体"的现象。究其原因，句子虽是交际的基本单位，但是它的运用必须放在具体交际环境当中，即在具体的篇章中才能考察和检验句子运用得准确、恰当与否，单纯的句型训练和学习无法满足实际交际复杂多变的情况。事实证明，"句子本位"统领下的华语教学也难以完成语言学习的这一任务和目标。

从上述几种观点来看，无论是强调以语词为中心还是强调以语法为中心抑或是以句子为中心，都要落在语言学习的具体语境当中。例如："词本位"除注重词语语义阐释和理解之外，也注重词语语体色彩、感情色彩等语用方面的教学；"字本位"认为"字"是语音、语义、词汇和语法的交汇点，既是语法结构的基本单位，也是华语语言结构的基本单位，是华语语境中所特有的语言符号；"句子本位"要求学习者掌握大量句型，并能够灵活替换，在具体语境中能够自如调

第一章 绪论

取进行交际活动。可见，华语二语教学对篇章中的语言表达、语言理解已经引起了学者不同程度的关注。但是，篇章在华语二语教学中受重视的程度却远远不够，甚至可以说是缺失的一个内容。这一点从华语二语的教学与研究两方面都可以得到证明。

篇章，作为交际的最终呈现方式，作为语言构成的最大单位，作为检验学习者华语运用能力高低的标尺，在华语二语研究领域里却只是若隐若现，未受到足够重视和青睐。综观华语二语教学的研究成果和留学生课程设置以及汉语国际教育专业本科与硕士的课程设置等诸多方面，我们不难发现，华语篇章在研究与教学上的双重缺失。例如，在汉语国际教育专业本科、汉硕和学术硕士的课程设置中，构成篇章的各要素教学基本都设置有必修课或选修课，像语音教学、词汇教学、汉字教学、语法教学等，但却见不到关于篇章教学的内容。那么，对于本学科的某些困扰已久的问题的沉潜思考，能否从华语篇章和篇章语言学这里寻求新的突破口，是本书研究的初衷，也是本书理想的最终关怀。

目前，在华语二语教学领域，篇章方面的研究多集中在偏误分析上。而相较于语音、汉字、词汇、语法（词类和句法），篇章偏误分析起步晚了很多，近年来的研究成果可以归结为三个方面：一是从衔接和语义连贯的角度对篇章衔接偏误的分析；二是以衔接作为研究视角对篇章衔接偏误做深入分析；三是从篇章连贯的角度来进行偏误分析。已有的篇章研究主要关注的内容一是华语篇章形式上的衔接问题，二是以书面语篇章为主要对象进行的研究，三是以偏误分析为常用方法研究篇章。从课型教学角度来进行篇章探讨的则主要集中在阅读教学和写作教学上。写作篇章教学的已有研究主要表现在两个方面：一是对学习者的篇章意识培养的探索，指导学习者提高华语篇章运用和输出能力，更多落实在对写作教学法上的研讨；二是针对学习者的习作做篇章偏误分析，在较为丰富、可靠的第一手语料的支撑下进行较为细致的分类分析，从而探讨教与学的具体策略。然而，更多的还是把研究兴趣和重点放在了阅读教学上。特别是针对不同国别和不同华语水平等级的学习者的阅读教学方面的研究文章在数量上明显占有优势。这些已经取得的研究成果,一方面证明了阅读能力和阅读教学在华语二语教学中逐渐得到关注和重视;另一方面体现了西方相关理论和研究方法在华语阅读教学中更受青睐,研究者试图用其来解决华语阅读及教学中存在的问题;此外,也反映出华语二语阅读教学在理论研究上的不平衡和欠缺,如在理论建构上的避重就轻、在应用研究中方法的科学性、可靠性等问题都需要进一步思考和努力。

综观华语二语教学在篇章方面的研究可以看出,篇章以及篇章问题确实在近年来日渐受到教学和研究的重视,但理性思考及教学探索的深度和高度都还有待挖掘与提升。一是关于篇章方面的研究成果绝大多数都还集中在偏误分析上,缺少对篇章的更高层面上的认识,仅停留在篇章是大于段落的或由段落组成的语言单位;二是多停留在篇章的静态性研究上,对篇章的动态性和整体性特征的关注几乎没有;三是对口头语篇章的认识不够清晰,研究力度和方法均有待加强。

张德禄先生说:"选择 genre 为研究的对象,就像选择 style 和 coherence 概念作为研究对象一样,是需要勇气的,因为如果理不清各个层次、各个框架之间的关系,对所涉及的概念没有一个清晰的认识就会陷入难以说清的争议泥潭中不能自拔。我们可以说,进入了 genre 的研究领域就像进入一个四面透风的空房子里,堵住这一端而另一端还有缝隙。"① 那么,就华语篇章理论而言,这段话也同样适用,就华语作为二语的篇章研究而言,这所"空房子"的墙更是不只四面,因此更需要有清晰的理路来架构好这所房子的稳固框架。

通常情况下,篇章研究的内容既包括篇章是如何生成的,也包括篇章是如何表现和如何被接受的。本书出于华语二语教学的应用之需和篇幅所限,研究的内容重在篇章教学观的构建和部分关涉口头语篇章、书面语篇章的教与学问题。对于篇章研究,廖秋忠说:"从句子到篇章的研究,这是语言学发展的必然结果。"② 我们也可以因此说,从句子到篇章的研究,是华语二语教学在理论研究和教学实践发展到

---

① 李美霞:《话语样类及其整合分析模式》,中国社会科学出版社 2004 年版,第1页。

② 廖秋忠:《廖秋忠文集》,北京语言学院出版社 1992 年版,第 201 页。

※ 第一章 绪论 ※

一定阶段后的必然结果。但是，由于受到西方传统语言学在研究观念上的深刻而单向性的影响，在现代中国语言学的研究中，并没有把篇章研究当作语言本体研究。本书要做的是把篇章作为华语本体研究的一个不可缺少的重要部分，正式纳入华语二语教学研究视域。

本书提出篇章是语言教学的指归和本位，阐析语言教学即是篇章教学的理念，为华语二语教学构建篇章视域下的教学观。

本书采用"华语"、"华语二语教学"一说，理由是：（1）"华语"突破了"国语"的国别局限和"汉语"的民族局限；（2）在大众传媒中"华语音乐"、"华语电影"、"华语网"等说法已被广泛接受；（3）学界业已有冠名"华语二语教学"的年会和刊物；（4）"华语二语教学"既包括海外汉语国际教育和国内对外汉语教学，也包括港、澳、台的普通话教学，具有更大的包容性和通用性。关于"华语"的提法，学界已有多位学者就此加以阐析，郭熙（2006）[①] 根据对海内外华语教学实际情况的考察，明确提出：华语是以普通话为核心的华人共同语；华语是一种共同语，有自己的标准，不等于汉语，也不等于普通话，不独为中国人所有。故而，本书考虑到本学科和本研究的实际，不用"汉语篇章"、"对外汉语教学"、"汉语作为第二语言的教学"等称谓，取而代之的是"华语"、"华语二语教学"。

二语教学的研究与实践历时已久，华语二语教学的研究在实践探索中也取得了丰硕成果，并且理论探索与教学实践在发展过程中相互促进，教学中遇到的困难和困惑推动理论上的思考，研究中得出的结论和新成果又放到教学实践中去加以检验与推行。华语二语教学理论研究和教学实践紧密结合的特点是学科快速发展和成长的主要推动力。本书的研究同样是在这一推动力下展开。

二　研究意义

华语二语教学的学科性质决定了在该领域的研究与实践中必然存

---

① 郭熙：《论华语研究》，《语言文字应用》2006年第2期。

在语言接触，而"只要有不同语言的接触，特别是有了外语教学和语际翻译，就必然会有自觉不自觉的语言对比活动"①。在华语二语教学中，无论是教师还是学习者，了解和比较华语与学习者母语的异同、掌握一定的对比语言学的理论与知识对华语的教与学都是有所裨益的。立足华语篇章，本书的研究通过语言对比得到的启示集中体现在三方面：一是不同语言对比的意义以及诸如英语、华语语言对比的研究成果给华语二语篇章教学带来的重要启发；二是更加明确和充分地认识到华语及华语篇章在各个不同语言中的平等地位与不可替代、不可复制的独特性；三是引导研究者带着问题去思考并充满自信地去寻找解决华语二语教学问题的独特的钥匙。人类语言研究传统相对达成共识的是印度语言学传统、希腊语言学传统和中国语言学传统。但前两种传统现在已经合流，成为大家所熟知的印欧语研究传统。也就是说，世界上现存的只是印欧语与华语两大研究传统。难能可贵的是，在我国作为学科起步时间并不算早的对比语言学研究领域（我国对比语言学的开山之人公认为是吕叔湘②），已有学者开始积极尝试并进行了自觉而独立的思考。

  本书以二语习得理论、认知理论为指导，立足华语，从华语篇章的视角观照学习者口头语和书面语的事实，探寻语料提供的现象背后的问题实质；以口头语篇章和书面语篇章为中心为华语二语教学提供可操作的有效的教学范式，从而建立起华语二语篇章教学观。本书遵从二语习得的规律，以华语篇章为研究本体，将华语篇章划分为口头语篇章和书面语篇章两大语体类别分别进行阐析。在华语二语教学中，口头语篇章可以从口头语的教学和听力的教学中得到体现；书面语篇章可以从阅读的教学和写作的教学中得到集中体现。听、说、读、写既是华语二语教学的四种主要课型，也是语言学习的四种基本技能和能力，因此从篇章视角对口头语和书面语进行研究对华语二语

---

① 潘文国、谭慧敏：《对比语言学：历史与哲学思考》，上海教育出版社2006年版，第5页。
② 吕叔湘：《通过对比研究语法》，《语言教学与研究》试刊1977年第2期，参见杨自俭、李瑞华编《英汉对比研究论文集》，上海外语教育出版社1990年版，第21—33页。

第一章 绪论

教学的意义重大。具体表现在：

第一，立足篇章，从语言的终极形式和最大单位来观照华语二语教学，能够从宏观上把握华语二语教学的目标、内容和方法，也能够从微观上指导包括各类课型及其教学各个环节在内的教学设计与安排。在篇章宏观机制和微观机制的双重作用下，推动华语二语教学探索语言能力培养的新路径，构建新的华语二语教学观。

第二，在传统和发展中以语词、语法、语音、句子以至语段为重心的华语二语教学，为以篇章为视角统领以上各语言要素的华语二语教学奠定了良好的学科基础。但以上各要素都难以担当起语言教学之纲。在篇章视域下，这些语言要素的学习不再是"单打独斗"式地唱圆不了场的独角戏（光靠"语法"这个角色就圆不了"篇章"这个"场"），也不再是聚不拢的一盘语言的"散沙"，而是由囊括了内外语境、综合了各语言要素的篇章做纲领式的提挈，可使教学眉目清晰、按部就班，不偏离语言教学的宗旨。篇章视域下的华语二语教学把各要素教学纳入了整个"交际语义场"中进行学习。

第三，本书除了考察华语书面语篇章外，也把口头语篇章纳入了研究视野，改变了篇章研究重书面语轻口头语的传统。口头语表达的随意性、短时性、高语境依赖性等特点给口头语研究带来很大困难，使研究更为复杂和具有不确定性。但是，必须明确的一点是，口头语表达与书面语表达并没有高下之分、难易之别，而是两种同等重要的语言功能变体形式。在华语二语教学中，我们甚至不得不承认，在华语学习者学习的初、中级阶段，口头语能力的培养与训练更是华语语言习得的突破口和重点，在语言习得过程中，口头语始终扮演的是书面语无法替代和担当的重要角色。

第四，篇章视域下的华语二语教学将以往在语言教学中常常被忽略掉的内容提起来，正式纳入语言教学当中，成为华语二语教学的一部分。比如，在口头语篇章教学中，强调在言说语境里对态势语的学习与运用，重视对言说内容在语气、语调、重音、停顿、节奏上的处理；这样做，可以使语言学习"立体化"，可以使学习者养成在整体的篇章语境中进行表达和理解的良好认知习惯，可以使华语二语教学更贴近"活"的、真实的语言。

第五,在篇章视域下的华语二语教学可以实现研究方法和教学方法上的改进与突破。例如,在书面语篇章教学中,以认知图式为主要方法,在帮助学习者理解中国人思维特点的前提下,借助成年人二语习得的特点和优势来建立对华语篇章的整体认知,从而在阅读理解和华语写作的教学中贯彻"自上而下"的认知理念,对华语篇章的前景知识和背景知识做到充分理解,使学习者在生成和解读华语篇章的过程中降低难度和避免误读。再如,原来一谈及篇章就是在学习者习作中做偏误分析,大量的重复研究,缺少创新。要改变这一状况,就要改变把篇章仅仅是作为语言要素来看待的观念,要清楚地认识到:篇章是各语言要素的统领。因此,偏误分析的方法不是研究华语二语篇章习得的唯一方法,其类型划分也不能简单停留在传统的静态分析上。又如,在口头语篇章研究中引入实验语音学方法,把静态客观呈现的语图放在动态的具有整体性特征的篇章视域下加以考察和分析,从而更好地为华语二语口头语教学提供事实和理论支撑。

第二节　研究方法与创新点

一　研究方法

本书研究采用的主要方法有:

(1) 文献法:针对华语二语教学,以其篇章教学、教学观以及二语习得、语境学、文章学、篇章理论等为关键词大量搜集中外相关文献,通过对文献的梳理和研读,确定本书的研究基础和研究理路与研究目标。

(2) 实验法:本书在口头语篇章研究部分,以感叹词为例,运用了实验语音学的方法。具体使用的软件是由南开大学研发的"桌上语音工作室"(Minispeech-lab),用该软件对语料进行声学实验,测算出音高、音长数据,进行统计分析和语图绘制。该方法为华语二语口头语教与学提供了可感可视的直观语图,对矫正学习者的语音和有效提升学习者对华语有声语言表达的认知,有直接帮助。

（3）观察法：在本书写作过程中，观察法主要运用在课堂观察和对声像资料的观察分析上。具体落实在：一是对广西师范大学某中级写作教学课堂做了持续一个学期的课堂观察，从课堂上师生的双边活动到教学内容的安排、教材的使用，都在课堂教学的观察过程中得到真实地呈现；二是以"汉语桥"部分声像资料中参赛选手作为观察对象，从篇章视角去看，对其在比赛中的现场表现进行口头语篇章的个案分析。

二 主要创新点

本书的主要创新点可以概括为：

（1）提出在华语二语教学中建立篇章教学观和篇章视域下的"交际语义场"概念。

（2）改变原有篇章研究重书面语轻口头语的状况，把口头语篇章和书面语篇章放在平行并重的位置上进行探讨。

（3）在篇章视域下，为华语二语口头语篇章和书面语篇章提供教学参考范式，从教学范式上加以引导并提出建议，旨在改变传统华语二语教学观。

（4）尝试运用实验语音学的方法来考察口头语篇章中语音的立体式、多层面的特点，对在篇章衔接、连贯方面发挥特殊作用的感叹词，运用实验语音学方法，对"啊"类感叹词做了具体分析。本书为华语二语教学研究提供了可供参考的新的研究方法。

（5）注重篇章动态性研究，改变华语二语教学研究偏重静态篇章研究的状况，强调学习"活"的语言。一个篇章就是一个"交际语义场"，在篇章交际语义场中，可以把语言的宏观机制和微观机制共同纳入其中加以考察和研究，为华语二语教学提供新的视域，建立新的教学观，构建新的教学范式。

第三节 语料来源

在篇章研究中，我们所使用的语料与传统语法研究是不相同的，传统语法研究所用语料可以是经过研究者个人剪裁改编的实例，甚至可以是自己编造的句子；而篇章研究所用的语料一般取自人们在实际生活中使用的话语或从自然素材中选取的实际用语。本书所用语料有声语言部分除对广西师范大学在读留学生的个别访谈录音和对实验句的规定录音外，其余均来自历届"汉语桥"大赛的音像资料。书面语语料主要来自对历届广西师范大学留学生课堂作文、课后作业和考试卷、本科生毕业论文等自然语料的搜集，以及根据本书需要而做的课堂命题作文的收集。因此，所使用的语料能够真实地反映华语习得者的语言能力，即篇章表达能力的水平与面貌，并能够满足本书在语料方面的需要和要求。

第二章 篇章教学观建立的理论基础

第一节 篇章的界定与性质

一 篇章的界定

所谓篇章，不仅是语言交际的手段和形式，而且是语言交际的结果。篇章是具有交际功能的大于句子的语义单位，可以"只有一个词，如书写在出口处的 Exit；也可能是很长的一段话或文字，如一次布道、一本小说或一场辩论"①。因此，我们所说的篇章包括了口头语和书面语两种不同的呈现方式，即未将 text 和 discourse 两个词加以明确区分，而是以"篇章"一词涵盖了二者，既包括在交际中说出来的话（discourse），也包括写出来的文章（text），是有声话语和有形文章的总称。这样做，一是基于在学界也有一种声音认为 text 和 discourse 的定义在基本内涵上并没有本质上的区别；二是本书所要探讨的实质性问题是针对作为第二语言的华语口头语和书面语均包括在其中的超句子的教学，因此应尽可能避免在基本概念上的过度的或复杂化的纠缠；三是本书的研究指向是为华语二语教学在华语本体研究上做力所能及的有益思考，也努力为华语二语教学尽可能提供有效的指导，所以在研究过程中，华语自身的系统性是置放在首位的参照体系，在术语的使用上尽可能做到规范、准确和简明，故采用我国传统

---

① 王宗炎：《英汉应用语言学词典》，湖南教育出版社1988年版。

文章学研究所乐于接受的"篇章",更接近廖秋忠(1992)[①]给篇章所下的定义,即篇章是"一次交际过程中使用的完整的语言体"。

二 篇章的性质
(一) 篇章的静态性

篇章的静态性在一般意义上是针对书面语而言的,书面语具有稳定性,在很大程度上是由它的载体所决定的。所谓书面语,顾名思义,就是落在书面上的语言和文字。"书面"这个载体随时代和科学技术的发展从甲骨、竹简、锦帛、纸张到现在的电子文本或屏幕等,有了多种形式。尽管载体形式在漫长的历史长河中发生了巨大的变化,但"有字为据"是不同载体的书面语的共同特征,亦即语言、文字被各种可能的载体固定下来,可阅、可存,且一旦把语言文字落在"书面",则使其具有了不可更改性和唯一性,这一点也是书面语篇章静态性的表现。

但是,随着科学技术的发展,口头语可以被录制下来,通过磁带、光碟、硬盘等形式加以保存,这样被保留下来的录音或影像等口头语资料,在某种程度上也具有了稳定性的特征,但即便被固定下来,由于口头语篇章自身涉及的语境要素要复杂得多,且在交际中除了呈现出的有声语言外,还包括副语言和非言语交际的内容,因此从这个角度来看,这样固定下来的口头语篇章仍然不具有静态性的属性,至少其静态性不如书面语那么明显,但这样记录并保留下来的口头语篇章与书面语篇章同样具有了不可更改的特性。

篇章的静态性是相对的,即使是对于静态性十分明显的书面语而言,也不例外。因为固定于"书面"的语言文字尽管是静态的,但在阅读解码的过程中还要考察、兼顾到这些篇章形成的时代背景、作者或书写者的个人修养、情怀、心理和文化归属等外部因素,而这些因素(书面语篇章的外部语境)是处于动态之中的。在华语二语教学中,我们要善于利用篇章的静态性特征为教与学服务,特别是在书

---

① 廖秋忠:《廖秋忠文集》,北京语言学院出版社1992年版,第182页。

第二章 篇章教学观建立的理论基础

面语教学中,这一特点有利于帮助学生建立某些相对稳定的、有规律的华语知识,如文体的划分、不同文体的阅读和写作图式等。

(二) 篇章的动态性

篇章的动态性是由语境的动态性特征所决定的。Mey(1993)[1]明确提出语境不是静态的概念,而是最广泛意义上的言语交际时不断变动着的环境。Verschueren(2000)[2]认为,语境生成于语言的使用之中,其动态进程取决于作为交际主体的人以及人的社会交往和认知心理状态。何兆熊(1997)[3]认为,把语境置于发展变化的言语交际过程中进行研究,体现的正是语境的动态特征,也就是说,交际过程就是语境的构建过程。"共有知识"在这个语境的构建过程中发挥着重要作用:发话者利用它构造有利于实现自己交际目的的语境统一体;听话者利用它激活相关要素构造能有效理解话语的语境统一体。篇章的动态性特征在口头语篇章中的体现最为明显,口头语篇章灵活、减省、模糊、隐喻等特点所依赖的也正是充满了变化和处在变动中的语境要素。而对于相对静态的书面语篇章,在它的生成和理解的过程中,其动态性特征仍然存在,仍然是它不可或缺的分析参照的重要因素。

因此,篇章的动态特征是无处不在的。在华语二语教学中,我们要利用这一特征,更积极地去探究华语篇章与其他语境要素的各种联系以及它们之间的相互影响,引导华语学习者学习语言的策略与方法,学习"活"的语言并努力把语言用"活"。

(三) 篇章的整体性

篇章的整体性特征体现在宏观和微观两个层面。

就宏观层面而言,篇章不仅是书面或口头言说的语言内容,它的生成和理解还受到对象、环境、文化等诸多因素的影响,这些外部因素也是篇章表达和理解的重要组成部分,不但不能忽略,而且只有把

---

[1] Mey J. L., *Pragmatics: An Introduction*, Oxford: Basil Blackwell, 1993.
[2] Verschueren J., *Understanding Pragmatics*, Beijing: Foreign Language Teaching and Research Press, 2000.
[3] 何兆熊:《语境的动态研究》,《外国语》1997年第6期。

它们作为篇章的一部分，才能在表达和理解篇章时做到准确、恰当。这是从宏观上看待篇章整体性特性，主要表现在篇章与具体语境建立起的各种关联上。

就微观层面而言，篇章的整体性指的是它的呈现形式和表达语义的完整，作为一个篇章，不论长短、口头还是书面，它都被视作一个整体；一个篇章是一个完整的语义表达单位。从微观上看待篇章整体性特性，主要针对的是篇章呈现的语言内部形式与内容。

第二节　篇章教学观的理论基础

一　篇章是思维的语言呈现

思维方式的不同对言语呈现的最大也是终极单位——篇章的影响是最为突出的，反过来，透过人们言说的话语篇章，也可以清晰地看到它们各自所具有的思维特点。这一点对于关涉跨文化接触的华语二语教学是需要首先正视的差异。思维是人类大脑能动地反映与认识客观世界的过程，有显性思维和隐性思维两种。思维跟语言是相互作用和影响的，在语言的各个层面上都能够看到思维的影响，表现在篇章方面即为不同语言各自有其约定俗成的篇章组织规律。学习者在学习时如果对另一语言的篇章组织规律缺乏认识，那么就算他们掌握了目的语的语法规则，也常常会把母语系统里的篇章规则迁移到目的语中去。

（一）思维差异

首先，我们承认，思维是有差异的。人们通常会以东西方的思维为例加以比较。东方人呈现出来的是倾向于整体、具象、螺旋型的总的思维特点；西方人表现出来的是倾向于分析、抽象、直线型的总的思维特点[①]。

中国哲学认为，世界是一个矛盾统一体，其各组成部分之间是相

---

① 于静：《英汉思维方式差异及对语篇组织的影响》，《安徽理工大学学报》（社会科学版）2003年第3期。

第二章 篇章教学观建立的理论基础

互依存的关系，譬如阴与阳、有与无、精神与物质等，是不可分割的。因此，在中国人眼里，人与自然及社会是一个统一体，即"天人合一"。东方人强调统一，常以整体性为出发点，在研究时善于把事物作为有机整体进行直觉的综合式研究。东方人的思维常以经验为基础，偏爱具象思维模式。以中国人为代表的整体思维，富于想象，依靠直觉，论说方式具有明显的笼统性和模糊性。习惯于把天、地、人和自然、社会、人生统统放在一个庞大的关系网中，注重整体的关联性以及结构、功能，善于用辩证眼光在事物或事件中寻求多样性的和谐和对立面的统一。中国人善于在事物中发现对称、对立、对应的关系，善于在对立中把握统一，在统一中分析对立，从而求得思考或事物的整体的动态平衡，最终目标是指向和谐与统一。

西方人认为世界的组成部分是相互对立的，彼此独立并可以分割，譬如精神和物质、主体和客体的关系，他们崇尚独立，强调个体，因此他们的研究通常是以个体为出发点，将复杂的事物分解为简单的要素进行分门别类、逐个的研究。西方人更善于抽象思维（或称逻辑思维），即善于利用数字、符号等第二信号作为思维工具，以各种概念、判断和推理作为思维形式，思维基本上遵循的是分析、综合、抽象、概括、比较、分类、系统化、具体化的过程。西方人在认知事理时惯于寻求对立，其推理判断方式常常是"非此即彼"，论说通常是由具体或局部到抽象或整体、由点成线，从而形成直线型思维模式。西方人的分析性思维的特点是明确区分主体与客体、精神与物质、人与自然、现象与本质、思维与存在、灵与肉等，而且两两分离、两两对立，世界是二元的，分析也是二元的。

对于东西方思维的差异，还有不同的提法，如本体型思维与客体型思维、求同型思维与求异型思维、顺向思维与逆向思维等，但基本观点是一致的。语言与思维可以喻为人之表里，思维隐形存在于人的头脑之中，语言是其外化的形式和工具。认识东西方思维的差异，对我们进一步理解东西方人在学习华语篇章时所面临的困难有很大帮助，对我们更有效地指导和引导不同思维特点的学习者进入华语篇章的思维模式也是有很大帮助的。

再者,思维差异在篇章表达方面是有所表现的。人们会比较熟悉和易于理解思维与语言之间的关系。Boroditsky,Schmidt 和 Phillips(2003)[①]认为,为了恰当准确地使用自己的语言,操不同语言的人必须去注意那些编码完全不同的世界,举例来说,"大象吃了花生"这样一句话,用英语说时要注意时态,也就是要点明这个"吃"的动作发生在过去;华语里则不可能涉及动词,关注点在于出现的这个事件,具有选择性;而在土耳其语里则要具体说明所报告的这一事件究竟是见证的还是听说的;在俄语里,动词"吃"需要有时态但却不用管是吃了部分花生还是全部花生,也不用管吃花生者是男是女。那么,人们会问:这些不同语言的不同关注点和表达方式是否会影响说话人思考世界的方式?讲英语、华语、土耳其语和俄语的人对世界的思考程度不同、角度不同,是否源于他们所讲的语言不同?尽管对这些问题的回答莫衷一是,甚至观点相左,但是对于我们认识语言与思维的关系,多纳各家之言都还是有帮助的。比如持语言形成思维观点的代表人物 Whorf 就认为,每种语言的类概念区分都包括三个部分,即感知世界、分析世界与作用于世界。由于语言不同,说话人在相同或相似的客观情境中感知或完成其行为的情形与样态也就会不一样。虽然这种语言完全决定思维与行为的 Whorf 观点已经被认知科学做了彻底的否定,但作为一家之言,它也曾产生过很大的影响,并且在一定程度上的确阐释了语言与思维的关系。我们承认并以其部分有价值的观点作为我们研究思维与篇章关系的一个理论基点。

落实在篇章上,东西方思维的不同也是不难发现的。比如,华语篇章组织重整体轻细节的特点是受中国人几千年来形成的整体性思维习惯影响而形成的。具体而言,华语以意合为主,篇章结构相对松散,没有明显的形态标志,不重视形式上的连接手段,它靠逻辑关系和隐含的内在句法来贯通全篇,其内容和意义也须从整体上把握,强调的是以神统形。而西方语言(以英语为例),则是以形合为主的语

---

① 转引自王亚同、李文岗编著《心理语言学研究》,河南大学出版社 2011 年版,第 20—21 页。

言。它强调句子形式的严谨和结构的完整,并且个体成分之间的相互联系紧密,这无疑是西方注重个体的思维方式作用于语言的具体体现。英语的形式化不仅表现为用添加表现数、人称、限定式、体、格等屈折词素或添加改变词性或意义的黏着语素的方式来体现词义变化,还表现为用衔接手段,如连词、关系代词、关系副词等来连接各分句。这些思维影响篇章结果及篇章组织的特点,对华语二语教学具有很好的启示意义,如可以在教学时加强并提高对教学对象学习华语难度的预测能力,可以更有针对性地帮助学习者认清自己的母语与华语之间的异与同,尤其是在以成人为学习主体的华语二语教学中,关注思维与思维差异,对语言学习是十分有利的,应该在理论和教学上得到足够的重视。最早进行英汉篇章对比研究的是 Kaplan(1966)。他通过分析英语学习者的作文发现,母语背景的学生写出的作文在篇章结构上是有一些定式的,其原因应该是受自身不同的文化思维类型的影响。以英语为母语的学生的篇章结构多是呈直线型的演绎结构,表达较为直接;以华语为母语的学生的篇章结构多是类似螺旋型的归纳结构,表达较为含糊和迂回。

由于思维的差异,英汉在篇章组织上也呈现出各自的特点。如篇章的开头,华语尽管也有"开门见山"的提法,但更追求"宜曲不宜直"的美学效果和含蓄、迂回的表达方式,有时甚至说一些与全篇中心思想联系并不十分紧密或毫不相关的话来做铺垫;英语篇章则更多在开头即亮出观点、明确态度、直接进入主题,辅助句与主题关联紧密。再如篇章的结尾,华语写作者习惯在文章的最后点明和说出自己的感受与想法,以期唤起和得到读者的共鸣,所以华语篇章的结尾往往是作者给出结论或发出呼吁,文末的处理趋于主观化;英语写作者在篇章的结尾倾向于摆出事实和数据,使读者确信文章写作的客观性,从而让读者自己得出结论,故文末的处理趋于客观化。

(二)华语思维与华语篇章

我们发现,来自不同文化背景语境的学生用华语撰写论文(本科毕业论文)时,在文章结构、布局等方面有着明显的不同。我们还发现,从这些学生的文章中抽出的独立的句子,看起来都是正确的规范的华语；但是，这些正确的句子组合到一起构成的篇章，却常常令人哭笑不得，给人不伦不类的感觉，读起来令人十分费解。造成这种现象的最主要原因在于这些学生还没有很好地进入华语思维。每一种民族文化都会对人们的思想表达方式产生多方面的影响，大到思维模式，小到说理方式、表达方法和词汇运用。

华语篇章在表达上偏爱铺叙，讲究意蕴，为文要"内明而外润，使玩之者无穷，味之者不厌"，"深文隐蔚，余味曲包"①。所以，华语篇章多以迂回、含蓄为美，言说或行文时常常是从宽泛的空间和时间入手，从整体到局部，从普遍到一般到个别，由远及近，从大到小，在谈论主要问题之前通常会先做大量的铺垫，或不吝花大篇幅陈述原因和背景，给读者或听者以足够的心理准备之后，才在最后把关键问题含而不露地表达出来。

可见，华语篇章模式受整体迂回式感性直觉思维的影响，属于典型的东方"螺旋式"表达模式。华语篇章不喜欢直截了当地表达观点或感受，受到青睐的阐述和言说方式是曲折起伏、迂回间接、隐喻含蓄、断续离合的那种。在华语二语教学中，如何让学生理解和接受华语篇章主题表达的这种模式，是一个比较艰难的过程。具体来说，"螺旋式"结构是以反复而又发展的螺旋形式对某个问题进行展开，一般不只围绕一条线索，而且总是尽量避免直接切入主题，多采用倒叙、插叙等手法对主题或观点做循环式重复。在语言表达上，华语篇章的特点一般是先叙述事情的背景，或说明问题的原因，或罗列客观上的条件，或摆出事实的证据，最后得出结论，说明自己的观点或看法。另外，华语篇章多不拘泥于形式，而着重于达意。在学习上的一个难点也体现在，华语的意合无须借助词汇语法的衔接手段，缺少形式上的依托，单靠次序、语意或仅靠语境等元素，就能构成连贯的篇章，表达追求含蓄委婉，不直接、不外露。在华语教学中，尤其是初中级阶段，我们应该充分利用华语中的连接词，帮助学生实现从"有形"的华语篇章表达向"表意"的华语篇章特质的顺利过渡。

---

① 刘勰：《文心雕龙·引秀篇》。

※ 第二章　篇章教学观建立的理论基础 ※

西方学者对中国传统哲学、文化及思维模式对语言逻辑的影响也有深入、精当的思考。如 Matalene（1985）[①] 认为华语在篇章习得方法上与英文的本质不同体现在：一是华语学习强调并且需要"记"和"背"的功夫，包括记背以笔画相区别的复杂的方块字以及成语、习语和固定表达法。连中国文人都要有记与背的功夫，要在记背从古到今的大量的名家名言名句以及绝妙好词的基础上，才能够谈语言的创造或成为文人。他认为中国人最要记背的是自己的文化。二是中国人在对问题的看法上，喜欢或习惯于趋同，常常表现为一种集体式的反映。三是华语行文倾向于沿袭传统、按照已被社会认可的表达模式发表群体而非代表个人的观点，追求的是个人与社会的和谐。四是将华语的雄辩力归因于中国的历史、传统和权威，认为华语的语言技巧表现在格言警句、史例举证和固定表达法的类比运用以及隐藏在字里行间的各种暗示。五是华语行文的逻辑不同于西方的归纳与分析，注重的是铺垫、积累和暗示，认为华语是一种其字如图、其文如图、其创作效应亦如图的语言。

透过国外汉学研究者之眼，我们往往可以看到一个有别于我们惯常所看到的新景致，这中间难免有因为文化隔膜而出现的误读和曲解，但这中间也一定会有给我们带来启示和启蒙的认识。以篇章理论为统领的华语二语教学，在面对来自不同文化、不同国家和地区的有着不同思维特点的不同民族的学习者时，要求华语二语教师在这方面要有广阔的国际视野和广博的学术胸襟，做到既吸纳也批判、既省己也察人，融会贯通、取长补短，知己知彼、教学相长。

季羡林先生曾就中国语言学的理论建设问题说过这样的话："为什么在国际学术之林中，中国学者的声音几乎一点都听不到？中国的文化积淀不比世界上任何国家差，中华民族的聪明智慧也不比世界上任何民族低。在国外，在人文社会科学范围内，新学说层出不穷，日新月异，彪炳宇内，煞是热闹。有的学说简直像'蟪蛄不知春秋'，

[①] 转引自李汉之《试论文化与语篇模式的相互作用性》，《武汉大学学报》（哲学社会科学版）1996 年第 4 期。

生命并不长久。我曾套用赵瓯北的诗:'江山年有才人出,各领风骚数十天。'然而,反观国内,则噤若寒蝉,一片寂静。原因何在呢?……有个别的学者患了明显的'贾桂病',总觉得自己这也不是,那也不行,在'老外'面前挺不起腰板来。一提到中国的语言理论,他们的鼻子都想笑歪。大部分搞中国现代汉语语法的学者,他们那一套分析的方法,我总觉得是受了西方的影响。这影响自《马氏文通》以来就存在于我们的汉语研究中。最近几年,我才豁然顿悟,西方印欧语系的语言同中国的汉语不是一码事。西方的基本的思维模式是分析的,而东方的,其中当然包括中国的基本的思维模式是综合的。表现在语言上,就形成了西方与中国的语言的差异,在中国首先是汉语。"[①] 由此也可引发华语二语教学理论研究者的思考,也就是,在华语二语教学的二语习得领域,中国学者应该努力发出"自己的声音",而这种努力方向和学术自信必须建立在以华语语料为研究基石的基础之上,必须建立在对华语语言本身特点的充分认知和尊重的基础之上。

(三) 思维与非语言交际

思维除了对语言有影响或者说除了在语言上能够反映出思维方式的差异外,在非语言交际中也有明显的痕迹。非语言交际主要分为四类:态势语(Body Language)、副语言(Paralanguage)、客体语(Object Language)和环境语(Environmental Language)。客体语包括皮肤颜色的修饰、对于人体所散发的各种气味的遮掩、衣着穿戴、室内摆设和装饰等,环境语包括对待拥挤的态度、近体距离、领地观念、座位安排、颜色、灯光等。对于客体语和环境语本书暂不做详细阐释,根据华语二语教学的实际需要,将重点放在副语言和态势语的讨论上。以态势语为例,在交际活动中,态势语言通常伴随着言语活动,并和言语共同完成交际任务。面部表情、手势语、目光语、举手投足的姿势、坐姿、站姿等都属于态势语言,甚至连穿衣打扮都被视为非语言交际的内容(客体语),因为这些非语言的形式同样能够传

[①] 钱冠连:《汉语文化语用学》,清华大学出版社2002年版,第7页。

达信息、表情达意，在交际过程中需要被理解和接受①。可见，非语言交际是交际活动中不可缺少的组成部分，在实际交际活动中，几乎没有孤立的语言行为，脱离了非语言交际的积极配合也很难达到预期的交际目的。

中西方思维方式的差异，在非语言交际中表现为行为举止、空间意识和表情表达方式等方面的不同。在华语教学的任务、目标里，需要补上非语言交际的内容，让学习者尽可能认识并重视这些差异，比如了解中国人态势语言的特征与特点以及他们表情达意的特殊的态势语符号系统，这样才能较为完整地进入华语和华语文化体系，才会在语言学习和跨文化交际中获得理想的状态。关于非语言交际在华语二语教学中的运用策略将会在第四章中就副语言和态势语做具体论述。

二 语境决定篇章生成与理解

（一）语境之于篇章的意义

可以说，所有的篇章，无论是口头语还是书面语，都有一个或明显或潜在的交际对象或交际对象群，所以篇章具有或显或隐的互动性。谈及篇章，必然不是孤立的，必然是指包括内、外语境在内的一个多维的系统。研究篇章不可能脱离语境；不涉及语境，篇章研究也无异于"断章取义"；我们强调把篇章置放在语境之中，一方面是因为这样可以实现对篇章的准确理解和表达，另一方面是因为这样也可以实现篇章理解与表达的唯一性，有了语境，篇章歧义就不存在了。

西方最早由马林诺夫斯基（Malinowski）于1923年提出情景语境（context of situation）的概念，后相继有许多学者对此进行深入研究和阐述。英国的Firth在情景语境概念的基础上增加了社会语境概念，也就是说，语境不仅可以指"语言的上下文"，也包括"情境的上下文"。韩礼德（Halliday）在此基础上又提出了"语域"的概念，从话语的"范围"、"方式"和"风格"三个方面来阐释语域的内

---

① 杜学增：《中英（英语国家）文化习俗比较》，外语教学与研究出版社2008年版，第1页。

涵。话语范围，指正在发生的事，即言语活动所牵涉的范围和话题，可以包括政治、科技、日常生活等各方面。话语方式，指言语活动的媒介和渠道，有口头语方式、书面语方式以及口头语、书面语交叉使用的方式。话语风格，指构成语境的语言交际者的地位、角色、身份这三个变量以及三者之间的相互关系。美国的海姆斯（Hymes, 1968）把语境构成成分进一步细化成十多个组成部分，包括说话者、听话者、信息形式、内容、场合、心理环境、目的、风格等。

  语言学习在某种程度上也就是交际能力的学习。社会交际过程中，人们既要有生成正确话语的能力，又要有在一定时间、地点、场合说出适当话语的能力；人们说话既要符合语言规则，又要适应言语环境。人在和社会环境互相作用的过程中就形成了这样一种交际能力。这种能力在不同国家和地区、在不同族群、不同文化背景下，操不同语言的人们是具有共同性和共通性的，同时这一能力的表现形式和社会规范，在他们各自的交际圈里，又是具有其特殊性和差异性的。语言教学以交际能力的培养为目的，就要既充分利用不同母语背景的学习者在交际能力上的共性，又要严格区分和了解所学习的目的语的特性。

  在我国，陈望道（1979）[1] 在《修辞学发凡》中提出"情境"概念，他认为情境包括了"六何"，即为人们所熟知的"何故、何事、何人、何地、何时、何如"，他是从修辞角度看情境对修辞活动的影响的。王德春等（1989）[2] 认为，语境由客观因素和主观因素两大部分组成。客观因素分为时间、地点、场合、对象等，主观因素分为使用语言的人的身份、思想、性格、职业、修养、处境、心情等。常敬宇（1996）[3] 认为，语境就是指言语背景，是语言环境的简称。说话或写作的社会环境、自然环境、说话的前言后语、作品中的上下文等都属于语境范畴，他视语境为"人们进行社会交际的基础"[4]。

---

[1] 陈望道：《修辞学发凡》，上海教育出版社1979年版，第7—8页。
[2] 王德春、陈晨：《现代修辞学》，江西教育出版社1989年版，第39页。
[3] 常敬宇：《语用·语义·语法》，杭州大学出版社1996年版，第85页。
[4] 常敬宇：《语境对语体的选择》，《中国语文天地》1988年第5期。

第二章 篇章教学观建立的理论基础

不难理解的事实是，人们在社会生活中的每一次言语活动都发生在特定的环境当中，有着特定的场合、特定的范围和特定的交际目的，并且是跟特定的对象进行交际。王希杰（1996）[①] 把语言环境看作是交际活动中"四个世界"的统一。"四个世界"指的是语言的世界、物理的世界、文化的世界和心理的世界。他认为可以把语境看作一个"交际场"，他总结出语境具有的六大功能，其中匹配功能、预测功能、填补功能和生成功能等应该引起华语二语教学的关注。钱冠连（2002）[②] 认为语境是"由语言上下文（linguistic context）和非语言性环境（extra-linguistic context）两个大的部分组成。其一是语言符号内的因素，即上下语（可听的）或上下文（可见的）。其二是语言符号外因素。它可以是外在于人的、显性的、可见的现场，如地点、对象、场合、自在物体、意外出现的人或物（意外符号）、自然环境等等；也可以是隐性的、不可见的背景，如社会文化、风俗习惯、行为准则、价值观念与历史事件等等"。李军（2005）[③] 对语境的表述是："语境不是一个确定的、完善的环境集合，而是一个随交际的进程与需要被选取、被延伸、被创设的系统。"他强调的是，语境具有"动态发展性、主观创设性、认知参与性等特点"；"语境不只是起被适应的制约作用，还具有积极的交际参与作用，是表达者积极利用的表情达意手段与交际有效手段"；"交际活动中的话语意义是语言共性意义与具体环境信息的有机结合，带有特定语境中的特殊内涵和色彩，因境而异，交际者的表达与理解不只是在运用语言，同时还在运用语境"。

国内学者目前对语境的关注越来越多，也越来越深入。十分难能可贵的是，在语境研究中，有更多学者自觉坚守立足于华语语料来开展研究，这不仅深化了华语本体研究，而且也更符合华语是高语境依赖的语言特质，对语境本身研究的深化起到了推动作用。

本书所研究的华语篇章和语境（包括情景语境、文化语境、上

[①] 王希杰：《修辞学通论》，南京大学出版社1996年版，第63—180页。
[②] 钱冠连：《汉语文化语用学》，清华大学出版社2002年版，第79页。
[③] 李军：《语用修辞探索》，广东教育出版社2005年版，第16—44页。

下文语境和认知语境）必然相关联，但是它有别于西方学者所谓的"话语分析"（discourse analysis）。因为后者是从"话语"（语言事实或语言活动）出发而将研究关注点指向与之相关联的语境（包括社会、文化、历史环境等），从而进行"分析"，其最终关怀的是由语言所产生或与语言活动有关的社会问题，其研究是带有某种社会的政治的动机的；我们的研究则是在语境统摄下把目标设定在"篇章"的生成与呈现等语言本身。后者分析"话语"是为解决和回答"语境"问题，是为关注、解释、反思或者评价一切借助语言构建起来的或者和语言使用习惯的实际发生的事件，尤其是那些具有现实的社会文化意义的事件；我们关注"语境"则是为理解和制作"篇章"服务，是为更好地阐释篇章的理解与生成问题而将篇章放置在它赖以生成的语境当中。弄清楚这一点，既可明晰本书所论及的华语篇章与西方学者的"话语分析"及国内学者在篇章语言学和文章学、文体学、语境学等研究成果上的不同，亦可明晰以上研究成果为本书提供的借鉴和参考价值。

（二）语境的分类

学术界对语境的分类进行过比较多的探讨。在已有的研究中，根据观察视角的不同，对语境所做的分类标准也不同，其结果也自然不同。例如：从语境构成的角度来看，可以分为客观因素和主观因素两大类；从语境功能的角度来看，可以分为显性和隐性两类；从稳定性的角度来看，可以分为稳态语境和动态语境；从心理的角度来看，可以划分出个人心理语境和社会文化心理语境。另外，还有语言语境和非语言语境、真实语境和虚拟语境、直接语境和间接语境、狭义语境和广义语境、大语境和小语境、明语境和晦语境、上下文语境和情境语境等各种各样的分类方式。上述这些多样化的语境分类方法体现了对语境的不同理解和侧重。除了以上横向划分法外，还有不少学者采用纵向划分法，将语境进行层次上的分类，分出三四个不等的层次，再作下位的更细致的分类。尽管划分标准和结果各有不同，但大家的观点基本一致，就是既强调了交际的背景和社会文化情景语境，也体现了客观语境、主观语境和心理语境。有的学者认为，语境是一个抽

第二章　篇章教学观建立的理论基础

象的概念，专门用于对言语事件的分析，故而是由语言学家设定的；有些语言学家则坚持语境是客观存在的具体事物（上下文、言语环境等），如布龙菲尔德（L. Bloomfield, 1935）等；还有些学者认为，语境是认知心理产物，如Sperber和Wilson（1986）在《认知和关联性》一书中所持的观点。

结合二语习得和华语自身的特点，我们在此将语境分为以下四类：情景语境、文化语境、上下文语境和认知语境。需要指出的是，这样分类的主要目的是为华语教师的教学提供方便，因为在具体的言语交际（包括书面语在内）中，牵涉的语境因素不会是纯粹、单一的一种，而往往是涵盖各种或多种语境要素的。比如，成语"明日黄花"曾经引起过争论，因为有人认为"已经过时的"意思应该说是"昨日黄花"才符合逻辑。而"明日黄花"之所以表示"已经过时的"意思成立，是因为该成语是用典，其出处是苏轼在重阳节所作的《南乡子·重九涵辉楼呈徐君猷》，因此，这里不仅"明日"不可改为"昨日"，而且"黄花"也不可任意置换成别的什么花。这里我们在解读时就不仅要考虑上下文语境（"万事到头都是梦，休休，明日黄花蝶也愁"），而且也要参照情景语境、文化语境和认知语境。

1. 情景语境。情景语境是篇章发生的小环境（the immediate environment），包括篇章发生时周围的事物与正在发生的事情在内的环境，通常包括以下几个要素：何人在何时、何地、为了何种目的与何人说话；客观物理环境（篇章发生的社会场景）；参与者的角色、地位等。

以弗斯和韩礼德的观点为例。弗斯认为情景语境应由以下成分构成[①]：（1）情景中的参与者：指人和个性（personalities），这与社会学家所说的参与者的地位和角色相对应；（2）参与者的行动：指参与者所作所为，既包括他们的言语行动也包括他们的非言语行动；（3）言语行动的效果：指参与者在一定情境中说的话所引起的变化

[①] Halliday M. A. K. & R. Hasan, *Language, Text and Context: Aspects of Language in a Social-Semiotic Perspective*, Victoria: Deakin Univerisity Press, 1985/1989: 8.

或反应。韩礼德也认为情景语境由三部分构成，其划分方法是①：
（1）话语范围（又称"语场"），也就是社会行动：指"发生了什么"及所发生的社会行动的特性，即参与者所从事的、其中语言是必要成分的活动是什么。（2）话语基调（又称"语旨"），也就是角色结构：指何人参加了活动，参与者的特征，他们的地位和角色，换句话说就是，参与者之间是一种什么样的角色关系，包括暂时和永久的关系，他们在对话中的言语角色关系和他们参与其中的整体篇章的重要社会关系是什么。（3）话语方式（又称"语式"），也就是符号结构：指语言起什么样的作用，什么使得参与者希望语言在一定的语境下为他们做事情，即篇章的符号结构、篇章的地位、篇章在语境中的功能，包括渠道（是口头语的或书面的或两者的结合体）及修辞方式，它是由这些范畴的篇章（如劝告、议论、教诲等）所实现的。韩礼德的"情景语境是文化语境现实化的表现，是在具体的语言交际事件中支配语义选择的因素，所以，它不仅包括现场语境中的成分，如谈论的话题、发生的事件、参与者、交际媒介和渠道等，也包括由社会文化背景决定的行为准则、道德观念等"②。对于情景语境，韩礼德强调的不是篇章产生时周围的物质环境，而是将社会文化背景在话语范围、话语基调和话语方式中得以融合的一个情景类型。

在本书的研究中，我们把情景语境的相关理论更多地运用于华语口头语的习得，并据此指导华语口头语及口头语篇章的教学实践，该语境动态性特征更为明显，是口头语篇章生成与理解在交际语义场中的一个主要成员。

2. 文化语境。文化语境是指影响话语社团成员的一套行为准则、道德观念等，其对篇章的影响体现在言说者对所处文化环境的了解程度和理解程度，或者说是认知程度和认同程度。言语交际的具体参与者总是处于一定的文化背景下进行交际，其中会涉及文化习俗、社会

---

① Halliday M. A. K. & R. Hasan, *Language, Text and Context: Aspects of Language in a Social-Semiotic Perspective*, Victoria: Deakin Univerisity Press, 1985/1989: 12.

② 张德禄、刘汝山：《语篇连贯与衔接理论的发展及应用》，上海外语教育出版社2003年版，第53页。

第二章 篇章教学观建立的理论基础

制度、宗教信仰、法律制度以及言语交际者的受教育程度等。这样说也许略显抽象,我们来看一个在华语交际中常见的关于选词的简单例子。在华语二语教学中,"男"与"女"无论是从汉字教学的角度还是词汇语义的角度或是会话交际的角度,都是最早进入学习和教学内容的。我们来看看以下词语:"女"、"女人"、"小女人"、"女子"、"妇女"、"马子"、"巾帼"、"半边天"、"女流之辈"、"妇道人家",还有更多所指均为"女性"的用词在此就不一一列举了,但就是这些词语,看似简单,然而对于华语学习者而言,真正学会准确恰切地使用却绝不可能只花一日之功,这些词语背后所涉及的就是华语文化语境的问题。如果把"国际妇女节"说成"国际女子节",一定会被听者加以纠正;如果在表格"性别"栏里填的是"女人",会被人嘲笑;如果得意而骄傲地说:"我们的市长是女流之辈"则一定是用词不当,因为"女流之辈"含有贬斥、歧视的态度;如果把女朋友第一次带回家,郑重其事地向父母介绍说:"这是我的马子。"那也一定会令父母大跌眼镜、陷入尴尬的。当然,若是妻子跟丈夫抱怨做家务太辛苦,只会说:"我是女人,不是铁人!"而不能说"我是半边天"或者"我是妇道人家"等。而对"小女人"的恰当运用或准确解读则还要参照语境以及说话人的语气、语调、表情等副语言和态势语等综合要素,因为,"小女人"有时带有蔑视、鄙夷的感情色彩,有时又是女子的自谦形式,有时又可能是表示欣赏和喜爱的情感。再比如,不同民族对颜色的经验表现也是不完全相同的,有的甚至存在极大的差异。这就要求华语学习者不仅要学习颜色词的读、写、认,而且要了解一种颜色在华语文化中所承载的文化寓意与习惯表达。像中华民族情有独钟的"红色",就有各种各样而又约定俗成的搭配:"大红的灯笼"、"火红的青春"、"鲜红的旗帜"、"通红的脸蛋儿"等等,这些都以"红"作定语的词组,我们却不可以将之任意调换位置,否则就不符合中国人的表达习惯。再比如,中华民族自古规范言语表达中的道德准则,推崇"仁"、"理"、"忠"、"信"等道德信条,讲究长幼尊卑等,这些都在言语实践中有清晰的体现,不明就里,就会表达不得体,就会闹笑话、出"洋相"、犯忌讳。这是华语学习者学习中一个十分难啃的骨头,也是文化语境给华语篇章表达与接受提出的严峻课题,更说明了文化语境是在华语二语教学中不可忽视和规避的重要问题。离开了文化语境,自以为看懂了的句子和听懂了的话,在理解上却可能与写作者或说话人想要表达的本意相去甚远,甚至是南辕北辙;同样,自以为已经掌握了的华语词的语义和用法,可说出的话或写出的句子却有可能让中国人要么丈二和尚摸不着头脑,要么啼笑皆非,要么更严重地影响了和谐友善的人际关系。文化语境具有宏观性和静态性、动态性兼具的特征,其宏观性无须赘言;其静态性特征是从共时的角度来看,表现为文化语境形成后具有相对的稳定性和约定俗成性;其动态性是从历时的角度来看,表现为文化语境随时代的发展而发生变化,它不是凝固、僵死、一成不变的。无论是口头语篇章还是书面语篇章都要求学习者尽可能深入和全面地理解华语文化语境,它的重要性对口头语和书面语来说是不分伯仲的,必须引起教师与学生的足够重视。

  3. 上下文语境。上下文语境是指前后句,通常情况下,我们用来指书面语篇章内部的前后句,其静态性特征显著,每一个书面篇章一旦呈现出来,就处在了相对封闭、独立和静止的状态,其上下文具有不可替换和更改的属性。这既是文本呈现的局限也是文本研究的优势所在。维索尔伦(2000)[①]把上下文语境所包含的内容归为三类:一是篇内衔接,即利用连词、前指、互指、自指、例释、诠释等形式来实现篇章语义的相关;二是篇际制约;三是线性序列。除了"线性序列"与华语篇章表达的规律及特点有所出入外,这一划分的其他两条对华语上下文语境的描述也是适用的。不过需要注意的是,华语的上下文语境,即使是在讲究行文规范的书面语篇章中,相较于其他语言,比如,对于形式上有严格要求和严格规定的英语来说,华语对形式的要求远远不及英语严格,与用来联系上下文的手段相比,连贯发挥的作用更大。这是由于华语更强调"意连"。另外,中国人的

[①] Verschueren J., *Understanding Pragmatics*, Beijing: Foreign Language Teaching and Research Press, 2000: 76.

第二章 篇章教学观建立的理论基础

思维方式与西方人不同,因此上下文语境的构建并不是按照西方人的线性序列去进行的。但是,由于华语二语教学对象的特殊性和多元性,充分利用学习者母语思维的特点,引导其对华语学习的正迁移,在文化、思维及语言方面做到知己知彼,对学习华语是有积极意义的。关于这方面的论述我们会在本书的第五章做细致展开。

4. 认知语境。认知语境是宏观认知模式,包括框架、图式、计划和脚本。认知语境是指一套公认的规约、法则、准则和共享的设想,是与当前活动和通常预期相联系的推理加工知识。在华语二语的篇章习得过程中,教师和学习者都需要对认知语境有足够的重视。

由于人的大脑以各种方式对背景知识进行储存,因此认知语境对于篇章的建构起着重要的作用。那么,背景知识是如何得以被人脑储存的呢?我们可以从"图式"概念入手加强对它的认识。"图式"概念提出以来,相关的研究、应用与争论始终是一个"热词"。能够达成共识的是,"图式"的基本义是背景知识,是以一种有组织的、可以预测的方式储存的。闵斯基指出知识是以称为"框架"的数据结构的形式储存;施安克等认为,"脚本"是用来处理事件顺序的[①];桑福德(Sanford)等提出"情景"(scenario)概念;另外还有一些认知心理学家提出"心理图式"(mental model)概念。这里,我们认为"框架"、"图式"、"计划"、"脚本"等概念在华语篇章习得过程中更易于被学习者接受,对教学的指导意义也更强。鲍格来德和德莱斯勒对以上概念做了较为精确的说明,他们认为:"框架(frame)指有关某个概念的常识性知识的宏观模式。图式(schema)指由时间顺序和因果关系所连接的按顺序排列的事件和状态的宏观模式。计划是指引起既定目标的事件和状态的宏观模式。脚本(script)是固定的计划,经常用来确定参与者的角色和他们预期的行动。所以,在生成和接受语篇时,我们遵循的是程序步骤(the procedural steps),也就是说,首先,我们关注主题是如何发展的(框架);其次,事件以什么顺序进行的(图式);再者,语篇世界的使用者或人物如何完成他们的目

---

① Brown G. & G. Yule, *Discourse Analysis*, Cambridge University Press, 1983:241.

标(计划);最后,如何建构情景从而在恰当的时刻呈现一定的语篇(脚本)。"① 这对于我们识别、判定篇章类型等有很大的帮助。

van Dijk 认为:"在社会结构和话语之间尚有一个环节,那就是语境。首先,这种语境不是客观的事物,而是一种主观的认识,是交谈者在交际过程中建构出来的心理模型;其次,交际者根据具体情境中的相关特征来建构语境,表现为场景记忆(episodic memory)中的情景模型。"② van Dijk 因此提出了关于语境的社会认知说(socio-cognitive theory of context),他认为语境是会因人而异的,语境是存在于人头脑中的心理模型和关于交际环境的心理建构。这并不难理解。比如,同样是"教师"这一社会角色,不同的教师(即不同的人)是不一样的,绝不会千人一面,但这也并不妨碍社会对"教师"这一职业达成的基本共识和规范。再比如,同一个人,在社会生活中却具有多重身份。例如一个女人,她既是女儿,也可能是妻子和母亲,还可能是职场中的工程师和社交圈里的朋友,所以她会自觉根据身份特征调整自己以与当下语境和谐。在这一点上,钱冠连先生认为语言使用者是"语言环境的奴隶"③。虽然这一提法显得过于强调语境在言语交际中的约束力和控制力,但确实突出了语境在言语交际中的作用和地位。在人们运用语言进行交际的整个过程中,语境的确影响、制约甚至决定人以何种方式、何种姿态、何种语汇来进行得体的交际,但人在这个过程中,也的确不是"奴隶",不是完全被动、完全受控于语境。否则,同在一个语境下的交际活动,为什么每一个交际者都是"这一个"而绝不会雷同?为什么在同一个辩论场或谈判桌上,个人的言语风格可以迥然不同、各有千秋?为什么同样是母亲批评孩子做错了事,有的和风细雨、循循善诱,有的却是暴风骤雨、严词厉色?为什么某些人总能使周围的气氛欢快融洽,而有些人总会令场面

---

① Beaugrande & Dressler, *Introduction to Text Linguistics*, London: Longman, 1981: 90–91.
② 李捷、何自然、霍永寿主编:《语用学十二讲》,华东师范大学出版社 2011 年版,第 21 页。
③ 钱冠连:《汉语文化语用学》,清华大学出版社 2002 年版,第 81 页。

变得难堪或尴尬？这就是语境中的言语交际者主体作用的体现，因为言语交际者不是"语言环境的奴隶"，而是语言环境中最为活跃和具有能动力量的要素。

我们在这里强调的是：语境是可认知的，交际者在其中是至关重要的因素；语境认知是有模式可以借鉴和因循的，此模式是在某一社会文化语境下经过长期的经验积累与总结而形成的约定俗成的为该社会成员所共同遵循的规范与原则；华语学习者应尽可能快地也尽可能深入和全面地接触、了解华语语境下的这些有别于本民族文化的特有的模式，尽可能实现华语文化语境下的得体交际。认识并重视认知语境，对华语二语的习得，特别是注重整体性的华语篇章的习得（无论是口头语还是书面语），具有事半功倍、举一反三的作用。

三　语体是篇章表达的形态

语体是语言经过长期的运用而沉淀下来的语言结晶体，"是运用民族共同语的功能变体，是适应不同交际领域的需要所形成的语言运用特点的体系"[①]。因此，语体具有全民性、体系性、层次性的特性，华语语体概莫能外。华语语体研究是中国传统文章学的一个重要分支，已取得了丰硕的成果。对于语体的分类，目前比较流行的是苏联的五分法[②]，即公文语体、政论语体、科学语体、文艺语体和口语体（又称会话语体）。但是，这种划分法非常明显的不足在于，前四种类型与第五种类型采用的不是同一个划分标准。

中国古今学者对语体的分类因所持标准不同而看法各异。比如，曹丕在《典论·论文》中提出的语体分类是根据"本同末异"的原则，把书卷语体分为四科八体，概括出了八种体式的修辞总则。陆机在《文赋》中则把书卷语体划分成十类，并对其各自所具有的不同修辞特点做了说明。[③] 刘勰在《文心雕龙》中把书卷语体分为六类二

[①] 袁晖、李熙宗主编：《汉语语体概论》，商务印书馆2005年版，第3页。
[②] 张会森：《苏联语体研究的成就和问题》，参见中国华东修辞学会、复旦大学语言文学研究所《语体论》，安徽教育出版社1987年版，第294—295页。
[③] 参见萧统选、李善注《文选》（上），商务印书馆1959年版。

十多种,也分别阐析了各类语体的修辞特点①。华语语体有其自身发展、演变的历史,当代语体与古代相比有很大的不同。至于如何对其进行分类,目前还没有一致的意见。陈望道(1979)②按照实用体和艺术体来分,对公文体、政论体、科学体、文艺体的划分办法也持肯定意见。黎运汉(1989)③首先对语体做了一级分类,即按照性质的不同,将之分为书卷语体和口语语体,他的划分标准是外因与内因相结合。口语语体又细分为日常谈话体、实况广播体和演讲体三种;书卷语体分为应用语体、科学语体、文学语体和政论语体四种。书卷语体的下分语体又进行了第三层次的划分,如科学语体又分出了专门科学体、说明科学体和辞书体。除此之外,他还提出了交融语体和翻译语体等分类法。郑颐寿(1987)④是按照"多层次、多序列地划分"的方法来给语体进行分类的,他的第一级划分也是书卷语体和口头语体;第二级划分针对书卷语体而言,将其再分为实用体、艺术体和混合体;到了第三级,再把混合体分为文艺性科学体、文艺性实用体,把艺术体分为韵文体、散文体,以此类推,逐层划分下去。王德春(1987)⑤的分类办法是先将语体分为谈话语体和书卷语体,再就谈话语体做二级划分,分为随意谈话体和认真谈话体;而书卷语体的二级划分分为公文事务语体、科学语体、政论语体和艺术语体。

在华语二语教学界,对语体教学的重视已提上日程并进入学者的研究视域。像陈汝东(2000)⑥根据学生使用华语时口头语体与书面语体混淆不清的现象,在《汉语二语修辞学》中设立专节("话语要符合汉语的语体规范")来谈"语体及其成因"、"语体的规范特征及其类型"、"修辞与语体的关系"、"话语要符合语体规范"等。冯志

---

① 参见周振甫注《文心雕龙注释》,人民文学出版社1951年版。
② 陈望道:《修辞学发凡》,上海教育出版社1979年版,第256页。
③ 黎运汉主编:《现代汉语语体修辞学》,广西教育出版社1989年版,第36页。
④ 郑颐寿:《语体划分概论》,参见中国华东修辞学会、复旦大学语言文学研究所编《语体论》,安徽教育出版社1987年版,第130页。
⑤ 王德春:《语体略论》,福建教育出版社1987年版,第25页。
⑥ 陈汝东:《汉语二语修辞学》,广西教育出版社2000年版,第206—223页。

❖ 第二章　篇章教学观建立的理论基础 ❖

伟（1999）[①]在《应用语言学综论》的第四节"汉语二语教学"中也专门提到了华语二语教学的语言理论研究内容应该包括"对汉语的语体特点的研究"。

鉴于本书研究的需要，根据华语二语习得的特殊需要，我们在进行了大量华语语体研究成果的对比之后，或撷取有用之果，或化繁为简，或转变视角，目的就是使学习者能够在篇章习得过程中通过对华语语体的认识、了解和驾驭，尽可能少走弯路。我们基本上采纳的是张弓（1993）[②]的分类方法，即把华语语体在第一个层级上划分为口头语体和书面语体两大类。也就是说，从二语习得教与学的实际和实践出发，我们把华语语体分为口头语体和书面语体两大类。至于语体层次划分中的下位语体的划分，则秉持删繁就简、学以致用的原则，建议排除掉已有研究中细密芜杂的分类，为二语教与学梳理出一套便于操作的华语语体构架。

（一）口头语体

口头语以语音为载体，口头语体是言语在交谈场合下的平常或日常化运用，可以是独白（如公众场合的演说），可以是对话，它跟书面语体之间依据言说的场合、对象和内容等的不同会有程度不等的距离。口头语是人类语言表达的基本形式，在听与说的交际行为中得以体现。使用口头语来表达和传递信息时，说话者在有声语言表达上会根据需要有重音、语调、语气、语速等语音样貌上的变化，在有声语言之外还会辅以表情、动作、体态等非有声语言来帮助完成口头语交际篇章。

（二）书面语体

书面语体以文字的形式、以纸张等为书写载体，多应用于较为正式的人际交往或文学等。文字是书面语体存在的前提条件之一，世界上现有文字主要分为三种类型：字符文字、音节文字和字母文字。字符文字是把词或词素作为语言单位，并将一些象形的符号与该单位相

---

① 冯志伟：《应用语言学综论》，广东教育出版社1999年版，第73页。
② 张弓：《现代汉语修辞学》，河北教育出版社1993年版，第186页。

匹配，称之为字符或字。汉字就是最典型的字符文字。音节文字是以音节作为语言单位，并将它和某个视觉表征相联系起来。现代日语中既含有借鉴中文的字符文字（称为 kanji，日本汉字），亦有音节符号（称为 kana，假名）。字母文字是每一个字母代表一个音位，但字母和音位并不完全是一一对应的关系，如单词"knee"中的"k"就是不发音的字母。文字的不同样态并不存在先进与落后的差别，也不能说孰优孰劣，因此学习者在学习华语的同时，理应尊重和接受汉字的现状，采取积极的态度对待汉字和汉字学习。这也正是华语书面语学习的前提。在华语二语教学中，书面语体是用于书面交际的语体，是由交际目的、交际内容以及庄重的程度、规范的程度等因素决定的功能变体，即语言的功用变体。这里的书面语体，应包括通用语体以外的现有各类教学大纲中典型的书面语成分，以及现有各类教学大纲中尚未收入的书面语表达形式。

四　篇章语言学与华语二语篇章教学

篇章语言学（text linguistic）作为术语提出的时间并不长，但在学界的影响越来越得以彰显。目前，国内的研究以外语教学研究和英汉对比研究为主，主要是借鉴和依靠西方学者已经建立的理论体系来审视或构建扎根在中国土地上的相关语言现象的研究。大家较为熟悉的西方篇章语言学学者 Beaugrande 和 Dressler（1981）[1] 将篇章语言学的源头追溯到古希腊罗马。他们认为，从中世纪延续至今的"修辞"（rhetoric）及其所涉及的"雄辩"（用恰当的语词表达观点）、"创作"（提出观点）和"构思"（组织思路）都与篇章密切相关。具体相关性表现在：陈述观点要求成系统并能控制；意识训练的内容主要在观点与语词间转换；文章质量有高低之别；听者反应可用来判断文章好坏；文章是达到某种目的的工具。

在中国，与篇章语言学相关的研究我们可以上溯到中国文章学、

---

[1] Beaugrande & Dressler, *Introduction to Text Linguistics*, London: Longman, 1981: 14-15.

文体学以及成果丰硕的文论研究等。而在 20 世纪 80 年代开始起步的篇章分析，虽然时间不长，但成果不少，主要集中在对英语篇章的分析与研究上，这也符合中国外语教学的现实需要。较早的专著是 1988 年出版的黄国文的《语篇分析概要》，该书以系统功能语法理论为框架，分析了英语的篇章结构；2001 年他的《语篇分析的理论与实践——广告语篇研究》，是利用系统功能语法理论分析具体的篇章类型的尝试。1994 年胡壮麟的《语篇的衔接与连贯》，从篇章的表层结构即形式方面探讨了英语书面语中的衔接、连贯手段和形式。1999 年刘辰诞的《教学篇章语言学》则意在尝试如何将篇章语言学理论成果运用到外语教学的具体实践中去。另外，还有孔德明的《篇章句法学》（1993），他从句子和主题层面对德语篇章的衔接关系做了实证分析；钱敏汝的《篇章语用学概论》（2001），以交际/语用功能为视角对篇章分析做了理论上的较为细致的探讨，她的观点是语用学应以篇章作为主要研究对象，篇章语言学应以探讨篇章以外的人和篇章表达者所处的语境条件为主要内容，主张语用学和篇章语言学两门学科的相互融合；等等。在华语篇章方面取得的研究成果，有王福祥的《汉语话语语言学初探》（1989），他是运用布拉格学派的"实际切分法"来分析华语句子结构以及句子在句组和句段中的扩展方式，"是根据话语语言学的基本理论和方法来探索现代汉语内部构成规律的一次尝试"[①]。沈开木的《现代汉语话语语言学》（1996）、郑贵友的《汉语篇章语言学》（2002）、郑庆君的《汉语话语研究新探》（2003）、徐赳赳的《现代汉语篇章回指研究》（2003）、屈承熹的《汉语篇章语法》（2006）、聂仁发的《现代汉语语篇研究》（2009）等，这些都是将目光聚焦在华语篇章自身结构研究上的专著，对华语，尤其是对现代华语篇章的研究，从理论到方法上都进行了积极的探索。我国语言研究的学者善于融会贯通地学习他国的理论和方法，同时又有本土华语文化语料与研究的强大支撑，可以说，随着研究的深入和成熟，篇章语言学在中国的发展已经打下了坚实而深厚的学科

[①] 王福祥：《汉语话语语言学初探》，商务印书馆 1989 年版，序言。

基础，我们可以不单靠"拿来"，我们甚至完全可以在经历了这几十年的艰辛探索之后建立起立足本土和民族语基础上的能够和世界进行平等对话的华语篇章语言学。

本章小结

　　论及篇章，必然关联的理论是语境学，语境在系统功能语法和篇章语言学中也得到了理论上的高度重视。华语二语教学在理论研究和教学实践上经过长期摸索和探寻，不断在教学中吸收和更新理念、改进教法，不断在理论上建构和完善作为独立学科的理论体系。本章从思维、语境、语体和篇章的性质以及篇章在二语习得中的作用等方面加以论述，目的是彰显出篇章在华语二语教学中的地位、标示出语言教与学的最终指向和最高目标、离析出篇章在二语习得中所具有的提纲挈领的作用；同时，在思维、语境等理论的支持下，可以说，篇章就是语言，对语言的学习就是对篇章的学习，因为无论是语言的理解还是表达，最终的呈现形式都是篇章。那么，华语二语教与学的重心和目标，毋庸置疑，应该设定为对华语篇章的理解与表达。篇章与思维、与语境、与语体之间的关系是互相勾连、作用和影响的。中国人几千年沉淀而成的特有的思维方式决定了华语篇章理解和表达有别于其他民族的语言理解与表达，决定了在学习华语的同时，必须对该语言所属民族的思维特点有所理解和把握；对文化语境的认知也应该在语言学习过程中伴随始终。离开文化和思维的语言学习，是触摸不到所学语言灵魂的呆板、生硬的语言知识学习。语体是篇章的具体表现形式，可以充分说明篇章的性质，或者说，篇章所具有的属性正是通过它的具体表现形式体现出来的。篇章语言学取得的研究成果可以部分地转化和运用到华语二语教学上。因此，本章将思维、语境、语体、篇章语言学作为华语二语篇章教学观建立的理论基础加以阐释。

第三章 篇章研究与华语二语篇章教学

第一节 篇章研究概况

一 二语习得中的篇章研究

二语习得理论中对篇章的研究相较于词汇、语法、语音等语言要素的研究要少很多,最主要的原因是人们在二语习得研究的相当一段时间里,更多地聚焦在各语言要素习得的研究上,而篇章并没有被纳入语言要素的行列。篇章分析关注的是使用中的语言(language in use),即研究人们在真实的语境中如何运用语言来实现交际目的。它对语言形式与意义的关系、语言使用与语境的关系、语言使用者之间的相互关系以及语言与文化、意识形态的关系等表现出特别的关注。西方学者从 20 世纪 80 年代开始,已经把篇章和篇章分析与应用语言学中的语言教育联系起来,把篇章理论运用到语言教学的课堂实践中和教法探讨、教材编写中。如较有代表性的 Bygate(1987)[1],Cook(1989)[2],McCarthy(1991)[3],Hatch(1992)[4],Nunan(1993)[5] 等人,他们致力于向语言教师和语言教学研究者介绍篇章语言学和篇章

---

[1] Bygate Martin., *Speaking*, Oxford: Oxford University Press, 1987.

[2] Cook Guy, *Discourse*, Oxford: Oxford University Press, 1989.

[3] McCarthy Michael, *Discourse Analysis for Language Teachers*, Cambridge: Cambridge University Press, 1991.

[4] Hatch Evelyn, *Discourse and Language Education*, Cambridge: Cambridge University Press, 1992.

[5] Nunan David, *Introducing Discourse Analysis*, London: Penguin, 1993.

分析理论,如什么是篇章分析,书面语与口头语的区别,篇章中语音、词汇、语法等层次之间的关系,篇章的衔接与连贯,篇章类型,篇章结构模式等。程晓棠(2006)[①]认为这些著作试图向语言教师说明三点:第一,语言的基本单位不是句子,当然更不是词汇,而应该是篇章。篇章是可长可短的一个单位,短到可以是一个单词,长到可以是一本书或几本书。第二,语言教学应该帮助学生从篇章的角度去理解、学习和使用语言;以词汇或句子为单位来孤立地学习语言是错误的,应该注意学习篇章的功能和篇章的结构模式(discourse patterns)。第三,书面语与口头语既有共性又有差异,语言教学应该对口头语和书面语给予同等重视。而 1994 年问世的 Micheal McCarthy 和 Ronald Carter 合著的《作为语篇的语言:对语言教学的启示》更加明确和反传统地提出了"语言即篇章"(language as discourse)的语言观,他们努力去建构的语言教学模式大不同于以往建立在句子语法基础上的语言教学模式,他们从篇章的角度和高度去描述语言特征,并以此为基础提出了一种基于篇章的语言教学途径(a discourse-based approach to language teaching)。

二 华语篇章研究现状

(一) 作为母语的华语篇章研究

作为母语的华语篇章研究集中体现在文章学的研究成果上。中国是名副其实的文章大国,历朝历代绵延几千年的历史沉淀下了泱泱难以计数的文字:从殷周文化的诗文新蕾到春秋时期的群文竞妍,从大汉帝国的风骨文章到大唐王朝并蒂盛开的诗文,从宋词元曲到明清小说,中国文章,光照寰宇。而文章学在中国,则是既古老又年轻的学问。古老表现在关于文章问题论述的时间早,可以追溯到先秦。而至汉魏,已出现研究文章的诸多专论、专著。可以说,传统文章学从理论到实践均有十分丰富的积累,并不似有些人认为的中国传统语言研

[①] 程晓棠:《作为语篇的语言:对语言教学的启示》(导读),北京大学出版社 2006 年版,第 2 页。

第三章 篇章研究与华语二语篇章教学

究中只有"小学"研究（以文字学、音韵学、训诂学为主体），即中国传统语言研究就是指就"字"的形、音、义所进行的研究。事实上，中国传统文章学始终关注字、词、句、章的表达，其中有关于华语篇章研究的独到见解和丰硕成果。而年轻是就现代意义上的文章学理论而言。我国传统的文章学理论，多散布于各类典籍之中，显得比较笼统和零星。现代白话文意义上的文章学研究，始于20世纪初。当时的情况是，文章研究与白话文运动相呼应，与中学作文教学相关联，因此就学科意义而言，尚不够明显。20世纪80年代以来，随着中国社会的大变革大变化，文章学与时俱进，逐渐彰显出现代学科的特征。

但不得不承认，文章学的地位和研究与中国文章大国的地位是不相吻合的，甚至有着极大的反差。尽管文章学在文章原理问题探究方面做得还远远不够，不过，在高校和中小学各级、各类的写作与写作课的研讨上，特别是立足于教学层面，教学生如何写文章，还是涌现出大量层次和水平不一的研究成果，虽难越"术科"樊篱，但对二语教学确有启发和助益。我国文章学特点仍然是十分突出的，它兼顾传统与现代的传承、注重理论与实践的结合，能够观照到思维方式、文体结构、文本格式、辞章修养、语句表达等多层面问题。当然，我们不能简单地把文章学看作是一种形式技巧意义上的学问。只是出于研究的需要，本书更多借鉴和转化文章学在有关写作常识、写作方法等实用价值方面的成果，从而为语言教学服务。

文章学的研究可从宏观、中观、微观三个层次来看，从而划分为三大层次[①]：原理层（理论性阐释）、体式层（常识性描述）、操持层（行为性方法）。原理层属于宏观层面，是就学理问题而言的，研究内容包括文道、文风、文气、文用等；体式层属于中观层面，是就规格构成而言，研究内容包括文体、风格、史变等；操持层属于微观层面，是就实践活动而言，研究内容包括谋篇、技法、修辞、炼意、炼字等。研究文章，实质上是在文章上做文章，因此文章学也同现实

---

① 任遂虎：《文章学通论》，清华大学出版社2011年版。

中的文章一样，呈现出多形态、多侧面、多层次、多渠道、多方法、多标尺的多棱镜般的研究样态。

中国传统文章学中蕴含着丰富的华语篇章方面的研究成果和思想，可惜的是，后人多是从文论角度来加以审视，寻求的是它在文学批评等方面的价值。随着现代语言学对语言性质的重新定位与认识，也随着篇章语言学的发展，篇章研究正在从语言学研究的边缘地带向中心移动，篇章研究也在语言本体研究中获得了一席之地。在华语二语的篇章习得研究中，我们将对我国华语篇章方面已有的研究成果按需索取、按需开掘、按需转换，旨在为我所用。本书的第五章将对此展开具体论述。

而"篇章语言学作为一门独立的学科，直到 70 年代才有较快的发展"[①]。但是在 20 世纪 80 年代之前的研究视点和主要论著"比较偏重于书面语和作文之道，语言学的概括力不强"[②]。直到 20 世纪 90 年代，随着一批潮涌的关于篇章和篇章语言学的论著的出现，它的地位才得以彰显。如 20 世纪 90 年代的主要著作有：郑文贞的《篇章修辞学》（1991）；廖秋忠的《廖秋忠文集》（1992）；朱永生主编的《语言·语篇·语境》（1993）；张会恩的《文章学初论》（1993）；朱国振的《文章结构的把握》（1993）；王缃的《篇章语言学》（1993）；王福祥的《话语语言学概论》（1994）；胡壮麟的《语篇的衔接与连贯》（1994）；王洁的《法律语言研究》（1999）等。21 世纪最初五年的主要论著有：吴启主的《汉语构件语篇学》（2001）；尹世超的《标题语法》（2001）；朱永生、郑立信、苗兴伟编著的《英汉语篇衔接手段对比研究》（2002）；美国卫真道（Jonathan J. Webster）著、徐赳赳译的《篇章语言学》（2002）；黄国文的《语篇与语篇功能》（2002）；郑庆君的《汉语话语研究新探——〈骆驼祥子〉的句际关系和话语结构研究》（2003）；鲁忠义、彭聃龄的《语篇理解研究》（2003）；徐赳赳的《现代汉语篇章回指研究》

[①] 黄国文：《语篇分析概要》，湖南教育出版社 1988 年版，第 5 页。
[②] 胡壮麟：《语篇的衔接与连贯》，上海外语教育出版社 1994 年版，第 16 页。

(2003);张德禄、刘汝山的《语篇连贯与衔接理论的发展及应用》(2003);许余龙的《篇章回指的功能语用探索》(2004);朱永生、严世清、苗兴伟编著的《功能语言学导论》(2004);刘虹的《会话结构分析》(2004);刘云的《汉语篇名的篇章化研究》(2005);等等。可谓成果丰硕,同时也真正将篇章研究带进了语言学研究的视域和领地。从这一时期的研究成果来看,学者们一方面继续热情推介西方篇章话语理论,另一方面寻求西方业已构建起来的理论在中国本土的适应性和生长点,尤其是在外语教学方面做了积极的努力和尝试,再一方面就是以华语为语料进行的自觉的篇章语言学中国化探索。

(二) 作为二语的华语篇章研究

在华语二语教学学科领域里对华语篇章习得的研究目前主要集中在以中高级华语水平留学生作文为自然语料的偏误分析上。鲁健骥(1994)较早结合中介语研究,通过对某典型语料中与篇章相关的偏误的分析,强调中介语研究范围扩大的必要性;高宁慧(1996)着重分析了留学生代词偏误类型,较全面地描述了代词在华语篇章中的使用原则;田然(1997)通过录音采集保存和分析了中高级阶段留学生口语语段语料,将其口语表达中的偏误做了归类和剖析;张宝林(1998)对语段和篇章的概念做了区分,提出语段教学是培养留学生成段表达能力的必经阶段和有效途径;曹秀玲(2000)以胡壮麟的分类为依据,考察了韩国学生在指称类型上的偏误;杨春(2004)考察并分析了英语国家和地区初级阶段的学生在华语篇章习得中出现的照应偏误问题;霍静宇(2004)考察的是初级水平的日本学生在华语叙述体篇章衔接手段上出现的主要问题;刘俊玲(2005)从篇章的角度考察了留学生作文中的偏误类型;张宝林(2005)从测试的角度,对语段测试方法从语义方面提出了五种、从衔接方面提出了十一种,可供参考;赵成新(2005)从篇章衔接的具体方式出发,分析了外国留学生华语篇章衔接方式的偏误类型;李炜东、胡秀梅(2006)分析了中级华语学习者篇章衔接中的偏误;刘怡冰(2006)分析的是中级印度尼西亚留学生篇章衔接的偏误;高宁(2006)对外国留学生华语篇章衔接手段的习得过程做了分析;范媛媛(2008)

对留学生三种常用篇章衔接手段做了考察；林雪凤（2008）关注了泰国初级华语学习者叙述体篇章衔接中的偏误现象，分析了问题产生的原因以及相应的解决办法；张晓丽（2008）对留学生华语记叙文篇章衔接进行了研究；冯新宏（2008）对高年级留学生华语篇章显性衔接偏误进行了考察和分析；李姝雯等（2012）以母语为日、韩、英、泰的留学生为对象，对留学生篇章表达中的偏误类型及其分布情况从三个维度做了观察和分析。另外，也有从篇章、语段等不同角度探讨其教学的重要性并提出教学建议者［如南勇（1994），赵旭（1997），张宝林（1998），陈福宝（1998），马燕华（2001），张永星（2002），王珍（2004），陈宏（2004），王瑛（2005），杜欣（2006），吴若愚（2007），于锦恩（2007），李倩（2007）］，充实和丰富了华语二语教学研究。

在第二语言教学中，相较于语音、汉字、词汇、语法（词法和句法），篇章偏误的分析起步晚了很多，近年来的研究成果可以归结为以下三个方面：

一是从衔接和语义连贯的角度对篇章衔接偏误的分析。国内较早进行篇章偏误分析的是何立荣（1999）[①]。他在180多篇留学生作文语料的基础上，对留学生华语写作中的篇章失误进行了分析，他把失误类型分为衔接和语义连贯两大类。其中，衔接问题下分"省略不当"、"关联词语不当"和"句式不一致"等几个小类。最后，作者还对华语写作课提出了相应的思考和建议，提出了重视语段教学、以读促写等写作教学策略。之后在这方面的研究主要是按照学习者国别和学习者华语水平来确定篇章偏误分析研究的对象。如按国别来确定研究对象，黄玉花（2005）[②] 以具备一定华语写作水平的汉语言专业本科三年级的韩国留学生为研究对象，认为他们在篇章上通常出现的偏误类型有五类，即省略、照应、关联词语、时间词语、词汇衔接

[①] 何立荣：《浅析留学生汉语写作中的篇章失误》，《汉语学习》1999年第1期。

[②] 黄玉花：《韩国留学生的篇章偏误分析》，《中央民族大学学报》（哲学社会科学版）2005年第5期。

第三章 篇章研究与华语二语篇章教学

等。刘怡冰（2006）[①]就印度尼西亚学生篇章中的问题做了有国别针对性的分析，将其偏误类型归纳为省略偏误、照应偏误、时间词偏误、体的偏误等，并在文中提出了学习和训练策略，如选择有篇章引导性的范文为模板、设计篇章衔接练习等。再如按华语水平来确定研究对象，刘俊玲（2005）[②]和赵成新（2005）[③]都是以中级班学生的习作作为语料进行分析，刘俊玲将篇章偏误类型归纳为时间关联成分的缺失、冗余与误用，地点关联成分的误用，指称成分的缺失、冗余、错位及指称不明，替代成分的缺失，关联成分的缺失、冗余与误用等，较为鲜明地突出了篇章偏误分析的特点；赵成新是按照指称偏误、替代偏误、重复偏误、连接偏误和平行偏误等来归结篇章衔接偏误类型的，并对各种偏误产生的原因做了分析。另外，也有从综合分析和单项选点切入的，例如：辛平（2001）[④]对留学生的作文中的词汇、语法、语用与衔接等偏误现象做了量化的分析；刘元满（2007）[⑤]对留学生的文章格式偏误进行了考察，呼吁从大纲、教学和教材三方面对文章格式加以多维关注并进行综合治理；雷英杰、龙叶（2007）[⑥]通过请柬和启事的写作教学，指出格式规范指导的必要性以及应用文写作教学的策略，如标题的规范、称谓敬语的运用、落款信息等。写作篇章教学涉及篇章衔接、文体、语体、文章结构、格式等方方面面，以上研究者都不同程度地将研究重心放在了篇章偏误分析与教学的关系上，并对教学，特别是写作教学提出了相应的建议。

二是以衔接作为研究视角对篇章衔接偏误做深入分析。这方面的

[①] 刘怡冰：《中级印尼留学生篇章衔接偏误分析及写作课篇章教学》，硕士学位论文，暨南大学，2006 年。
[②] 刘俊玲：《留学生作文中的篇章偏误类型》，《语言文字应用》2005 年第 3 期。
[③] 赵成新：《外国留学生华语语篇衔接方式偏误分析》，《台州学院学报》2005 年第 4 期。
[④] 辛平：《对 11 篇留学生汉语作文中偏误的统计分析及对汉语写作课教学的思考》，《汉语学习》2001 年第 4 期。
[⑤] 刘元满：《留学生一般性文章格式偏误表现与分析》，《汉语学习》2007 年第 5 期。
[⑥] 雷英杰、龙叶：《对一次请柬和启事写作教学的分析和思考》，《云南师范大学学报》（对外汉语教学与研究版）2007 年第 5 期。

研究有：曹秀玲（2000）① 通过考察韩国学生篇章中的指称现象，提出运用代词指称是各种指称类型的主要手段。通过与以华语为母语者的对比，她总结出韩国学生在指称使用上的偏误类型及倾向性选择。肖奚强（2001）② 对"照应偏误"进行了细致研究，提出出现该类型偏误的"六种可能"，即：名词照应误为代词照应；名词照应误为零形式照应；代词照应误为名词照应；代词照应误为零形式照应；零形式照应误为名词照应；零形式照应误为代词照应。此外，他还分析了汉语中介语语料库中上述六种偏误情况出现的频率及原因。徐开妍、肖奚强（2008）③ 对"照应"问题做了进一步深入的研究，对外国学生初、中、高三个学习阶段的中介语语料进行了较为全面的考察，通过把三个不同等级的外国学生使用名词、代词以及零形式照应的情况与本族人等量语料中相应的三种照应形式进行对比，发现初级阶段多出现零形式照应误用为代词照应与代词照应误用为名词照应两种偏误类型，而高级阶段则常出现将代词照应误用为零形式照应与名词照应误用为代词照应的偏误。这一类的研究还有，杨春（2004）④ 分析了英美国家初级阶段学生出现的照应类偏误，认为英美学习者在这一阶段易出现的照应偏误有三：其一是人称照应；其二是零形式照应；其三是指示照应。赵成新（2005）⑤ 的研究针对的是以英语为母语的留学生，他从篇章衔接的角度、探讨目的语对中介语的影响程度与影响方式，认为学习者在篇章衔接上的偏误类型有六种：语际偏误；语内偏误；发展难度偏误；回避偏误；诱导偏误；杂糅与不明原因偏误。他通过分析和统计，认为目的语因素是造成中介语篇衔接偏误产生的重要因素。

---

① 曹秀玲：《韩国留学生汉语语篇指称现象考察》，《世界汉语教学》2000 年第 4 期。
② 肖奚强：《外国学生照应偏误分析——偏误分析丛论之三》，《汉语学习》2001 年第 1 期。
③ 徐开妍、肖奚强：《外国学生汉语代词照应习得研究》，《语言文字应用》2008 年第 4 期。
④ 杨春：《英语国家学生初级汉语语篇照应偏误考察》，《汉语学习》2004 年第 3 期。
⑤ 赵成新：《留学生汉语语篇衔接偏误目的语因素考察》，《周口师范学院学报》2005 年第 4 期。

第三章 篇章研究与华语二语篇章教学

三是从篇章连贯的角度来进行偏误分析。如陈晨（2005）[①] 对英语国家中高级水平学生在华语篇章连贯方面的偏误进行了系统性的考察，其将篇章连贯方面的偏误分成八类：省略、句序的安排、照应、时与体的配合、句式的选择、替代、词汇的复现、连接成分使用不当。陈晨的研究有描写、有分析，对偏误来源进行了归类，在量化统计各种偏误分布情况的基础上，指出在华语篇章连贯上学生习得难点的分布状况。

可以看出，已有的华语二语篇章研究主要关注的内容有：一是以华语篇章形式上的衔接为主要问题的研究；二是以书面语篇章为主要对象进行的研究；三是以篇章偏误分析为常用方法的研究。从上述研究中，我们还可以看出，华语二语教学篇章研究还不够成熟，体现在研究者对篇章研究内容认识不够全面，对篇章偏误类型的划分还处在各家自圆其说、各自为政的初级研究探索阶段，尚未形成相对统一的认识。同时，在并不是十分丰硕的篇章研究成果中，我们也不难看出，已经出现了一定数量的缺少创建的重复性研究。由此亦可见，从宏观上把握华语二语教学篇章研究走向的必要性。

华语二语篇章教学的研究成果，从课型教学角度来进行探讨的文章，则主要集中在阅读教学和写作教学上。

阅读教学中的篇章教学研究主要集中在对篇章阅读模式的研究与应用上。在理论上华语二语阅读教学主要受到以下几种阅读模式理论的影响，体现在教学实践中就是从教师的各自为政到逐渐统一认识形成自觉的动态发展的过程。

传统的解释理论认为，阅读是"自下而上"的过程模式，它从视网膜对印刷符号（除纸质阅读材料外，也包括电子版等阅读材料）的感知开始，分析、辨认笔画、字母、词，原则上是按照阅读材料的排列顺序，在阅读过程中是把词组合成句、段最后再到篇章的过程。而阅读理解实质上是一个转换代码或处理字母、词的过程。随着信息

---

① 陈晨：《英语国家学生学习汉语在篇章连贯方面的常见偏误》，《四川大学学报》（哲学社会科学版）2005 年第 3 期。

处理过程的不断进行，阅读材料的内容就逐渐被理解。基于此，该模式认为阅读理解的关键在于迅速、准确地辨认字、词，所以强调把阅读教学重点放在语音、词汇教学上。这种"自下而上"过程模式指导下的阅读，文章本身存在的意义多于读者带给文章的意义，读者在阅读中的作用相对被动。

20世纪60年代，Goodman和Smith提出的过程模式，与"自下而上"相反，他们利用心理语言学的猜测游戏，认为阅读是"自上而下"的一个过程。在这个模式理论的指导下，阅读过程中起主导作用的是读者，而且读者比阅读材料本身提供的信息要多。因为，他们认为，读者本人所拥有的对世界的经验、认知及其观念，都会影响和带到阅读的本文当中，补充、丰富甚至改变文本的意义，所以他们认为文本的意义并不完全存在于文本自身当中。于是，在阅读理解过程中，读者的先验图式成为重要的组成部分。读者已有的知识储备、读者对阅读材料的熟悉度，读者的语法知识与语言修养等是这一阅读模式强调的基础，阅读因此成为读者思想和文本语言相互作用的过程，且是读者对文本不断进行积极推理的主动过程。在这个过程中，读者要完成从寻求意义，到进行选择、加以预测，再到予以证实和排除预测的过程。从这个意义上可以说，阅读依赖于读者的预测，取决于读者的选择。因此，在该理论指导下的阅读教学，积极的预期、核实、修正、扩展受到强调，调动学习者对文本的这一阅读过程成为教学的重点，经过以上过程之后，对文本进行再预期。该理论对第二语言阅读模式研究及教学具有较为深刻的影响。也是本书从篇章视域下审视华语二语教学提倡的一种模式，而且我们认为，此模式不仅适用于阅读教学，在口头语教学和写作教学中也同样具有适用性和推行的必要。

到了20世纪70年代，阅读理论中出现了相互作用模式。该模式是由Rumelhart等人提出来的，又被称作"交叉模式"。一方面，该理论认同"自上而下"模式中对读者地位和作用的强调，承认阅读理解过程是读者与文本建立联系之后，对信息进行重组和再表达的过程，其中不仅有文本符号本身的意义，也包含着读者自身对文本意义的诠释。另一方面，该理论也重视获取意义的不同的渠道，重视"自下而上"模式对文本内意义的细致构建，对构成意义来源的意义线索、词内线索和非视觉线索的作用给予了肯定。所以，该理论认为"自上而下"和"自下而上"两种模式在阅读过程中是"交互作用"、互为补充的关系。他们认为，经过"自下而上"的阅读处理，其结果更有利于引导出"自上而下"阅读处理中产生的假设；而由此得到的假设又能够部分地影响"自下而上"的阅读处理。这也就是"交互作用"的体现，即在阅读过程中交互作用的是"自下而上"和"自上而下"两种阅读模式。可见，该理论把阅读过程既看作是一个解码的过程，也看作是一个假设的过程。

在20世纪80年代初，又出现了"现代图式理论"，提出者是Carrel等人。他们进一步提出，阅读理解过程中的读者与文本之间的交流过程是被激活了相关图式的读者与文本形成的双向交流过程。该理论注意到，影响阅读的因素既有语言方面的，也有非语言方面的。语言因素指的是阅读者的语言水平，非语言因素指的是阅读者所占用或拥有的与阅读有关的背景知识以及阅读策略。该理论认为，在任何一个理解层次上，"自下而上"和"自上而下"都同时作用于阅读过程，二者相生相伴、互相弥补。该理论强调，文本的意义是由读者赋予的，而其本身并无意义，阅读文本只对读者起引导作用，意义是经由读者运用已有的知识结构对文本经过理解之后而生成的。

但是，到目前为止，在华语篇章阅读及阅读理解的相关模式理论的探究上力度和深度都还远远不够，在华语二语教学领域，更多的还是把研究兴趣和重点放在了阅读教学上。特别是针对不同国别和不同华语水平等级的学习者的阅读教学方面的研究文章在数量上明显占有优势，如武金英（2008）[1]以越南留学生为考察对象，探究汉越词对其华语学习的利与弊，即母语正迁移和负迁移的问题；付玉萍

---

[1] 武金英：《汉越词对越南学生汉语阅读的影响研究》，硕士学位论文，北京语言大学，2008年。

(2008)[①] 以高级阶段留学生为研究对象,分析其眼动与阅读速度、阅读策略等的关系;范祖奎(2009)[②] 按国别进行了学习者华语阅读焦虑现象的分析;朴敬玉(2011)[③] 通过汉、韩语言语序上的差异对比,针对韩国学习者在华语阅读中出现和遇到的问题提出有针对性的阅读策略和教学建议;周竹(2011)[④] 则就中高级阶段母语为英语的学习者的阅读状况做了调查,并试图为其提供有效的阅读策略。

这些已经取得的研究成果,一方面证明了阅读能力和阅读教学在华语二语教学中逐渐受到关注和重视;另一方面体现了西方相关理论和研究方法在华语阅读教学中更多受到青睐并尝试用来解决华语阅读及教学中存在的问题;此外,也反映出华语二语阅读教学在理论研究上的不平衡和欠缺,如在理论建构上的避重就轻以及在应用研究中方法的科学性、可靠性等问题都需要进一步思考和努力。

写作教学中的篇章教学既有研究,主要表现在两个方面:一是对学习者的篇章意识培养的探索,指导学习者提高华语篇章运用和输出能力,更多落实在对写作教学法上的研讨;一是针对学习者的习作做篇章偏误分析,在较为丰富、可靠的第一手语料的支撑下进行较为细致的分类分析,从而探讨教与学的具体策略。除了前面在篇章偏误分析方面已经做过介绍的部分论著外,按照时间顺序,我们有必要再就写作篇章及写作篇章教学的研究成果做个大致的梳理,这是本书研究准备阶段不可或缺的基础性文献。刘月华(1998)[⑤] 就叙述体篇章教学问题做的探讨,对如何教授学生连句成段,提供了具有一定实际操作性的教学思路。刘月华介绍了华语篇章语段的基本连接方式,同时

[①] 付玉萍:《以汉语为第二语言的留学生高级阶段阅读眼动研究》,硕士学位论文,首都师范大学,2008年。
[②] 范祖奎:《汉语阅读焦虑源的国别分析》,《汉语学习》2009年第3期。
[③] 朴敬玉:《汉韩语序对比与汉语阅读教学》,硕士学位论文,东北师范大学,2011年。
[④] 周竹:《中高级阶段英语母语者汉语阅读策略调查研究》,硕士学位论文,复旦大学,2011年。
[⑤] 刘月华:《关于叙述体的篇章教学——怎样教学生把句子连成段落》,《世界汉语教学》1998年第1期。

第三章 篇章研究与华语二语篇章教学

强调了时间词语与处所词语的篇章连接作用，对篇章写作在练习上的设计也提出了一些建议。罗青松（2002）[①] 较早且较全面地关注华语二语写作教学，其按照形式化程度的不同表现把篇章连贯手段分为三类或者说是三个不同的学习阶段，首先是从用关联词语、连接成分的显性连接方式，逐步过渡到运用省略和指代等形式的半隐性连接方式，最后要达到依靠句子的逻辑顺序或者句型、词语的选择或者文章整体风格的协调等多种隐性连接方式来连贯表达篇章。徐晶凝（2004）[②] 从认知角度探讨帮助学生掌握篇章生成的策略，认为写作教学的关键体现在语言形式、篇章模式及修辞结构三个方面；并提出篇章生成策略的步骤，分为识别写作语类、了解篇章在小结构上的特征以及写后修辞、衔接手段检查等，表现出对语体教学的重视。其后，在语体方面给予关注的文章陆续出现。李海燕（2009）[③] 针对华语学习者书面表达的口语化倾向明显的现象，从词语训练、范文阅读指导等方面，提出教学对策。陶嘉炜（2007）[④] 比较了母语写作与第二语言写作的异同，指出书面语讲究的特点在于句子成分的完整性及表达的严密性，建议在写作教学中从遣词造句、谋篇布局的各个层面做有规划的华语语体教学与指导。

上述关于华语篇章的研究主要集中在对不同类型的篇章偏误现象进行探讨并试图探寻和发现问题产生的原因，为华语篇章教学提供更有效的策略和建议。但从现有的研究成果来看，还存在较为明显的研究薄弱环节和弱项，比如，对华语篇章的结构特点、表现手段、认知图式等本体问题的研究尚未深入挖掘，也未在华语二语教学中形成共识；再如，在不同的篇章语体上用力不均，对留学生书面语篇章的重

[①] 罗青松：《对外汉语写作教学研究》，中国社会科学出版社 2002 年版，第 111—146 页。
[②] 徐晶凝：《基于语篇对比分析的写作教学构想》，载《北京地区第三届对外汉语教学学术研讨会论文选》，北京大学出版社 2004 年版，第 335—345 页。
[③] 李海燕：《对外汉语写作教学中如何实现口语词向书面词语的转换》，《吉林省教育学院学报》2009 年第 4 期。
[④] 陶嘉炜：《认识和处理对外汉语写作教学中的三大问题》，载《第八届国际汉语教学讨论会论文选》，高等教育出版社 2007 年版，第 137—141 页。

视和研究明显高于和多于对口头语篇章的研究；又如，在写作教学中缺乏宏观上的理论指导，也缺乏明确的教学理念和原则。

第二节　华语篇章特点

一　华语篇章类型

篇章类型按口头语篇章和书面语篇章来分别进行划分。口头语篇章类型在第四章第一节当中有具体说明。本节主要从书面语篇章层面来谈华语篇章类型。在我国传统文章学研究中始终伴随着这样的问题：文章有无必要分类，也就是篇章有无类型？在这个问题上，人们的看法很不一致，历来是各执一词。

一种意见认为，文可分类、文应分类。古人谓"文章必先体裁，而后可论工拙"①。《尚书·毕命》篇将"辞尚体要"与"政贵有恒"并举，墨子认为："立辞而不明于其类，则必困矣。"创作前"宜正体制"，创作后要"不失体裁"。"夫文章之体裁，犹宫室之有制度，器皿之有法式也。为堂必敞，为室必奥，为台必四方而高，为楼必陕而修曲，为簪必圜，为筐必方。为簋必外方而内圜，为簠必外圜而内方，夫固各有当也。苟舍制度法式，而率意为之，其不见笑于识者鲜矣，况文章乎！"②　"尝谓陶者尚型，冶者尚范，方者尚矩，圆者尚规，文章之有体，此陶冶之型范，而方圆之规矩也。"③　"凡文章体制，不解清浊规矩，造次不得制作。制作不依此法，纵令合理，所作千篇，不堪施用。"④　古人言说种种，不一而足。现代如鲁迅者也赞同分类，他认为"分类有益于揣摩文章"⑤。另外，从教学角度讲，篇章类型的划定便于传授和学习，没有"格"就无法引领学习者"入格"，也无法判定习作是否"合格"。刘勰早已指出："夫才童学

---

① 徐师曾：《文体明辨序》。
② 同上。
③ 顾尔行：《刻文体明辨序》。
④ 遍照金刚：《文镜秘府论·论文意》。
⑤ 鲁迅：《且介亭杂文·序言》。

第三章　篇章研究与华语二语篇章教学

文,宜正体制,必以情志为神明,事义为骨髓,辞采为肌肤,宫商为声气。"①

另一种意见则认为,文不可分类。中外都有论者持"文无定体"的看法。朱光潜就是其中的一位代表,他说:"同属一类型的作品有时差别很大,我们很难找出共同的原理来,求其适合一切事例。《红楼梦》、《水浒传》也叫小说,却与西方一般小说不同;《西厢记》也叫戏剧,却与西方一般戏剧不同。无论你拿《红楼梦》的标准看《包法利夫人》,或是拿《罗密欧与朱丽叶》的标准看《西厢记》,你都是扣盘扪烛,认不清太阳,不但如此,你能拿《红楼梦》的标准看《水浒传》?或者拿《哈姆雷特》的标准看《浮士德》?每一篇成功的作品都有一个内在标准,也就是自我一类。它采用流行的类型,犹如它采用流行的语言;但是类型须有新生命,它犹如语言的普遍性之外须有个性。"② 在他看来,用自然学科的方法为文学作品分类是没有什么价值的工作,连《文选》《古文辞类纂》《经史百家杂钞》等选本对文章的分类都显得很牵强,而且彼此都互有不同。他用了一个很有意思的比喻,以证明做这样分类工作的荒谬,就恰如把文学作品放进鸽子笼里一般。可见,在文体及文体分类问题上,尚各执一词。

由于华语二语教学的实际需要和特殊性,在这一问题上,我们以利于和便于教学为出发点和探究立场。文章形态可以分为文学与非文学两大类,这个区分被视作文体分类的基础。二者的区别集中表现在思维方式、材料选取和语言运用上。在思维方式上:非文学偏于理性思维,文学偏于感性思维。理性思维遵循现实性原则,遵守客体的真实,实事求是地说明问题,不能想象、虚构和杜撰。而感性思维本质上属于艺术思维,它可以不遵守逻辑思维的程式,也不拘泥于科学思维的现实性原则,而是可以凭借联想和想象去创造异彩纷呈的虚构世界。在材料的选取上:文学取材强调形象;非文学文体取材注重真

---

① 刘勰:《文心雕龙·附会》。
② 朱光潜:《美学文集》第二卷,上海文艺出版社1981年版,第6页。

实。真实材料是原生的、定型的，艺术意象则是虚构的、变形的。在语言运用上：非文学语言要求平实、准确、明晰；文学语言追求优美、形象和生动。非文学语言力求表达的条理性、逻辑性和准确性，运用修辞手法较为谨慎；文学语言常把形象表现放在首位，擅长运用多种多样的表达技巧和修辞手法来营造气氛、塑造形象。在华语二语教学中，书面语篇章的教学定位应该偏向于非文学语言。

文体本身不为分类而存在，分类为的是便于学习、区分和使用。文体存在的标志是它独特而又稳定的组织形式。写作时，不仅要明意，还要明体。弄错体式，就是不合体、不得体。古代文论家把这种现象称为"失体成怪"。我们可以根据具体的学习、区分和使用的需要，采用不同依据和标准给文章分类。文体分类中，依据多种多样，有依据内容的，有依据形式的，有依据其他因素的。例如：从表现手段上可以分成弹词、歌剧、话剧等；从行业上可以分为医疗文书、会诊报告、法律文书、财务文书等；从接受对象上又可以分为童话、童谣、儿歌、儿童诗、儿童文学等；从语体上则可以分为科学语体、政论语体、公文语体、新闻语体、文学语体等。对于华语二语学习，在进行篇章教学时，有必要而且一定要对篇章做出相对明晰的类型划分与区别，只有这样，才能有利于学习者的习得。

篇章类型常见的三种划分方式是：（1）四分法（依据功能分类）：认知文（科技类，新闻类，史传类）、论辩文（理论类，社评类，艺评类）、实用文（公务类，行业类，礼仪类）、文学文（诗歌类，小说类，散文类，戏剧类）；（2）五分法（依据表达方式分类）：记叙文、议论文、说明文、抒情文、描写文；（3）细分法（依据行业分类）：文学类、科技类、新闻类、史传类、事务类、公文类、礼仪类、外交类、教育类、经济类、司法类、论辩类、综合类。下面具体来解读一下第一种划分法。

从华语篇章所表现的功能看，可将其划分为四类：一类是实用体，一类是认知体，一类是论辩体，一类是文学体。在五经当中，《书》《礼》以实用体文章为主，《春秋》以认知体文章为主，《易》以论辩体为主，《诗》以文学体为主。在实用体、认知体、论辩体和

第三章　篇章研究与华语二语篇章教学

文学体四大文类中，实用体最接地气，表现出最为鲜明的为现实社会生活服务的特性；文学体处在与实用体相望的另一端，是对现实的超越，属于艺术创作范畴。因此，二者在篇章功能、性质、写法上都存有明显区别。华语篇章的这一分类法，涵括了华语文化的四大价值：真、利、善、美。认知体文章，求真；实用体文章，重利；论辩体文章，向善；文学体文章，崇美。

华语二语教学可以根据教学对象的不同需要来进行教学内容的选择。但是，华语二语教师要具备对华语文体的充分认知，对华语篇章类型能够做既合乎华语篇章特点又合乎学习者实际需求的灵活划分，从而为教与学过程中篇章图式的确立做出正确的类型选择。书面语篇章的教学主要集中在阅读教学和写作教学之中，但是二者既有联系又有区别：一个是语言输入，一个是语言输出；一个重理解，一个重表达。在教学中，对篇章类型的选择因此应该各有侧重。在篇章观指导下，我们在阅读中强调文体类型的多样化输入，尤其建议加大对构思巧妙、文辞优美、行文严谨、遣词造句生动、语法规范的各类华语文学作品的选读量，因为优秀文学作品中包蕴着丰富的社会、文化、思维、语言等内容，通过大量文字输入，有利于培养和建立学习者良好的对华语篇章的"文感"。而在写作中强调文体类型的实用性，这样两相配合，把书面语教学多面、立体化起来，对书面语教学走出困境或许有所帮助。

二　华语篇章结构

篇章是有组织的整体，组织起来的篇章有其语言的结构特点。中国传统文论十分强调篇章整体观。写文章，需要解决"总文理，统首尾，定与夺，合涯际"① 四个方面的问题。这四个方面兼顾到篇章组织结构的各个要件：它要求抓住全篇总的纲领；开头与结尾要相互照应，圆合一体；材料的取舍要由表达的需要决定；各层次之间要连接顺当，不留雕琢痕迹。清代的徐枋把篇章跟人必须有的骨骼、筋

---

① 刘勰：《文心雕龙·诠赋》。

脉、气血相比,"其段落者,骨骼也;其意与气者,筋脉也;而词藻则血肉也。故段落既定而少意气以贯之则脉不属;有段落而少词藻则色不荣"①。庞垲借用禅理,更为形象地谈到了篇章整体性的重要性:"禅者云'打成一片',诗有宾有主,有景有情,须知四肢百骸,连合具体。若泛填滥写,牛头马身,参错支离,成得甚物?变须打成一片仍得。"② 华语篇章结构注重整体性的特点与中国人的文化传统和思维特点密切相关,是华语学习者应该了解和认真学习领会的一个主要特点。

结构如何安排服从于篇章主题的需要,结构安排的根本目的在于使篇章主题获得最佳表现效果。主题是纲,结构为目;以纲统目,纲举目张,即可达成"驱万途于同归,贞百虑于一致,使众理虽繁,而无倒置之乖;群言虽多,而无棼丝之乱"③ 的表达效果。华语篇章各层次间的内在联系方式多种多样。由于语言的线性特征,所以在文面的形式上,各层次之间仅仅是先后顺序的关系。人们一般把依次排列的篇章各层次分为开头、主体、结尾三部分。首、中、尾的结构安排,可以看作是任何一种语言篇章结构形式无定之中的定格。章学诚说:"古人文成法立,未尝有定格也……无定之中有一定焉。"④ 不过,由于不同语言各自不同的思维特点等因素的作用和影响,同样的结构形式在内容和表达上还是存在比较大的差异的。华语篇章有其独特的要求。

题目是书面语篇章中不可缺少的部分。一般来说,实用文章的题目是实题,要么标示出范围,要么标示出主题;文学作品的题目多是虚题,通常会使用暗示、象征、比拟等修辞手法。

开头在篇章中有"定音"、"定调"的作用,历来为人们所重视。也就是说,开头要么表明中心内容,要么奠定情感基调,要么指明写作目的,要么体现独特个性,等等。开头的写法灵活多样,没有固定

---

① 徐枋:《居易堂集·与杨明远书》卷一。
② 庞垲:《诗义固说》卷下。
③ 刘勰:《文心雕龙·附会》。
④ 章学诚:《文史通义·古文十弊》。

不变的模式。一般分为两种方式：直接入题和间接入题。直接入题，就是开门见山，点明主旨，切入中心，这种方式易于让读者了解全文宗旨。间接入题，是先从别的问题或事情说起，看上去和所要表达的主题关联不紧密，实际上是"貌离神合"，然后再转入正题。这种开头方式，有的委婉含蓄、机锋深藏，有的旁征博引、纵横开阖。古代诸子散文常用此法，许多篇章是用比喻手法来开头的。

中间部分是文章的重点内容，故称作篇章的"主体"。这部分的基本要求是材料充实丰满，内容丰富具体，忌言之无物。篇章内容是否充实，就看主体部分，它负载着文章的思想价值与情感内涵。所以，古人用"猪肚"来比喻这部分，取其饱满充实之意，讲求"中要浩荡"，即内容要丰富，不可单薄贫乏。主题部分内容往往较多，一般需要分条分项来写。

结尾是文章收束的部分。结尾要么总结全文，收束整篇，"如截奔马"；要么语不说尽，含蓄自如，"言尽而意无穷"；要么深化文章的思想及情感内涵、增强文章的说服力或感染力。我国文章理论对结尾相当重视，有"为人重晚节，行文看结穴"[①]的说法。刘熙载的《艺概·词概》中说："收句非绕回即宕开，其妙在言虽止而意无穷。"好的"结句当如撞钟，清音有余"[②]，"终篇之际，当以媚语摄魂，使之执卷流连，若难遂别"[③]。"结句要出场，用意须高大深远沉着，忌浅近浮佻凡俗。"[④] 古人常以"豹尾"来比篇章结尾，要求做到"结要响亮"。古人对篇章结尾的行文要求和审美追求在华语现代文的写作中仍然适用。

刘勰说："明白头讫之序，品酌事例之条，晓其大纲，则众理可贯。"[⑤] 人们对事情开头、结尾的印象要比对中间过程更深刻，这是得到心理学研究证明的。这也正是为什么听人讲话的时候，记得牢的

---

① 林纾：《春觉斋论文》。
② 谢榛：《四溟诗话》。
③ 李渔：《闲情偶寄》。
④ 方东树：《昭昧詹言》。
⑤ 刘勰：《文心雕龙·史传》。

是开头和结尾的话的缘故。这种现象,在心理学上被叫作"首因效果"和"近因效果"。文章结构重首尾,符合人们这一普遍的接受心理。所以,开头、结尾的话,不能太长,概括性要强,表达上力求精练、准确而有力。可见,在篇章结构中,始终体现着写作者和言说者的意图。

粗略来看,在20世纪80年代以前,华语篇章研究属于辞章学研究时期,重在论述写作理论、作文技巧,中国古代关于文章结构的论述颇多,属于修辞学或文章学研究范畴。"结构"一词,本是指工匠筑室所立的间架,后人借用它来说明文章材料的组织安排。而"起、承、转、接、伏、应、断、续"等都属于文章结构方面的问题,是中国辞章学关注的重心所在,早在宋代就有人把篇章结构以"起、承、转、合"来加以归纳总结,后来的华语篇章结构说大都继承了古代的理论。

在母语教学中,从小学到中学,我们的语文教育直到今天仍在绝大多数课堂上传承着课文讲解从介绍创作背景和作者开始,然后分析篇章结构、段落大意、主题思想。这样一种语文教学模式越来越引起教育者的反思和质疑,但无论如何换"汤","药"似乎也都还是那些。我们单看对于篇章结构的讲解与处理,如果说在母语教学中重视过度的话,那是因为小学生的认知尚未能够达到理性接受的程度,而中学生对母语的认知则已经基本能够掌握其规律,因此小学生不宜"硬灌",中学生无须"赘言"。

在华语二语教学中,由于教学对象对华语这一陌生语言的整体把握不够,在课堂教学中,对华语篇章的学习既不能生硬地照搬母语教学方法,也不能轻易否定。华语篇章结构的特点以及它与学习者母语的异同之处等应成为二语课堂教学中时时需要面对和解决的问题,不仅不能丢弃,而且不能回避或忽视。另外,各种语言在写作上的基本要求是有共同之处的,如要求结构合理、层次清晰、表达流畅、符合逻辑等;在阅读时遵循的规律也基本不变,如对目的语思维特点的理解、对目的语社会文化等相关背景知识的熟悉程度、对目的语篇章构成特点的认知等均是良好阅读的基本条件。我们同样应该重视如何利用好学习者对母语的已有认知来领会华语篇章结构的特点,实现触类旁通和母语的正迁移。

三 华语篇章制作

篇章制作的过程从心理学角度可以解释为:因"情感活动所产生的体内生理变化在大脑皮层上引起兴奋,这就既可能加强个体对引发情感活动的特定信息的注意,又可能唤醒大脑这个信息库中所储存的许多有关信息,于是信息与信息之间又可能建立各种暂时联系"①。对于华语二语教学,篇章生成的过程也可以理解为制作的过程,因为华语学习者的目的性往往比较强,运用华语进行交际的目的也往往是明确的,在教学中,教会学习者如何"制作"华语篇章,既关涉到语言知识、语言技能的运用,也关涉到语言能力的转化和对华语文化背景、思维特点的认知程度。篇章制作的过程需要经过写作者(也可以包括言说者)思维的酝酿、转换,将与篇章相关的内容经由从分散到集中的过程,把材料从无序状态转为有序,表达由直白到灵活恰切地运用修辞,思想或情感由模糊隐晦渐转彰显明了,于是可以说完成了篇章的制作。在这个过程中,借助语言文字,可以跨越时空界限,实现"蒙太奇"式的组接。但是,华语篇章的制作,华语篇章的蒙太奇式组接,必然要符合华语的思维习惯和表达习惯。篇章制作的过程也是对新旧信息与材料进行筛选、组合实现由内在意向到文本呈现的转换过程。于是,语言文字把事理情趣变为文本结构存在形式。为实现这一转换,写作者需要激活和再现大脑记忆库存中与所表达对象有关联的尽可能多的信息,然后依据表达的需要,对它们做出取舍判断,再重新组接起来,形成篇章。

我国传统文论中有"物—意—文"(也有称"物—情—辞")理论。其中,"感物"阶段,是主、客体通过感知而交接。即主体依赖感觉器官作为中介从现实之物中萌生意念。可见,在我国文论中强调心灵介入并支配主、客体之间的沟通活动。由"见"而生"思",由

---

① 金开诚:《文艺心理学》,北京大学出版社1999年版,第175页。

此则实现了由"物"到"意"的转化。得"意"之后，还需要缘"意"而聚"旨"，也就是要将原生的"意"加以提炼，使之浓缩和集中，形成"意向"，形成文章的"主题"。"意司契而为匠"（陆机《文赋》）说的就是意向在写作中的导引作用。应该说，无论什么体裁的文章，都不同程度地存在着意脉的演变和意涵的拓展。如意理侧重于议论性文章，意象侧重于文学作品。意理的展开靠的是大小论点的排列以及论据的安排。意象的展开则主要依赖于形象体系的分布和排列。因此，谈篇章制作就需要谈及"序化"的问题。在华语篇章制作里，序化服从于整体思路，先观照整体，再考虑局部和细节。正如刘勰所言："规略文统，宜宏大体"，"总纲纪而摄契"，继之才能"拓衢路，置关键，长辔远驭，从容按节"。可以说，篇章的理解与表达与其说靠的是其中各句子的意义，不如说靠的是其中各句子的序列安排。

先看"序化"。"序化"概括起来由三部分组成：（1）文意形成的意序块；（2）表现文意的材料块；（3）联结气意的缀合块。意序块之间，可以根据表达的需要形成不同的排列方式，如自然顺序、逻辑顺序、情感顺序等。自然顺序就是按照事物运动的自然过程和方位来安排行文的顺序。逻辑顺序就是按照生活逻辑或思维逻辑来安排行文顺序。情感顺序就是按照情感发展的脉络来安排行文顺序，情感既有现实依据，又有超越逻辑限制的自由。对于材料块的顺序安排，是由表情达意的需要来决定的，也就是要求做到"取舍由意"。材料的取舍通常从两方面加以考虑：一是要所选材料能够表情达意；二是要对材料去伪存真、取优汰劣。所以，就篇章整体而言，材料的选择应该具备三个基本特性，即真实性、典型性与生动性，然后根据文意表达的需要来做恰当的安排。材料块在序列组合关系上，一般分为并列关系、总分关系、因果关系、时间关系等。至于缀合块，它没有实在意义，其作用是照应、过渡、转折或衔接，用于文意、材料之间，即通常所说的过渡词、过渡句或过渡段。意序块和缀合块在华语二语写作教学中是具有指导意义的。意序块强调的是篇章段落层次的安排，以意连贯使文脉贯通；缀合块突出的是篇章的衔接手段和技法，其功

第三章　篇章研究与华语二语篇章教学

能"若筑室之须基构，裁衣之待缝缉矣"①，使文章在结构和语言上做到语气通达，首尾呼应。

再看"形化"。所谓"形化"，就是将内心所思所想与所感通过篇章来完整地表达和呈现出来，是"意"的文本化与体式化。思维的形式化阶段，任务就在于语言表述，篇章制作。"形式化"过程也就是文章写作的文本化过程。特定的"意"往往和特定的"体"相对应。比如，诗情选用诗体，杂感则用杂文，曲折的故事情节倾向小说，实际工作、生活问题则有应用文书，等等。而文章的结构布局，要形成有机、贯通的整体，层次清晰，条理分明，即做到有章有法。如果结构存在紊乱、割裂、脱节现象，则表情达意的功能会受到不同程度的影响。因此，就篇章制作而言，肩负承载"意"的准确传神表达的"形式"受到高度重视。

西方学者篇章生成机制研究在英语等语料的基础上，将重点主要落在主位推进模式上。"当一个新的信息已说出后，它就立刻变成了已知信息。作为一个已知的信息，它又可以成为新信息的起点，一旦这个新信息被说出，又成为已知的信息。如此不断，可以由一系列围绕一个题目的若干语句结成语段，若干语段又可以组成语篇。人们把这种信息的连续性发展叫作主位——述位推进模式。"② 他们认为主位推进模式的选用与体裁联系紧密。在国内篇章研究中，也已经有学者注意到了这一理论在现代汉语研究中的适用性，并做了积极的理论尝试。不过，主位推进模式对于华语二语教学在篇章制作上的适用性有多大，目前还没有引起太多的注意，而且如何将理论色彩浓厚的研究模式应用于对操作性更为重视的教学实践中，也是一个棘手的问题，有待华语二语教学的研究者和教育者共同努力。

总之，说话者或写作者不会随意将某一信息放在句首当作其思想的出发点，首句就是说话者或写作者心目中确定的起点，这也反映了

---

① 刘勰：《文心雕龙·附会》。
② 吕俊、侯向群：《英汉翻译教程》，上海外语教育出版社2001年版，第138—139页。

说话者或写作者的心理与思维。这方面的专门研究如朱永生（1995）① 提到了恩奥古（Nwogu）对医学类篇章使用主位推进模式的一般规律的研究，恩奥古研究发现医学论文的正文和摘要与报刊上对医学发展的报道在主位推进模式的选择上是有差别的；陈雁（2007）② 研究了致谢篇章的主位推进模式的特点等。从主述位的信息流动来看，它符合认知从已知信息到新信息的规律，也符合句末信息焦点的原则。它使篇章在意义上头尾相关，且使整个篇章具有了连贯性。了解整个篇章中的主位选择情况和主位是如何一步步向前推进的，即篇章的主位推进模式（thematic progres-sion），有助于我们了解篇章信息流动的规律。当然，篇章中主位推进的方式并不是整齐划一、固定不变的。Halliday 的《系统功能语法》介绍了放射型、聚合型、阶梯型和交叉型四种主位推进模式。③ 而在实际中，两种或多种模式混合使用的情形是十分常见的，这不仅是内容上信息合理安排的需要，而且也是形式上避免单调的需要。

第三节　建立华语二语篇章教学观

一　篇章视域下的交际语义场

交际语义场，由属于言语交际的各要素和属于非言语交际的各要素以及与交际发生相关的语境要素共同构成。由交际语义场构建起来的篇章涵盖了语言的微观机制和宏观机制。语言的微观机制包括汉字、语音、词汇、语法、修辞、语用等，语言的宏观机制包括情境制约、语境迁移等。言语交际要素包括以字、词、句子和声韵调为语言承载形式的各个要素，是交际活动中的主体。非言语交际要素指具有伴随语言特征（paralinguistic features）和超语言特征（extralinguistic

---

① 朱永生：《主位推进模式与语篇分析》，《外语教学与研究》1995 年第 3 期。
② 陈雁：《从致谢语篇看语类与及物性和主位推进模式的关系》，《喀什师范学院学报》2007 年第 1 期。
③ 胡壮麟、朱永生、张德禄、李战子：《系统功能语言学概论》，北京大学出版社 2006 年版，第 168—171 页。

第三章 篇章研究与华语二语篇章教学

features）在内的广义副语言，包括语调、重音、停顿、态势语等要素，本书在第四章有专节介绍相关内容。与交际相关的语境要素指的是交际活动发生的情景语境和文化语境，其中要素是一个不确定的变量或变体。

"交际语义场"的提出有其理论基础。

首先，交际是一个"场"。王希杰（1996）[①]把语言环境看作是交际活动中的四个世界的统一，这"四个世界"分别是语言的世界、心理的世界、物理的世界和文化的世界。他把语境看作"交际场"，同时提出语境具有六大功能，包括匹配功能、定位功能、定向功能、填补功能、生成功能和预测功能。钱冠连（2002）[②]认为交际语境是由"语言上下文（linguistic context）和非语言性环境（extra-linguistic context）两个大的部分组成"的。前者是语言符号内因素，指的是上下语（可听的）或上下文（可见的）。后者是语言符号外因素。它既可以是外在于人的、显性可见的现场（如地点、对象、场合、自在物体、意外出现的人或物、自然环境等），也可以是隐性不可见的背景（如社会文化、风俗习惯、行为准则、价值观念与历史事件等）。可见，人们对交际语境的这一综合因素的分析，已经摆脱了平面式的惯有研究模式。其实，索绪尔早就有"语言是一个系统"[③]的论述。按照系统论的观点，系统内部各成分之间以及各成分与整体之间是一种相互依存、互有联系、交互作用的关系。只不过，索绪尔本人重在对语言系统内部的静态研究。系统是一种普遍现象，语言世界不仅不是例外，反而是系统论有力的客观实证。在"交际场"的概念中，除了语言系统内部的关系外，同时亦将语言系统之外的要素纳入了其中，从而完成一个交际活动立体且相对完整的场域建构或重构。

其次，语义有一个"场"。"语义场"指的是一组在语义上既相互联系又相互区别、既相互制约又相互依存的词项构成的聚合体，它

---

① 王希杰：《修辞学通论》，南京大学出版社1996年版，第63—180页。
② 钱冠连：《汉语文化语用学》，清华大学出版社2002年版，第79页。
③ ［瑞士］索绪尔：《普通语言学教程》，高名凯译，商务印书馆2004年版，第36、37、46页。

是一个具有共同或相近语义的语言单位构成的集合。语义场理论通常用于分析语言体系内词与词之间的语义关系，在学界已有很好的研究基础。近年来，也出现了将语义场理论运用到篇章研究中的文章，如谈到篇章的词汇衔接时，胡壮麟（1994）就提到"只有词汇的相对集中，才能保证语篇的主题和语义场取得统一"[1]；许余龙（2004）[2] 在论述 Y 移位时也提到了语义场概念；王凤英（2007）[3] 在研究科学篇章时，运用了语义场理论，从系统控制论角度，考察篇章语义结构和篇章内部语词、语句之间的语义关系。这些研究说明语义场理论在篇章中也具有一定的适用性。

另外，语境也有一个"场"。"语境场"的概念由王建华（2002）[4] 提出。他认为，语境因素与语用主体、话语实体处于同一平面。一方面，语境外部与另外两大因素是平行的、相对独立的子系统关系；另一方面，语境内部的众多因素（包括时间、地点、场景、时代背景、社会环境等）是相对独立的，它们构成下位子系统。内部语境和外部语境、显性语境和隐性语境都是相互依存的关系；子系统之间也存在相互影响的关系。彼此按一定层次，形成关联网络，最终以语境场的方式共同作用于交际。

"交际场"、"语义场"、"语境场"概念的提出和研究成果，为"交际语义场"的提出打下了坚实的理论基础。将交际篇章置放于场域中进行观照，便于梳理错综复杂的各种交际要素，便于建立起各要素间的关联与关系，便于将理论研究成果应用于教学实践。

交际活动是一个由言语交际和非言语交际共同作用、交织构建的语义场。篇章语言观把言语交际活动看作是一个动态的、整体的交际语义场。就交际信息学而言，言语交际符号和非言语交际符号共同担当交际信息的载体，非言语交际符号就是广义的副语言，泛指言语交

---

[1]、胡壮麟：《语篇的衔接与连贯》，上海外语教育出版社1994年版，第12页。
[2] 许余龙：《篇章回指的功能语用探索》，上海外语教育出版社2004年版，第149页。
[3] 王凤英：《语义场理论和篇章研究》，《外语与外语教学》2007年第9期。
[4] 王建华：《现代汉语语境研究》，浙江大学出版社2002年版，第23页。

第三章 篇章研究与华语二语篇章教学

际符号以外的在人类交际活动中能够发挥作用的其他符号形式,这当中甚至也包含着与交际活动共存的语境各要素。

交际语义场是将更多观照非语言要素的交际场和更多观照语言要素的语义场结合起来进行整体观照。这种观照,只有在篇章视域下才能够得以实现。只有以篇章为视角,才能够看到、看清楚这个构建篇章、完成篇章的整个交际语义场,它是一个多维、立体的结构。站在词汇、语法、句子的视角,只能看到语言的有限层面,无法看到这个交际语义场的全貌。

简言之,交际语义场由言语要素和非言语要素共同构成,参与交际的要素是多元的、动态的,构成的语义场是立体的、唯一的。"立体性"将在本书的第四章论述,这里谈它的"唯一性"。每一个具体的交际活动都是在交际语义场中完成的,放在语义场中来考量的交际言语形式表义具有"唯一性"。这可以解决传统语义、修辞研究中探讨的"歧义"现象与问题。之所以会有"歧义"现象,就是因为交际语义场提供的信息要素不够充分或不够完整造成的。换言之,只要把言说内容置放在条件充足的交际语义场中,表达和接收就具有了"唯一性"。所以,笔者认为,为增加表达色彩和积极交际效果的"双关"属于修辞范畴,而因语义场提供的信息不充分造成交际障碍的"歧义"是消极交际现象,不能算作一种修辞类别[①]。

因此,在篇章视域下,华语二语教学能够驾驭语言教学中的各种交际要素,包括语言要素和非语言要素,能够有意识地在交际语义场创设立体化的语言教学模式;重视语言学习的整体性,提倡"自上而下"的认知模式和图式理论在教学中的运用,强调学习"活"的、真实的语言。交际语义场的提出和确立,为华语二语在教学上的整体构建提供了立体框架,可以突破原来教学按照语言水平等级平面划分与推进的模式,也可以突破听说与读写对峙或分离的二元模式。交际语义场的适用范围不但在口头语篇章上,而且对于书面语篇章也同样适用。在口头语篇章中,交际语义场中的交际对象是显性的存在,王

---

① 刘惠:《"用歧"辨》,《齐齐哈尔大学学报》2003年第3期。

希杰谈到的四个世界中的语言世界中的副语言在交际语义场中发挥着特殊的、不可替代的篇章表达与连贯衔接作用,物理世界构建起的客观的交际语境也是交际活动的主要参照和参与要素。而在书面语篇章中,尽管看上去并没有交际对象出场,但是在文本与阅读者之间、写作者与文本之间,是存在一个或一群隐性交际对象的使得语言世界中的言语要素在书面语篇章中的作用得以充分彰显。同时,心理世界在阅读和写作过程中介入的程度要高出听说交际,而在口头语篇章中受到重视的物理世界,在书面语篇章中的作用明显退到后台。至于文化世界,在口头语和书面语交际语义场中都一样须臾不离,贯穿始终。

二 语言教学即篇章教学

语言交际的真正手段是以篇章形式呈现出来的,语言以篇章为载体得以展现,也只有构成了篇章的语言才能成为人与人之间交流的手段。既然如此,那么华语学习就必须要了解华语篇章的特点,包括结构、语体、功能等各方面,就必须加强对华语篇章的深入认知,否则就无法把作为华语交际手段的华语篇章以准确的形式表现出来,也无法将华语构建成恰切的篇章作为交际手段用于满足人与人之间的交流。

语言的学习是为运用、为交际的,语言知识的学习和积累也是为语言能力即运用语言服务的。我们按照从字到词到句子到语段到篇章的顺序,似乎是顺应语言学习的一般规律的,因为人们从儿童对母语的习得过程中很自然地得到了这样的启示。但是,对于二语习得者而言,同一个学习者,个人的学习条件和环境却发生了很大、很多的变化,所以盲目或一味套用母语习得的做法一定会出现驴唇对不上马嘴的现象。篇章认知的地位和作用在二语习得中因此得以凸显。

不论是语音、汉字还是词汇、语法,甚至句子,学习这些语言要素的目的都不是为这些要素本身,而且不难理解的是,就是学会了字、词、句,也未必能够顺水推舟般地懂得将其组织整合成恰切的篇章。如果不能将其组织成为恰切的篇章,仍然无法达到运用该语言进行交际的目的。但是,反过来,要正确解读篇章,则必须要理解构成

❖ 第三章 篇章研究与华语二语篇章教学 ❖

篇章的句子，句子的意义又取决于构成它的词语的意义以及各词语之间的结构关系；同时，对篇章的完全把握还需要除此之外的附加信息（包括世界知识和语言知识在内）。篇章的重要性体现在，它是语言表达和理解的最高和最终样态，每一种语言的学习或习得的最终指向都是篇章，换句话说，篇章的理解和表达能力在一定程度上即可说明一个人的语言能力。

先看篇章表达。篇章表达也可以看作是篇章生成。任何篇章在生产和形成的过程中都表现出程式化的图式结构并具有一定的连贯的语义关系。根据行为主义学习理论："学习是一个渐进过程。一个人掌握的知识和技能越多，他过去的经验和活动越有可能对新的学习任务产生影响。成人很少（如果有的话）学习全新的东西，不管他面临的是多么陌生的任务，他以前获得的信息和形成的习惯会成为他的出发点，因此把过去的训练迁移到新情景中是学习的一部分（如果不是全部的话）。从这个意义上讲，迁移跟学习的研究范围同样广泛。"[1] 比如，"去餐馆吃饭"这一话语类型构成的口头语篇章的基本图式认知结构就是：就座—点餐—就餐—结账—离开。这种图式结构具有普适性，是现代文明人类基于体验所形成的共同具有的认知模式，是属于深层结构的，而语言表现形式则是属于表层结构的。在学习一门新的语言的过程中，我们不应该只求其表、只重其表，而应该表里兼重，特别是应该注意区别和总结深层认知图式中不同语言沉淀下来的异同之处，以减少二语学习的困难和尽量少走弯路。这种对深层认知图式的区别和总结，需要观察者或学习者选取合适的立场和视点，否则难观语言学习的全貌、难达语言学习理想的终极目标。

再看篇章理解。篇章理解的过程是多重心理表征形成的过程。van Dijk 和 Kintsch（1983）[2]曾在《语篇理解的策略》一书中指出，

---

[1] Postman L. Transfer, interference and forgetting, In J. W Kling and L. A. Riggs (Eds.), *Woodworth and Schlosberg's Experimental Psychology*, New York: Holt, Rinehart and Winston, 1971: 1019.

[2] van Dijk T. A. and Kintsch W., *Strategies of discourse comprehension*, New York: Academic Press, 1983.

对篇章的理解会出现三种既相互区别又相互联系的记忆痕迹，即表层结构（surface structure）、篇章命题库（textbase）和情境模型（situational model）。表层结构是对句子字面形式的表征和记忆，是对句法、语义和语用的综合，是最短暂和最表层的记忆，一般保持到一个句子的结尾就会消失。篇章命题库也是一种表征形态，它是由篇章中的信息所形成的命题建构而成的相互联系的网络。情境模型，又称心理模型，是最为持久的一种表征，它是对篇章所描述的情境或事件，通过情景记忆表征的直接经验。情境模型是篇章理解过程中最稳定的表征形态，也是篇章理解的最终产物。但是，篇章表征的这三类划分仅是为了能够更加清晰地认识篇章加工过程中发生的心理加工活动，并不意味着这三种表征形式在阅读的实时过程中是分离或独立存在的。在华语二语教学中，篇章理解的训练主要集中在阅读课堂上。另外，在篇章理解过程中，依照"自上而下"的认知模式提供的理据，我们知道，推理加工的过程靠的不仅仅是篇章文本内部，如句间关系表明的具有连贯性的显在推理，更大量的工作是以依靠阅读者所拥有的一般知识来完成的。篇章的情境模型被认为是更高表征形式，也就是篇章呈现出来的最终形态。因此，一方面要求所构建的情境模型能够在篇章的各个命题之间建立起联系，另一方面还要求阅读者在篇章表征与其一般知识（或背景知识）之间建立起联系，唯其如此，篇章表征方能实现连贯、完整的形态。研究者认为头脑中的知识是按照一定的规则组织的，这些按一定规则组织起来的知识对阅读理解具有重要的作用。Rumelhart 等（1977）[①] 也认为，激发、选择并说明输入信息（即所阅读的文本）图式的过程就是阅读理解的过程，篇章理解依靠的是被激发起来的或被选择了的或被具体化了的信息图式。这也和长时记忆相关。这种将长时记忆中的一般知识（或背景知识）与篇章信息相结合，能够积极促进对篇章的推理加工，因为当新信息进入工作记忆之后，长时记忆会不断提取与之相关的信息，并与被暂时

---

① Rumelhart D. E. and Ortony A., There presentation of knowledge in memory, In R. C. Anderson, R. J. Spiro & W. E. Montague (Eds.), *Schooling and the Acquisition of Knowledge*, Hillsdale, 1977, NJ: Erlbaum: 99 – 135.

性激活的新信息快速建立起可靠的联系，从而完成阅读理解的过程。在对华语学习者的课堂教学中，教师如何有意识地去培育和帮助他们在头脑中建立起符合华语篇章表达与理解的图式、脚本、故事语法或记忆组织包，是华语教学，也可以说是所有语言教学共同面对的难题与挑战。在华语二语教学中，对于 van Dijk 和 Kintsch 等人的理论的运用还没有实现普遍的自觉，尤其是对情境模型的认识与重视还远远不够，而情境模型的建立与本书所强调的篇章观密切相关。

另外，语言是有共性的。本书在此并不关注语言共性存在的确切理据及如何对其进行严密、科学的论证，本书所强调的是，因为语言存在共性这一不争的事实，所以在二语教学中应该充分利用这一普遍规律。尤其是语言共性通常是以抽象描写与分析的形式呈现，因此对于已具有较好的抽象思维能力的成年人为主的华语习得者来说，语言共性的存在在华语二语教学中正是可以顺势引导并具备可引导条件的有利因素，便于并易于为习得者所接受和理解。

由此可见，一方面，不管是语言理解还是语言表达，使用不同语言的人们对自己的母语都存在着一个或明确的有意识的或模糊的无意识的认知图式，而该认知图式对二语习得是有帮助的。对于在母语中已经形成明确图式的学习者，教师可以将之引导、利用为二语习得中的母语正迁移，对于在母语中尚未形成明确图式的学习者，教师需要帮助其激活头脑中模糊的认知图式，从而为二语学习铺路架桥。另一方面，任何一种语言都不能够脱离于或剥离出社会语境、文化语境而独立或纯粹作为语言而存在；任何语言自身或说是内部，也都不可能脱离认知语境和上下文语境而进行切面式或断章式的理解与表达。因此，篇章认知不仅是必要的、重要的，而且对任何语言学习都是可行的，具备可推行、可操作的特性。

本书试图建立华语二语教学的篇章教学观，在华语学习的过程中，以培养学生篇章意识、训练学生篇章能力为目标，提高学生的华语交际能力。篇章视域下的华语二语课堂，需要重新调整和设计教学的各个环节，按照华语篇章的实际、遵循二语习得的规律、结合学生个体的各方面因素，以培养学生华语交际能力为目标来进行整体的、系统的教学安排。在具体教学中，篇章交际能力可以概括为四种，即口头语篇章的理解能力、口头语篇章的表达能力、书面语篇章的理解能力、书面语篇章的表达能力。而这四种能力的获得，都不能也不应脱离篇章加以运作。但是，用来指导实践的理论总是有些深奥、枯燥的，面目也总是过于严肃的，那么我们就不能生硬地灌输给学生。而对于从事华语二语教学的教师则更需要将理论内化为能力，以顺利实现在教学实践中的合理执行与到位贯彻。

篇章教学观强调，在华语二语教学中始终贯穿篇章意识，以华语篇章意识的培育和建立为华语教学的最终目标，从而帮助学习者达成使用华语进入最佳交际活动的状态。华语二语以篇章为本的教学观，既可以在各类课型中贯彻（包括听、说、读、写、文化课等），也可以在各种语言要素中贯彻（包括词汇、句子、语音、语调等）。我们以词汇教学为主的初级阶段为例。篇章视域下的词汇教学，重点要放在词语的语用功能上。而传统授课注重的是词语的释义和语法功能，没有在交际篇章中讲授词汇的意识，词汇学习脱离语境。所谓重词汇的语用功能，意即在教学中会有意识地注意强调某词在实际运用时，是属于口头语词还是书面语词，注意交代清楚使用时作为流行用语或是传统习语的区别、正式语体和非正式语体的区别、普通用语和专业用语的区别等语用问题和具体语境对该词的约束力与限制性。在教学过程中这样来处理词汇，传授给学生的就是词汇在篇章中运用的能力[①]。在实际交际活动中，只有能够准确选择符合语境的词语来进行交际，才是真正掌握了一个词语的运用。同样，在句子连贯、段落衔接、篇章结构等方面的教学，如果教师与学生都能有明确而强烈的篇章意识并以此为教与学各环节的指归和目标，那么华语各项语言技能的学习和训练就不会再是散沙一盘，而是串在一条绳上的构成美丽项链的一颗颗珠子，从而形成可以在交际中自如运用的语言能力。

篇章观下的语言教学，要面对和解决如何将篇章交际原理作为华

---

① 邢志群:《对外汉语教师培训：篇章教学》，http://www.docin.com/p-6437136.html. 2012.04.15.

第三章 篇章研究与华语二语篇章教学

语教学内容的问题。篇章交际原理，存在于篇章交际的过程中。对学生而言，它属于篇章交际的知识。这样的知识，是在篇章交际的行为发生过程中总结出来的，属于典型的动态知识，而不属于静态知识的范畴。动态知识的获得，只有在相应的行为训练过程中才能达到目的。篇章交际的行为发生时，这些知识或规律就蕴藏在其中。参与交际的双方，需要细心体会，才能掌握；参与交际的双方，如果都掌握了，交际的效果就会清晰地显现出来。也就是说，交际者在进行篇章交际时，如果对篇章交际原理了解深透，并能够按照篇章交际的原理灵活应对现实生活中的篇章表达或者接受，他的篇章交际能力就会得到增强，并且会有高水平的表现。

篇章交际原理包括篇章存在的制约原理与篇章存在的价值判断原理两个方面。这两个方面的原理，既存在于篇章的表达过程中，也存在于篇章的接受过程中。篇章的表达包括说与写，篇章的接受包括听与读。在华语课堂上进行篇章的听、说、读、写训练时，不管具体进行的训练属于何种，都可以在训练的同时让学生学习篇章交际原理。我们可以对任何一个已经出现与存在的篇章（包括听到的篇章与读到的篇章）从篇章交际原理的两个方面去进行分析，看看它的表达世界是否真实、文本世界是否有效、接受世界是否适宜，看看它的信息是否具有合理性、表述是否具有可接受性、环境是否具有适应性。在分析过程中，华语教师可以带领学生深入篇章的内部与背景，了解华语篇章有哪些讲究，有哪些诀窍，又有哪些技巧。在这一了解过程中，学生可以潜移默化地学到篇章交际的知识，学习自己如何用华语组织并完成篇章表达，学习如何接受和理解华语篇章。我们也可以对任何一个即将产生与存在的篇章（包括说出的篇章与写出的篇章）从篇章交际原理的两个方面提出要求，要求它的表达世界真实、文本世界有效、接受世界适宜，要求它的信息具有合理性、表述具有可接受性、环境具有适应性。在这样的要求与约束过程中，华语教师可以带领学生从篇章交际原理的层面，从篇章产生的本源角度，来掌握篇章创造的规律，提高篇章表达能力，增强篇章表达效果。经过这样螺旋提升式的篇章训练，学生可以在日积月累的过程中建立起华语篇章意识，掌握华语篇章交际原理，在交际活动中自觉展现出自己良好的篇章表达和理解能力。

华语教学的直接目标就是培养学生的篇章交际能力，即以篇章为单位的听、说、读、写能力。意思是说，表面上看，每一堂华语课都属于篇章交际能力训练课，并且每一堂华语课都必须创造机会让学生尽可能多地从事以篇章为单位的听、说、读、写训练，但必须指出的是，在这样的训练过程中，华语教师是篇章交际训练活动的策划者和组织者，同时也是篇章交际原理的实践者和传授者，努力在课堂教学活动中，使学生完成从华语篇章认知到华语篇章交际能力的转化。这样的学习，学习的是语言能力，而不只是语言知识。

由于教师在教学中扮演着策划者和组织者的重要角色，是教学观的具体践行者，所以华语教师对待语言教学的态度和观念将直接作用于其课堂教学。传统意义上的华语知识，基本上都属于以字、词、句为单位的语言知识，较少涉及以篇章为单位的语言知识。以字、词、句、语音、语法为单位，也是对语言规律的总结，是语言知识的部分，是华语教学中必不可少的要教授的知识内容，它们是学习者获得华语能力必须掌握的语言知识要素。但是，这些要素教学如果不放在篇章视域下加以观照，它们就是语言的静态知识。而静态的语言知识要转化为语言能力对每个人而言是有程度不同的困难的，因此单纯的静态语言知识的学习对学习者快捷、有效地提高华语水平作用不够显著，特别是到了语言学习的中高级阶段，在语言能力的突破与提升上会出现尴尬、困窘的教与学的瓶颈。这也正是华语教学长期面临和亟待解决的现实问题。

坚持篇章视域下的华语二语教学，就是在华语二语教学中坚持篇章教学观。具体表现在：构建多维、立体的华语交际语义场，重视非言语交际在华语二语中的教与学；始终贯彻以篇章为单位的教学理念，在字、词、句、语音、语法等语言要素的教学中，始终以篇章做统领，将其置放在篇章整体观照下进行教与学；在听、说、读、写各课型的课堂教学中，始终以篇章表达和篇章理解作为语言技能训练的核心；在课堂教学评价和学习者语言能力评估方面，始终以篇章意识的养成和篇章能力的高下作为标准。篇章教学观的提出，是建立在华语二语教学长期以来取得的成功经验基础之上的，也是基于对华语二语教学现状的反思。华语教师要实现这一教学观念上的根本转变需要有对传统语言教学进行重新审视与判断的能力和勇气，这无疑是对教师素质的挑战和检验。

第四章 篇章视域下华语口头语教与学

第一节 口头语篇章类型与特点

一 口头语篇章类型

本书在第三章第二节中主要从书面语的层面谈了华语篇章类型,这一节主要谈口头语篇章类型。在华语二语教学中,对篇章类型进行分类的主要目的仍然是为教学服务。

英国著名语言学家奥斯汀(J. L. Austin)① 对不同的语句有过分类。这就是非表现行为的分类,我国学术界一般把它翻译成以言行事的语句分类。奥斯汀的分类应该说是比较细致而全面的,特别重要的是在分类里奥斯汀把语句和行为联系在一起。他的分类是:(1)判定式(verdictives)语句,如开释(acquit)、坚信(hold)、估价(assess)、表……特征(characterize),等等。(2)执行式(exercitives)语句,如命令(order)、辩护(plead)、乞求(beg)、推荐(recommend),等等。(3)承诺式(commissives)语句,如许诺(promise)、宣誓(vow)、保证(pledge)、订约(contract),等等。(4)解释式(expositives)语句,如肯定(affirm)、强调(emphasize)、举例说明(illustrate)、视为同一(identify),等等。(5)行为式(behabitives)语句,如道歉(apologize)、感谢(thank)、祝贺(congratulate)、祝福(bless)、欢迎(welcome)、批评(criticize),

---

① Austin, J. L., *How to Do Things with Words*, Oxford University Press, 1975.

第四章 篇章视域下华语口头语教与学

等等。

美国的言语行为研究学者塞尔（Searle）[①] 在奥斯汀分类的基础上提出了"五分法"，该分类法在内容方面与奥斯汀的有所不同，应该说他的分类更加符合人际交往的实际情况。塞尔的分类如下：（1）断定式（assertives）语句：说者在一定程度上承认所表述命题的真理性。（2）指令式（directives）语句：说者在一定程度上使听者去做某件事。如我要求你……，我坚决要你……，表示诸如命令、请求、指令、忠告、恳求、允许等一类的语句。（3）承诺式（commissives）语句：说者有责任在一定程度上表明自己去做某件未来的事情。如我保证明天上午九点到达指定地点。（4）表情式（expressives）语句：表示出对命题内容里所述事件的心理状态。如感谢、道歉、祝贺、哀悼、欢迎等。（5）宣告式（declaratives）语句：宣告某个事态的存在从而使该事态得以存在。如"我派你做大会主持人"、"我辞职"等。

以上我们介绍的是有代表性的西方学者在口语表达功能上的分类，在某种意义上，这种分类法也适用于华语口头语表达的功能特点，同时这些分类方法对于华语教师了解学习者母语情况很有帮助，可以在教学中充分加以利用，帮助其在华语学习中实现母语的正迁移。但是，需要注意的是，华语口头语表达是有其自身特点的，不可以在习得过程中或教学过程中生搬硬套、不加理解和消化，不对华语做具体、个别的审视和研究是会直接影响华语口头语表达在实际言语交际中的效果的。我们知道，西方功能主义语言观注重研究的是言语交际中发话人（言说者）是如何为达到目的而组织和安排自己的措辞的；而用来表达华夏民族情感、思想的华语，作为语言，并不单单是用来满足自我需求的，而更倾向于满足他人愿望，服从社会需求，言语行为的终极目的是发话人（言说者）为营造和维系与听者（或他人或社会）的和谐关系。因此，如果我们只是简单地把西方话语理论中的一些观点和原则移植到华语里，那么将华语作为二语的学习

[①] Searle J., *Expression and Meaning*, Cambridge University Press, 1979: 29.

者在运用华语进行交际时必然会出现跨文化交际障碍,必然会出现华语实际运用中的不得体现象。在华语二语教学中,我们的任务是教会学习者如何用华语按照中国人的习惯、思维来表达,而不是把华语装在他们母语的套子里来进行异质的变味的言说。对于口语表达而言,一位非洲语言学家指出:"如果研究者不能理解和使用某个特定群体的各种口语表达,如成语、俗语、谚语、格言、绕口令、神话、传说以及诗歌等,就不可能真正地理解当地的政治经济活动、社会组织与文化价值观。"[1] 所以,我们在华语口头语的分类划分上做如下思考。

一般来说,我们在日常交际中经常使用的是陈述句、命令句、疑问句。按照日常交际的情况,一般会有以下七种功能类型的语句:表彰式、威胁式、贬损式、命令式、征询式、承诺式和解释式七种。表彰式语句包括表扬、奖励、祝贺、祝愿、哀悼、道歉、悔恨、感谢、欢迎等,这类语句主要是说话者对听话者表示自己对对方的表扬、感谢、道歉和懊悔;威胁式语句包括威胁、惩罚、批评、警告、恐吓、判定等,威胁式语句指的是说话者所说的语句对听话者具有威胁的作用;贬损式语句包括侮辱、诽谤、歧视、讥讽等;命令式语句包括命令、指令、请求、要求、宣告、忠告、允许等,命令句的目的是指说话者对听话者所说的话是要求听话者必须执行的;征询式语句包括征询、建议、选择、比较等,在所有语句形式里,征询式语句是最能够营造良好、和谐交际氛围的语句;承诺式语句包括承诺、约定、保证、宣誓等,这类语句是说话者向听话者承诺去做或不做某件事情;解释式语句包括解释、说明、阐明、举例、证明、强调、推测、肯定、否定等,解释式语句的特点是说话者努力把问题和事件讲清楚。

通俗地讲,凡是口头语,就是说出口的话。这样的"话",有的是两人或多人对话,有的是一人当众宣讲、演说或个人独白、自言自语;有的是日常生活中非正式场合的谈话,有的是公众的、正式场合的谈话;有的有明确的交际意图,有的只是日常的寒暄;等等。总而

---

[1] Kingel K., Language development research in 21st century Africa, *African Studies Quarterly*, 2000, 3 (3), http://web.africa.ufl.edu/asq/v3/v3i3a3.html, 2010.12.03.

言之，口头语的一个重要功能就是表达说话者的意图、传递给听话者信息或者融洽人际关系。这样的言语行为是人类交际的有机组成部分，充斥于人类生活的方方面面、角角落落。

尽管在功能上口头语篇章在各民族各语言中是一致的，但是由于各民族各语言所承载的文化传统和认知经验有明显差异，因此不同语言口头语在表达方式、表达内容、表达习惯上都有区别，甚至互有冲突。对于华语学习者而言，在学习口头语篇章的得体表达上，就应该重点了解和掌握华语口头语的表达方式、表达内容、表达习惯等特点。

以表达寒暄的"招呼语"为例。华语学习者要学会"你好"很容易，但是中国人的打招呼形式有非常多的"变体"。比如，在正式场合，对长辈或地位高的人要用"您好"；在非正式场合，上班路上可以用"上班啊"、"够早的啊"、"忙着哪"、"走这么快去哪儿呀"、"干吗去"等来代替"你好"，在菜市场可以说"买菜啊"、"真模范啊（对已婚男子）"、"早啊"、"今天有空啊"、"什么情况（对平时极少买菜的朋友）"等，都可以同样实现打招呼的功能。而且，在有些很随意的场合，若是对很熟悉的朋友只是礼貌地说声"你好"，反而会让对方觉得你很见外，不但没有拉近和朋友的距离，反倒起了相反作用，影响人际关系。当然，华语学习者要做到得体地应对好这么多复杂多变的情况是十分困难的，华语教师不能一厢情愿地在第一时间把"招呼语"的复杂性一股脑儿地全倒给学生，那样只会增加学生对华语学习的畏难心理，更何况，对于说华语的"老外"，中国人的包容度还是很高的，不至于出现我们前面所说的影响人际关系的问题。但是，在篇章教学观指导下，教师要有明确而强烈的篇章意识，适时地向学习者传授贴近真实交际语境的"活"的语言。

无论如何，篇章类型的分类都是一件不可能十分完美和尽如人意的工作，口头语篇章的复杂性尤甚于书面语篇章。在篇章类型划分上的难度正如张德禄谈话语类型问题时所说的那样："Genre 复杂性主要在于它研究的历史长，适用的范围广，涉及的领域多，表现的层次多，可研究的角度多。从历史的角度讲，民俗研究从人类学和民族学的角度给它定义；研究文学的从文学体裁的角度给它定义；语言学家从篇章结构类型的角度给它定义等。从使用范围上讲，它可以用以表示各种非语言符号系统的类型，如音乐和电影，也可用以表示语言内篇章的类型；既可以表示静态的篇章类型，也可以表现动态的语言使用过程等。从涉及的领域的角度讲，它可以是文学的，也可以是语言的，还可以是社会活动的，语言只是其中一部分。从层次的角度讲，它可以只表示篇章结构层次，也可以表示所有语言层次的综合，还可以表示语境层次，甚至是社会文化层次内的观念形态类型等。从研究角度上讲，可以是动态的，也可以是静态的；还可以是语言的，也可以是非语言的等。"[①] 这里谈到的 Genre 和我们所说的篇章有重合之处。因此，从华语二语教学的特殊性出发，我们在做口头语篇章分类时应该按照实用性和可操作性强的分类原则来进行，也就是要把分类原则放在是否有利于华语二语教与学的前提下来进行。

二 口头语篇章特点

任何一种语言，其口头语的首要功能都应视为交际功能。为完成交际并达到预期的交际目的，口头语通常情况下都是在会话形式下和过程中自然进行的，因此口头语的特点通常在会话篇章中进行考察和研究。

Halliday 认为，人际功能指的是语言除了传递信息之外还具有表达说话者的身份、地位、态度、动机等功能，通过这一功能，讲话者使自己参与到某一情境中表达自己的态度，并试图影响他人的态度和行为。从他对人际功能的定义看，语言不仅是传递信息的载体，而且同时参与人际关系的构建。

在人际功能的实现手段上，Halliday 认为主要通过语气系统和情态系统体现，而他特别关注的是语法层面。他认为，在结构方面，口语的组织性丝毫不比书面语逊色。书面语可以通过名词化现象把人类

[①] 李美霞：《话语样类及其整合分析模式》，中国社会科学出版社 2004 年版，第 5 页。

高度复杂的生产活动、经验过程等压缩在一个小句内。口语则不然，由于其即时性和动态性，往往需要不同的小句表达两个以上的行为过程。这些小句不是孤立存在的，需要以一定的逻辑语义关系组合为小句复合体。这样一个复合体中的小句，其间的语法、语义关系高度复杂却又不失系统性和规律性。正是由于口语自身的特点才产生了口语复杂的语法结构。而在 Martin（2003）建立的评价系统里，则进一步扩展了系统功能语言学的人际意义框架，他更为注重的是词汇层面。朱永生等（2001）在已有的对人际功能阐述的基础上，进一步提出，人际功能除了可以通过功能语法的小句层或是评价理论的词汇层定义实现外，还可以通过其他诸如人称、语气、语调等手段来体现。

华语口头语的习得目前在课堂教学中主要是通过口语课，除此之外的主要途径是通过日常生活中与中国人的直接接触，即现实生活情境中的自然会话，另外还可以通过电影、电视、网络等艺术、媒体资源来学习、运用和体味华语口头语。

第二节 基于篇章的口头语习得问题

一 关于口头语习得顺序的再思考

习得顺序是第二语言习得研究中不可回避的问题。语言习得的内部机制不能直观可感可见，对该问题的研究目前最常用的方法是通过语言样本（samples of learner language）来对学习者语言习得的内部机制加以推测，所以收集语言样本、分析语言样本、评价语言习得成为研究中的关键环节。关于习得顺序的研究成果，从积极方面而言，它可以为语言习得理论提供证据，可以加深了解语言习得的本质与语言习得的内部机制，也可以促进对语言习得研究方法自身适用性、操作性等的思考，是推动第二语言习得研究深入向前发展的力量之一。

华语口头语习得顺序研究目前还未引起足够的重视，主要原因在于：一是研究方法上的困难，表现在语言样本的采集和确定、语言样本分析的理论与方法以及关于语言习得评价的标准等涉及研究方法的重要问题都尚不够明晰，有操作和驾驭上的难度；二是传统教学的惯性和惰性所致，华语二语教学在口语教学上自然因循着从语音到语词到语句到语段再到篇章的顺序，按照所谓由小到大、由浅入深的原则来完成教与学的任务；三是对口头语课（也包括其他课型）的教与学及口头语能力的培养与训练缺乏理论依托，过多凭借经验性的教学实践来应对教与学中出现的诸多问题。

本书在这里提出以篇章教学观来规范和引领华语口头语的教与学，一方面是弥补原来教学中理论指导的不足，另一方面是改变原有教学中固态僵化地按照语言要素从小到大的顺序进行教与学的模式，而最终目的是改善华语学习的狭隘路径，实现对语言学习的整体把握，并在交际语义场观念指导下，积极创建"立体化"的口头语教学。

常常会有人质疑，在华语学习的初级阶段，强调篇章意识的建立有多大的意义和多大的可能性，同样难免要怀疑篇章教学观在初级阶段的适用性与实用性。另外，对于"立体化"教学模式也缺少明确的认识，对交际语义场能否有助于华语二语教学会提出质疑。事实上，无论是华语二语篇章教学观的意义，还是交际语义场概念的实用性，都需要在具体的教学实践中加以检验和应用，否则不能判定其优劣与长短。

我们先来看一个初级教学的例子。汉字"走"是任何一本初级教材中都会出现的基本汉字。在传统教学中老师首先要做的是教会学生读音和理解词义，而就"走"而言，其本义语义项的理解是没有什么难度的，正音会是教学中的一个难点。解决了发音问题，教师会主要以造句的形式来加强和巩固学生对该词的记忆以及学习如何正确使用，侧重在语法层面。例如：我走路去教室；小李走了；我们去市中心，走了两个小时；等等。在篇章教学观指导下，这个简单的"走"在口语课堂中的教学设计，具有明确的篇章意识的教师在设计教学方案时，会自觉地将"走"置于多种言语情境中进行训练，帮助学生除掌握正确发音和明确语法意义外，更强调在不同语境中如何运用正确的语气、语调以及态势语言等来"立体化"学习该词，尽

第四章 篇章视域下华语口头语教与学

管只是一个字、一个词，还是针对其基本语义项的学习，但是它也可以构成完整的口语表达的篇章，也可以设计成立体化的情境教学，将之置放于交际语义场中进行学习。例如：情景1：A：走？B：走！情景2：A：走！B：走！情景3：A：走！（小声、急切地，同时朝B使眼色）B：……（一声不吭地、悄悄起身走开）。这样的训练，看似简单，但如果没有篇章意识，教师在课堂上是很难完成的；这样的训练，看似简单，但是学生在跟随情境尽可能准确表达的过程中，得到的不仅是趣味横生、贴近真实交际的情景模拟练习，更是从有声语言、副语言等方面进行多方位的调动与训练；这样的训练，看似简单，但承载的信息量和表达元素却很丰富；更重要的是，这样的训练，因为看似简单，所以即使是在华语学习者学习的初级阶段也完全不存在教与学上的难度。在这样的篇章教学观指导下所设计的课堂教学，如能从初级阶段即常抓不懈，其教学效果可以预见。

再比如对"你好"的教学。这个词是华语学习者最先学习的，也往往是在开口说华语时使用得最频繁的一个词。有的口语教材第一课标题就是："你好！"教师在教授华语拼音的同时交给学生这一最通用的问候语，并根据声调教学的要求给学生讲解华语"两上相连"的音变规律，且以此为该堂课知识讲解的一个重点和难点。这是口语课和综合课通常采用的方法。这样的教法可以让学生理解和掌握"你好"的音变规则和如何发音以及其话语功能。但是，这样的教法也使得如下的情形成为常见的"西洋景"：越南学生见到老师远远地就站定、躬身，声音弱弱地说"老师，你好"；美国学生见到老师眉毛上扬，热情但十分随意地来一句语调也像眉毛一样同样上扬的"你好"；泰国学生则屈膝弯腰低过老师头，边说"老师你好"边从老师身边"游"过去。我们知道，这样的情况司空见惯，但一看就知道他们是"老外"，原因再简单不过，因为中国人不这么打招呼。如果教师在课堂教学时能够把这一招呼语放到具体的语境中，不仅要告诉学生打招呼得看对方与自己关系的亲疏、地位的高下等因素，而且要告诉学生中国人在打招呼的时候通常使用的态势语是怎样的，有哪些细节是需要注意的，如何借一句简单而常用的招呼语来表现你所说的是"地道"的华语。这也正是在篇章视域下，交际语义场给口头语教学提出的具体要求。

由此可见，口头语的学习虽然不能完全打破从语词到语句再到语段和篇章的习得顺序，尤其是在华语学习的初级阶段，看上去就是遵循这样的习得顺序，但是具有篇章教学观的教师，能够在这样的习得顺序里自觉加入交际语义场中的诸种语言要素和非语言要素，给学生创设立体化的学习情境。就算在语词、语句的学习过程中也不止于语法等静态层面的孤立的教与学。这样，学习者在学习和运用口头语的过程中，始终接触和感知的都是有生命力的活的语言。可见，以篇章为单位作为口头语教学理念，篇章就不仅是语言学习的最大单位和最高阶段，而且也是从语音、词汇、句子学习亦即在语言学习的任何一个环节或阶段都可以作为统摄理念的语言教学的观念。

二 口头语习得易被忽略的几个问题

从篇章视角看华语二语口头语习得，可以发现以下问题未得到重视：

第一，连贯和衔接两个篇章研究中的重要概念被忽略。事实上，这两个概念不只是针对书面语篇章而言，对口头语篇章同样适用。

"连贯"是就篇章整体而言，是篇章的语义关联。以往在口头语篇章中强调的表达流畅和篇章连贯应该说是有一定相关性，但在口头语篇章研究中很少使用"连贯"这一语言学术语。影响篇章连贯的主要因素有：衔接、语义网络、语域。其中衔接是连贯的基础，篇章连贯度的高低与衔接链（cohesive chain）相互作用的程度有关。另外，语域、篇章结构、语句的逻辑顺序、修辞手法等都对篇章的连贯起作用。如篇章语义网络的整体性和篇章与其情景语境的适合程度也是决定篇章连贯的重要因素。篇章内部的隐性衔接应该形成一个完整的，没有漏洞、空缺和矛盾的语义整体网络，否则就会影响篇章的整体连贯性。此外，篇章必须适合情景语境，也就是说，篇章必须与语

第四章　篇章视域下华语口头语教与学

域一致，要与语境中的功能匹配，否则也会影响接受者对篇章连贯性的整体认知与解读。① 因此，连贯同样适用于口头语篇章，应该纳入华语二语口头语篇章研究视域。

"衔接"是二语书面语篇章研究中的重要概念。给"衔接"下的定义很多，Halliday 和 Hasan（1976）给出的是"当篇章中的某个成分的解释取决于篇章中另一个成分的解释时，就出现了衔接"。Nunan（1993）认为衔接是篇章内标记不同句际关系的形式连接，是使作者或说话人建立跨句子边界的关系，并且是使篇章内部句子连接在一起的篇章构造手段。Berry（1977）也认为衔接是形式关系，同时也是命题关系。Hoey（1991）认为衔接是篇章内句子里的某些词或语法特征，是能将句子与句子前后连接起来的手段和方式。de Beaugrande 和 Dressler（2004）认为衔接是使表层篇章成为互相连接的一个序列的方式，其存在语法依赖（grammatical dependency）。

根据上述不同定义，可以看出，衔接是"所有连接语言单位和模式的方法"②。无论依赖语法还是词汇抑或其他语言特征，衔接是体现篇章中语言成分之间的语义关系从而构成篇章的重要手段。关于衔接的方式或手段，在语言学界有广义与狭义之说。狭义的衔接方式研究仅限于非结构性词汇语法手段，指把篇章内各小句及以上单位联系起来的语言系统自身的形式，通常分为语法衔接手段和词汇衔接手段两大类，如 Halliday 和 Hasan 列出的语法衔接手段包括指称、省略、替代和（逻辑）连接，词汇衔接手段包括词汇的重复和搭配。另外有学者认为，除语法、词汇手段外，其他诸如某些篇章的结构特征也具有衔接作用，应当视作衔接手段，如张德禄、刘汝山指出："衔接概念是用于解释话语中的语义关系的。那么，任何表达

---

① 张德禄、刘汝山：《语篇连贯与衔接理论的发展及应用》，上海外语教育出版社 2003 年版，第 34 页。
② 胡曙中：《英语语篇语言学研究》，上海外语教育出版社 2005 年版，第 11 页。

话语中的语义关系的特征都应该看作是衔接特征。"① 张德禄、黄国文、胡壮麟等人都认为,除非结构性语法手段和词汇衔接外,篇章的其他结构性特征,如及物性结构、语气、信息结构、主位结构等也都属于衔接,并称之为结构性衔接手段,与非结构性词汇语法衔接手段相对应。此外,de Beaugrande 和 Dressler 还提出时态和体也有衔接作用。

由此可见,已有衔接研究的关注点基本上都落在书面语篇章上。笔者认为,衔接问题在口头语篇章中同样存在,而且在某种程度上,比书面语篇章中的衔接表现得更为复杂。口头语篇章的衔接研究既有学术价值,也有应用价值。

在口头语篇章中,衔接的手段与书面语篇章有很大的区别。书面语篇章以相对静止的文面为本,衔接更多依靠文面上形式化的保障,而口头语篇章依赖和利用的衔接手段更多的不是语词和语法,而是副语言、态势语、语境等非言语要素,如一声叹息、一个眼神、一把椅子等都有可能成为某一个口头语篇章中的重要衔接手段。

第二,在教学上有明显"短板"。表现在对非语言要素在口头语篇章中作用的轻视。之所以会出现这一短板和出现轻视的现象,是由华语二语教学的立足点和观照点所决定和造成的。只有站在篇章的高度,才能清晰看到口头语篇章中非语言交际要素的存在,才能理性分析非语言要素在交际活动中存在的样态和表现形式,才能认识到非语言要素在口头语篇章中的重要性。

第三,在理论研究上严重缺乏。华语二语口头语篇章的研究成果主要集中在对其课堂教学的组织上、具体教学方法的探讨上和教材编写与建设上,而在口头语篇章教学、习得、认知等方面的理论探究十分少见。研究倾向于对教学实践的反思和建议,从已有成果看,研究成果的经验性明显大于理论性。

第四,研究方法单一。口头语篇章研究受到口头语以声音为载

---

① 张德禄、刘汝山:《语篇连贯与衔接理论的发展及应用》,上海外语教育出版社 2003 年版,第 22 页。

体的限制，加上口头语表达的自由度大，具有很强的灵活性和高语境依赖性，如果仅仅是通过描述法对其进行质的研究，就会暴露出研究方法上的局限。研究方法上的改进对于有丰富教学经验和第一手口头语料积累的一线华语二语教师而言是有较大难度的，而他们又是该领域研究的一支主力军，所以如何突破研究方法的限制、如何改进和提升口头语研究的方法，是从根本上改变口头语篇章研究现状的关键。

三 口头语篇章连贯、衔接的手段

前文谈到，连贯与衔接在口头语篇章中同样存在。篇章连贯与否，在口头语篇章中指的是前言后语之间的语义关联度，主要依靠口头语篇章生成的具体语境中的言语形式的衔接和非言语形式的衔接。

言语形式的衔接手段与书面语篇章中借助关联词语、语法等达到连贯的手段没有本质上的区别，是现有口头语课堂教学的一个重点，比较容易理解和接受。但是，言语形式的衔接手段在口头语篇章中的运用是有条件的。长期以来，华语二语教学在这方面有成功的经验，也有很明显的问题。问题突出表现在：华语学习者在口头语表达时关联词语使用过度。其直接后果是造成口头语篇章表达生硬、死板、拖沓。也就是说，学习者还没有掌握华语口头语的本质特点，无法在交际中自如、灵活地生成口头语篇章，特别是在自然、随意的日常交际中，表达更显得拘谨、不自然。

事实上，口头语篇章中的衔接手段与书面语是有很大区别的，最大的不同表现在：它可以通过语音、语调、语气和节奏等有声语言以及手势、表情、体态、服饰等诸多可视、可感的副语言来帮助完成和实现衔接功能。口头语篇章表达的连贯与交际双方（或多方）的交际意图有关，而交际意图则一方面受社会文化、思维模式影响，一方面又受现实情景语境的支配，同时也与交际者自身特点有关，如个体思维特点、个人知识结构、个人性格修养等。这些不同之处，本来应该成为口头语篇章教学的侧重点，但在长期的教学实践中却被严重忽视了。

第三节　基于实验方法的口头语篇章教学

一　口头语篇章实验法

（一）实验材料

本实验为将留学生的发音面貌与母语发音人的发音面貌形成对比，在实验句的设计上采用了与邓文靖所做实验相同的实验句，共有结构相同的实验句 10 组，句型均为"感叹词+后接句"。每组分别有 4 个实验句。每组 4 个实验句中的感叹词相同，后接句的感情和语法结构也相同，但后接句的设计在声调上有阴平、阳平、上声、去声的变化。因为本次实验选定的发音人是泰国和越南留学生，其华语水平并不一致，为充分调动他们的发音热情，加强对感叹句和感叹词的认识，在录音前，我们特别注意了对每一个实验句所抒发和表达的感情的讲解与引导，做到发音人在发音前对所读实验句的意思和所表达的情绪、情感是理解的。该语料的设计参考了胡明扬（1981）[1]对感叹词的分类与描写。

1. 表达惊恐

啊！有冰！／啊！有蛇！／啊！有狗！／啊！有刺！

2. 表达惊喜

啊！有花！／啊！有桥！／啊！有酒！／啊！有路！

3. 表示赞叹

啊！真香啊！／啊！全赢了！／啊！好爽啊！／啊！太帅了！

4. 表示醒悟

哦！加多了！／哦！填重了！／哦！写反了！／哦！看错了！

5. 表示叹惋

唉！真冤啊！／唉！全赔了！／唉！（祥林嫂命）好苦哇！／唉！太累了！

---

[1] 胡明扬：《北京话的语气助词和叹词》，《中国语文》1981 年第 5、6 期。

第四章 篇章视域下华语口头语教与学

6. 表示叹息

唉！输光了！/唉！赔完了！/唉！堵死了！/唉！累坏了！

7. 表示不满

哎！你太贪心了！/哎！你太无聊了！/哎！你太可耻了！/哎！你太混账了！

8. 表达惊讶

哟！天黑了？/哟！人来了？/哟！水满了？/哟！货到了？

9. 表示疑问

哎？车开了？/哎？盐没了？/哎？你买了？/哎？线断了？

10. 表示追问

啊？太高了？/啊？太咸了？/啊？太小了？/啊？太大了？

为叙述的方便，下文将上述 10 组感叹词分别称为惊恐 1、惊喜 2、赞叹 3、醒悟 4、叹惋 5、叹息 6、不满 7、惊讶 8、疑问 9、追问 10。

（二）发音人基本情况

本实验的 8 位发音人均是广西师范大学 2013 年在读留学生，其中泰国人 4 名，两男两女；越南人 4 名，两男两女。具体请参见表 4－1。

表 4－1　　　　　　　实验发音人情况一览表

国籍	姓名	性别	出生年月	语言面貌	汉语学习时间	班级	学习地点
泰国	M1 吴飞鹏	男	1992 年	母语为泰语，会讲汉语和英语	6 年	高级汉语进修班	广西师范大学
	M2 陈家贵	男	1990 年	母语为泰语，会讲汉语和英语	10 年	高级汉语进修班	广西师范大学
	F1 刘菲菲	女	1992 年	母语为泰语，会讲汉语和英语	3 年	高级汉语进修班	广西师范大学
	F2 苏红	女	1991 年	母语为泰语，会讲汉语和英语	3 年	高级汉语进修班	广西师范大学

续表

国籍		姓名	性别	出生年月	语言面貌	汉语学习时间	班级	学习地点
越南	M1	丁黄代	男	1990年	母语为越语，会讲汉语	1年半	经济管理学院研究生	广西师范大学
	M2	阮玉国	男	1989年	母语为越语，会讲汉语	4年	对外汉语汉硕6班	广西师范大学
	F1	范氏翠琰	女	1988年	母语为越语，会讲汉语	4年	高级汉语进修班	广西师范大学
	F2	黎玉蓉	女	1991年	母语为越语，会讲汉语	4年	对外汉语汉硕6班	广西师范大学

（三）实验方法

发音人共8人（见表4-1）。录音时每个实验句连续说3遍，句与句之间间隔4秒，共得到1920（3×8×10×8＝1920）个样品句。语料分析使用的软件是南开大学"桌上语音工作室"，用该软件对语料进行声学实验，测算出音高和音长数据，并进行统计分析和语图绘制。计算内容包括：音高百分比值；音高曲线斜率；相对化的时长值和斜率值。全部计算使用Excel程序完成，并作出统计图表。

石锋（1991）采用T值的计算方法将单字调频率值转化为五度值，本实验在T值公式上将频率值转化为百分比值，计算公式是：

T1 ＝ ［(lgx － lgmin) ÷ (lgmax － lgmin)］×100

公式中，x是音高曲线9个点中任一点的频率，max和min分别是某发音人音高域的上限频率和下限频率，这样算出来的值是x这个点的百分比参考标度。

音高斜率计算公式是：

斜率 ＝ (P2 － P1) ÷ 时长

其中，P1和P2分别为音高曲线两个端点的赫兹值。曲线总体趋势为降时，P1 和 P2 分别为最低点和最高点，结果为负值；总体趋势为升时，P1 和 P2 分别为最高点和最低点，结果为正值；总体趋势为平时，P1 和 P2 分别为起点和终点。时长是 P1 和 P2 两点之间的时长。斜率大小以绝对值讨论。

时长和斜率相对化值计算公式是：

相对化值 = [（x - min）÷（max - min）] ×100

这里的 x 是发音人某一组感叹词的实际时长或斜率绝对值，min 是该发音人 10 组感叹词的时长最小值或斜率最小值，max 是该发音人 10 组感叹词的时长最大值或斜率最大值。

（四）对实验结果的分析

通过实验，我们得到了 4 名泰国留学生和 4 名越南留学生感叹词的音高曲线图。

图 4-1a、图 4-1b 分别是 4 个泰国发音人和 4 个越南发音人的各 10 组感叹词的音高曲线。其中每组的 10 个方框代表的是 10 组感叹词，每个发音人有 10 个方框，方框中的 4 条曲线代表的是同组 4 个实验句中的 4 个感叹词。图 4-1c 是邓文靖实验得出的北京发音人的音高曲线图，供我们参考和进行比较。从三幅图的比较中可以看出，泰国留学生和越南留学生发音的规律性不明显，各发音人呈现出各不相同的语音面貌，而北京发音人各组内部 4 条音高曲线基本重合，调型清晰完整。这说明，留学生在对感叹词的处理上带有十分明显的个性化、主观化倾向，因此呈现出来的语音样貌是不规则、无规律的。

本实验旨在观察留学生感叹词的音高特征。音高特征体现在调型、调域、调层、斜率和时长等几个方面。调型指音高曲线的走向，有降、升、平、曲折等区别；调域指的是音高曲线跨越的范围；调层指音高曲线所占据的音高范围的层级；斜率可以说明音高曲线上升或下降的速度；时长指音高曲线延续的时间长度。北京发音人的 10 组感叹词有降调、平调和升调三种调型，相同调型者又可根据调层高低进行细分。以北京发音人做参照，只有在降调型上，泰国留学生和越南留学生都有，尽管音高特征的具体表现上仍各有不同，但调型上的

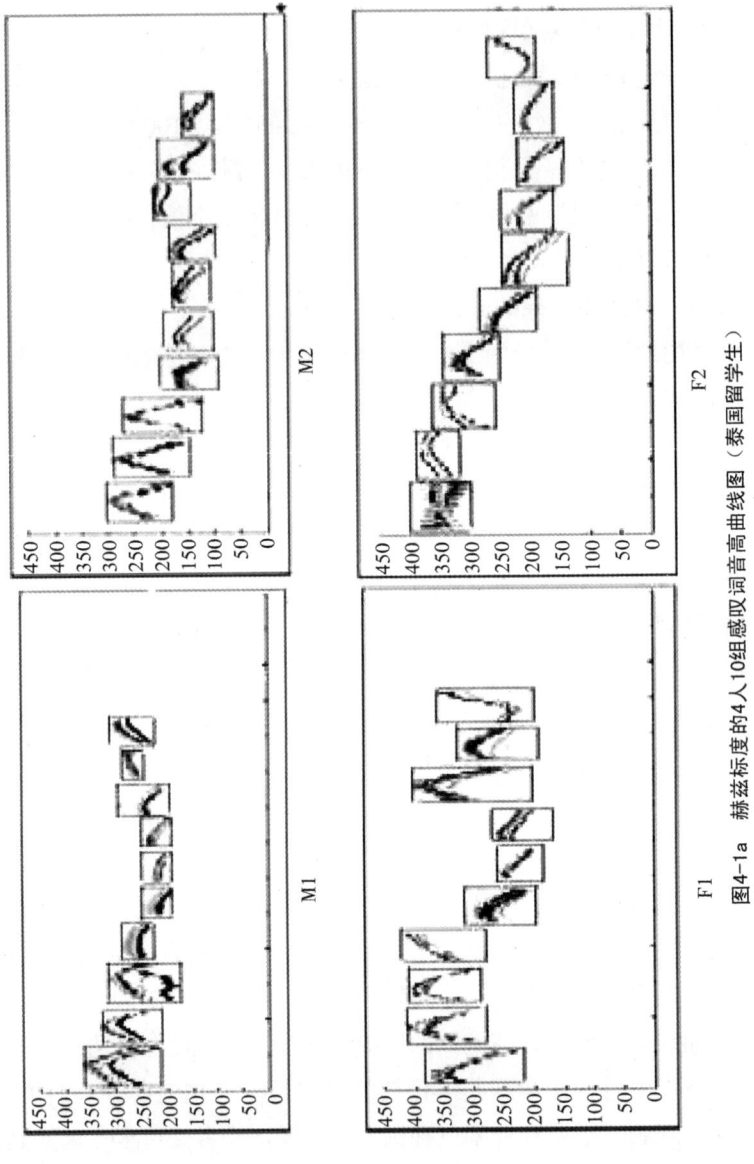

图4-1a 赫兹标度的4人10组感叹词音高曲线图（泰国留学生）

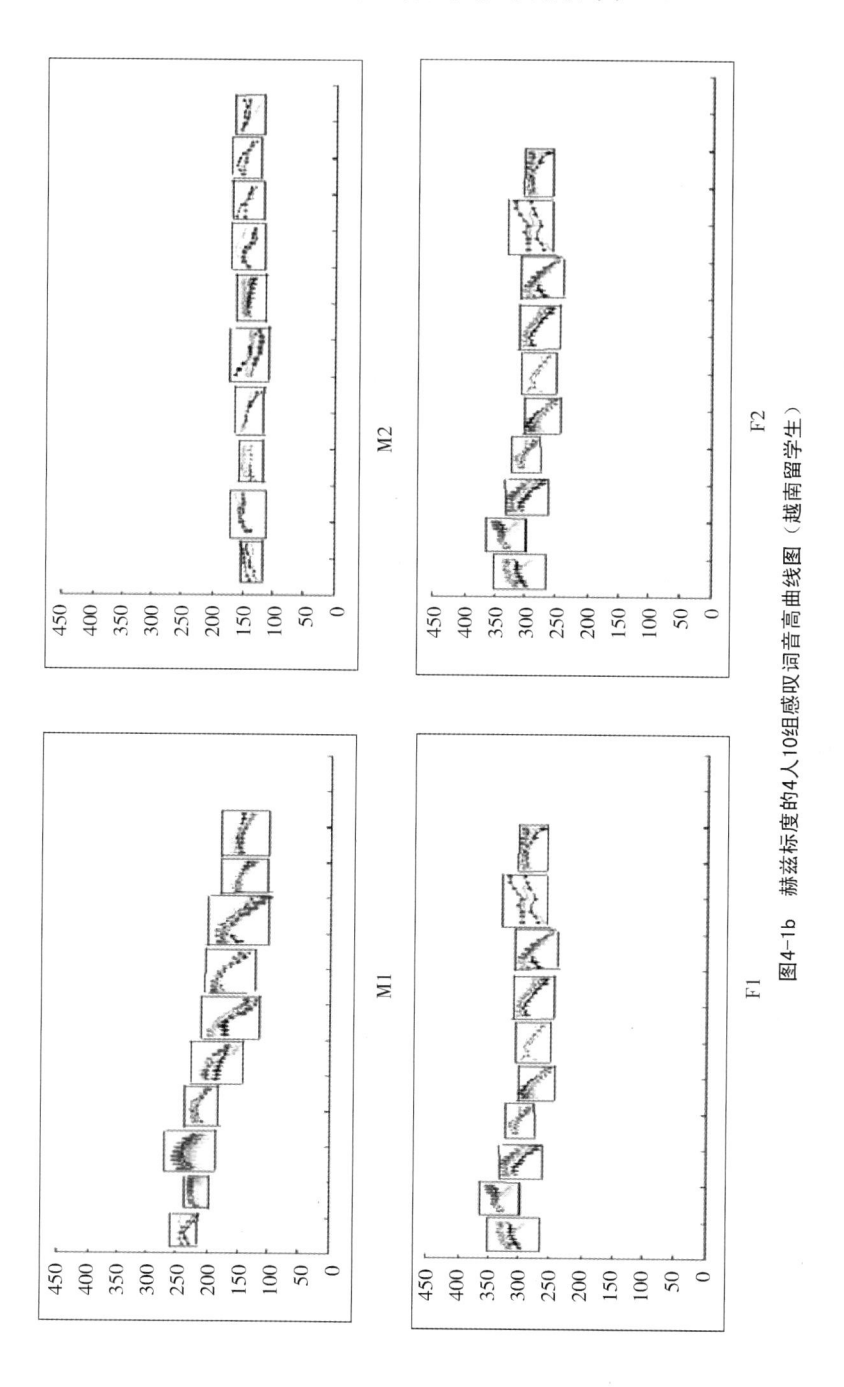

图4-1b 赫兹标度的4人10组感叹词音高曲线图（越南留学生）

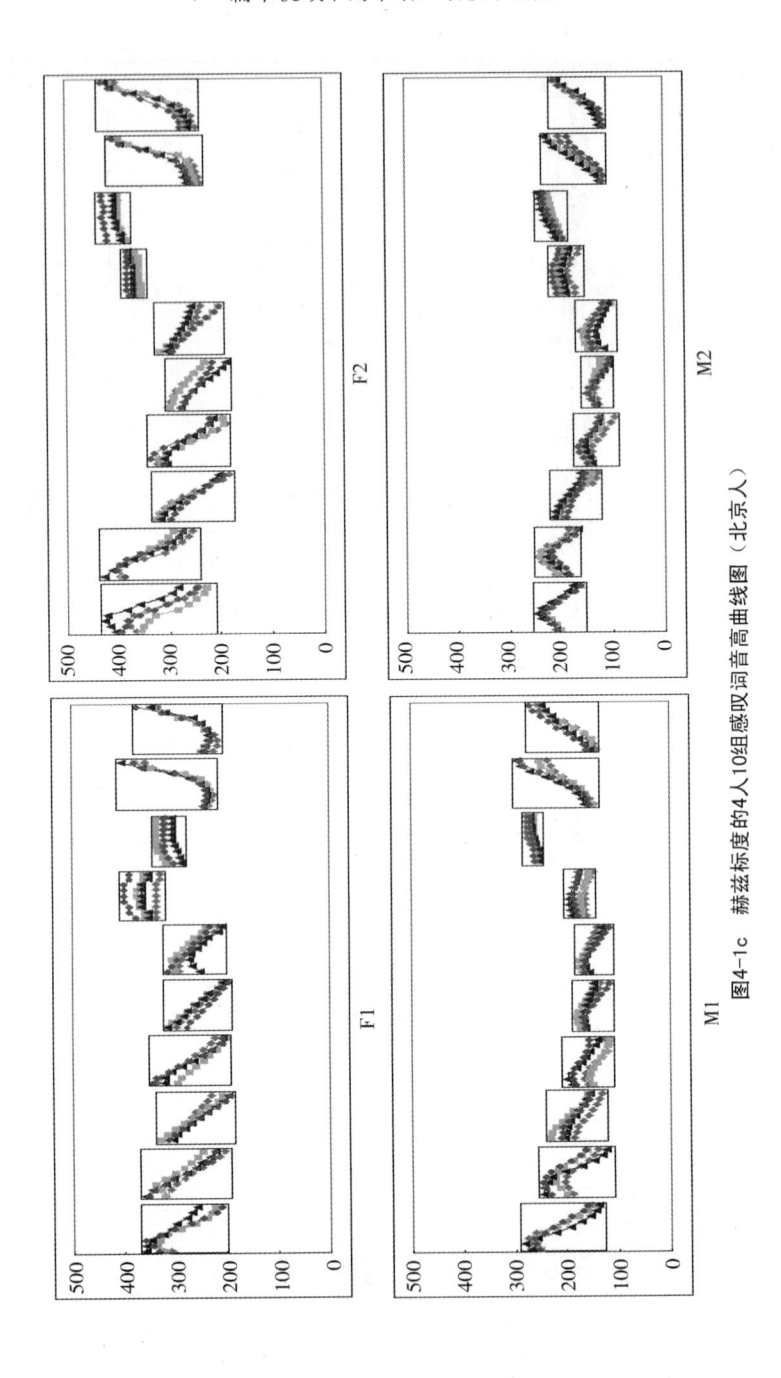

图4-1c 赫兹标度的4人10组感叹词首音高曲线图（北京人）

表现相对稳定（参看图4-2a至图4-2c）；与其他调型相比，降调

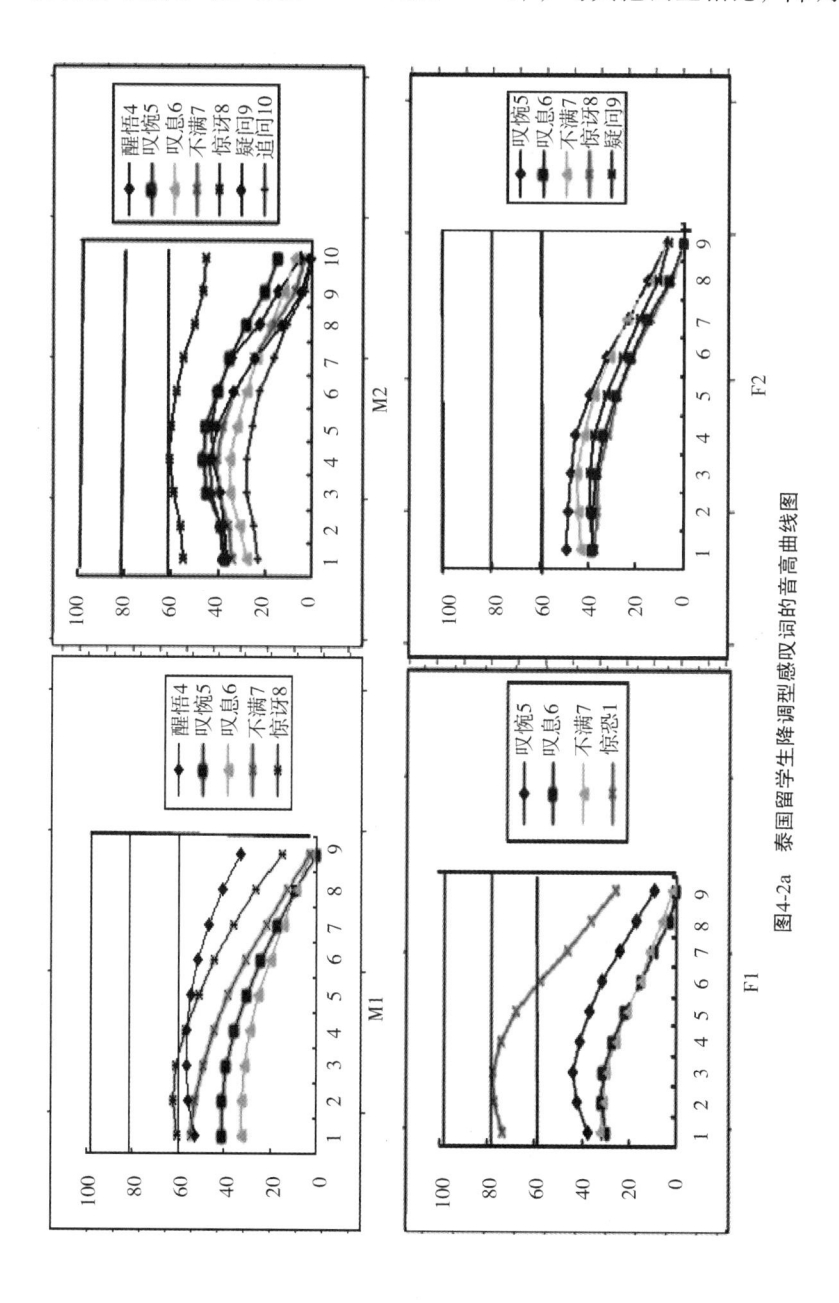

图4-2a 泰国留学生降调型感叹词的音高曲线图

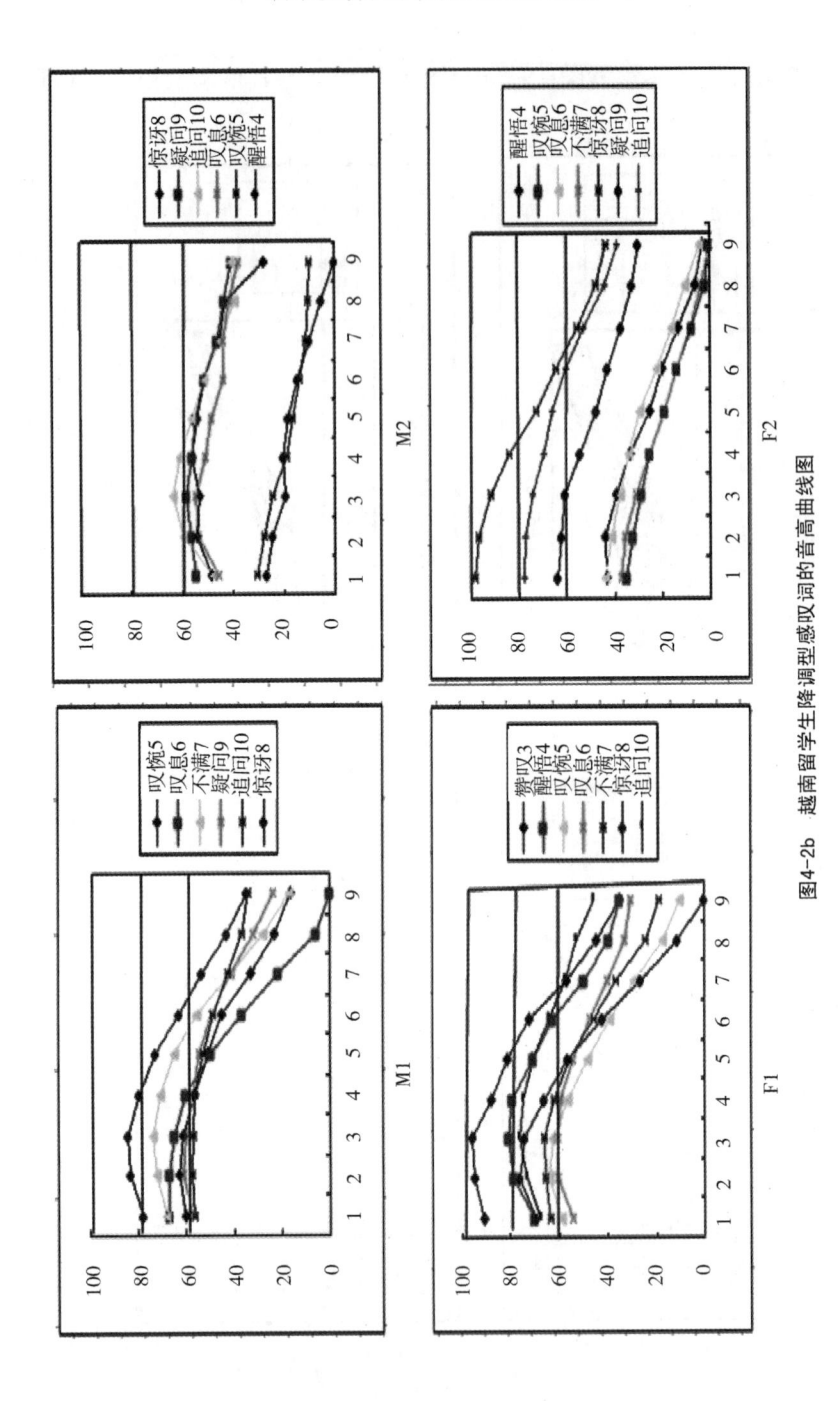

图4-2b 越南留学生降调型感叹词的音高曲线图

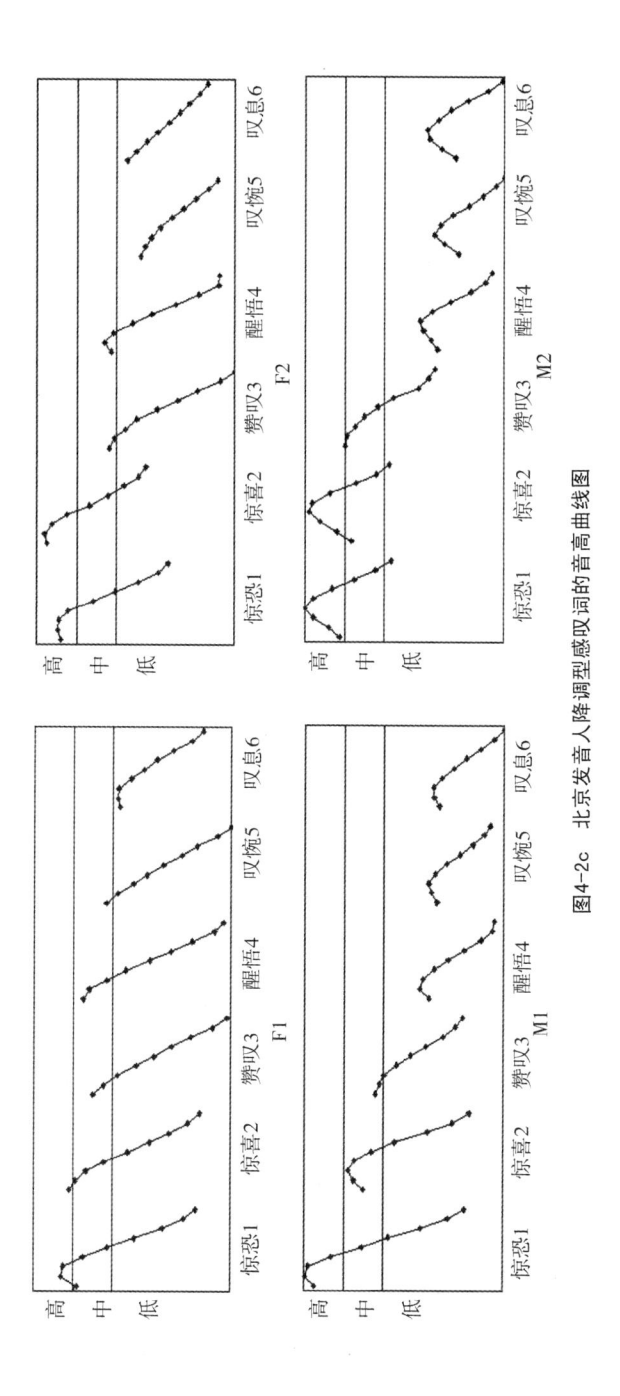

图4-2c 北京发音人降型调感叹词的音高曲线图

型与北京发音人的最为接近。在平调型上，越南留学生中有 2 人有（参看图 4-3a、图 4-3b），泰国留学生的感叹词没有平调型一类。在升调型上，泰国留学生中有 2 人有，越南留学生中只有 1 人有（参看图 4-4a 至图 4-4c）。另外，越南留学生 2 人有凸调型（参看图 4-6b），而泰国留学生中相较于北京发音人，都多了凸调型和凹调型两类（参看图 4-6a、图 4-5）。

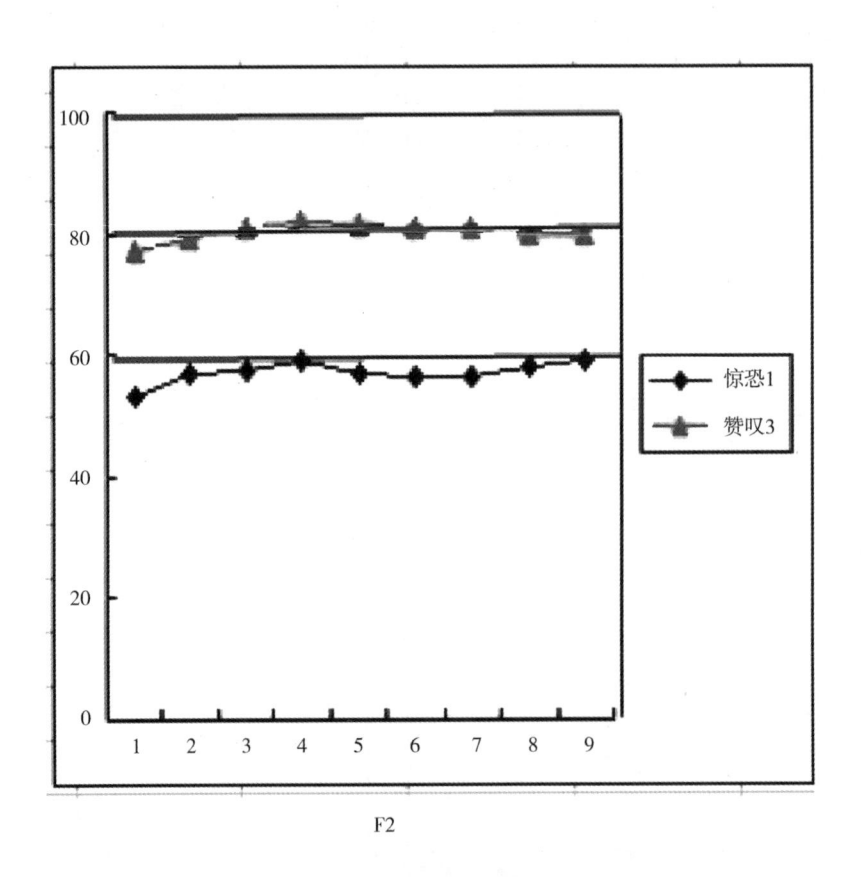

图 4-3a 越南留学生平调型感叹词的音高曲线图

图4-3b 北京发音人平调型感叹词的音高曲线图

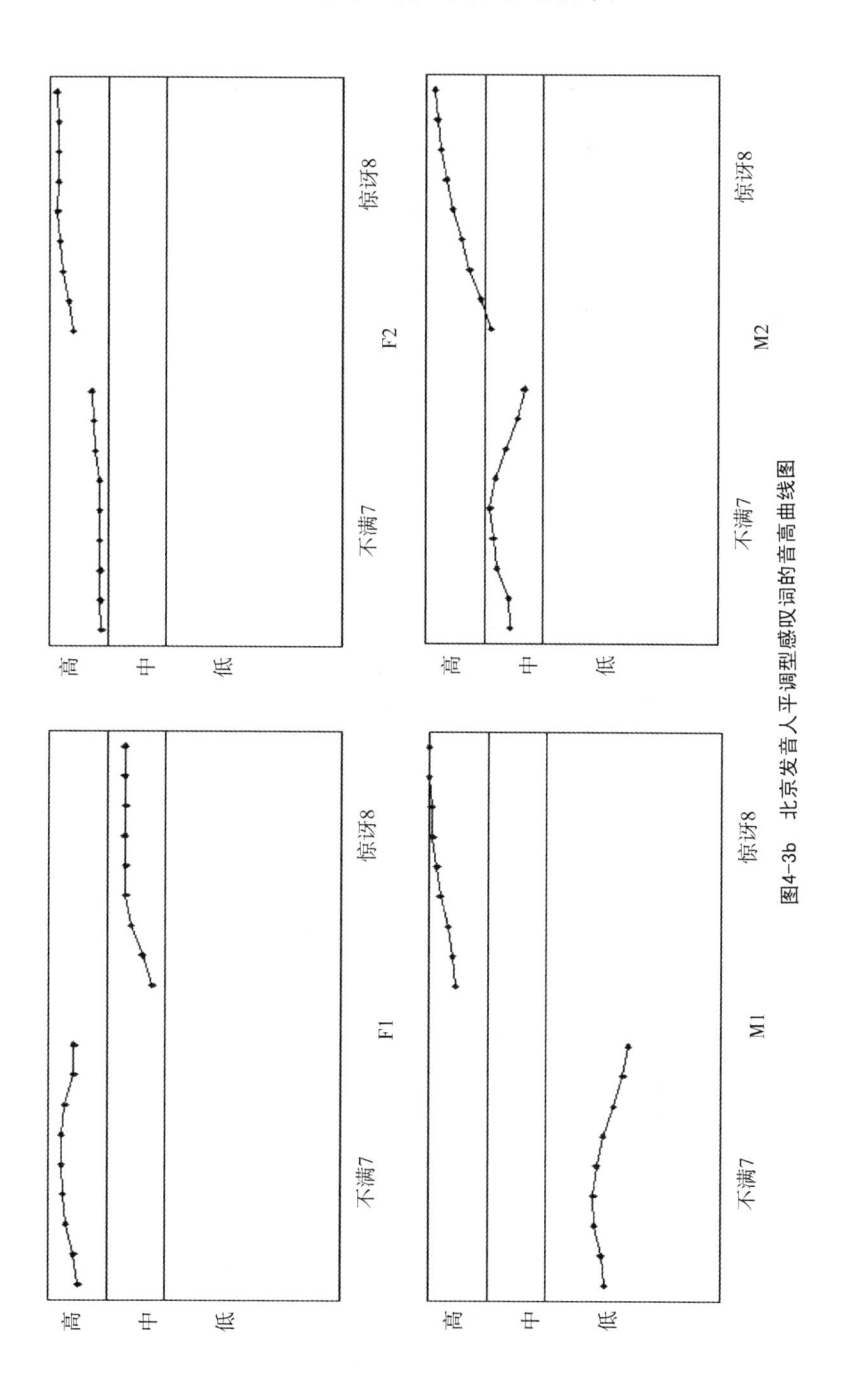

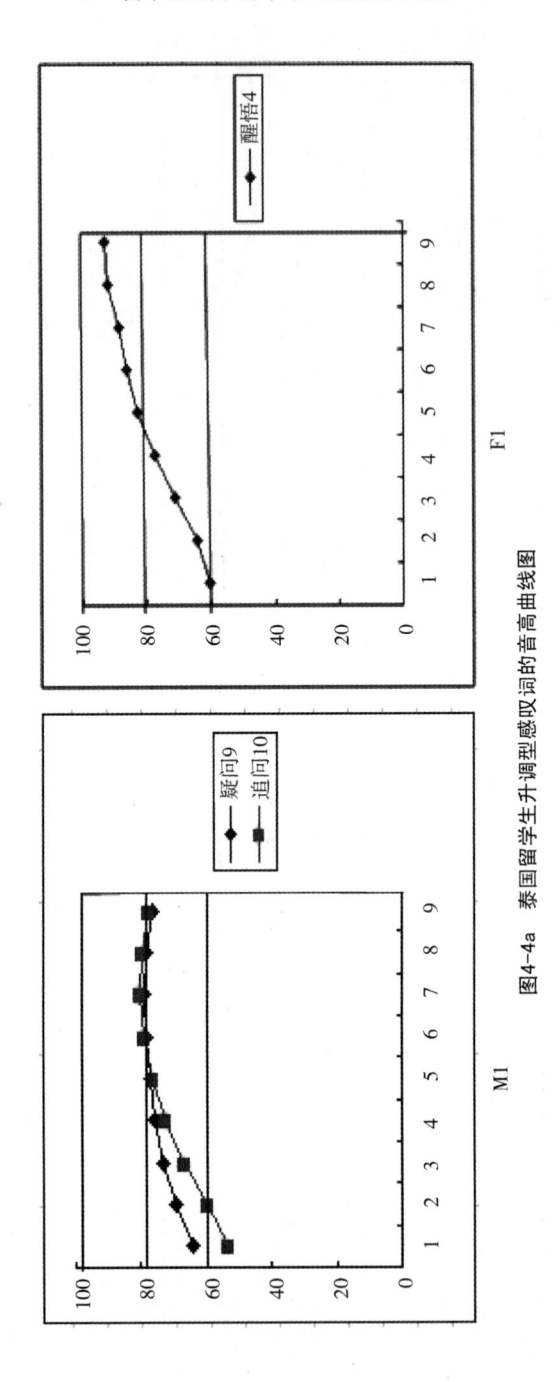

图4-4a 泰国留学生升调型感叹词的音高曲线图

第四章 篇章视域下华语口头语教与学

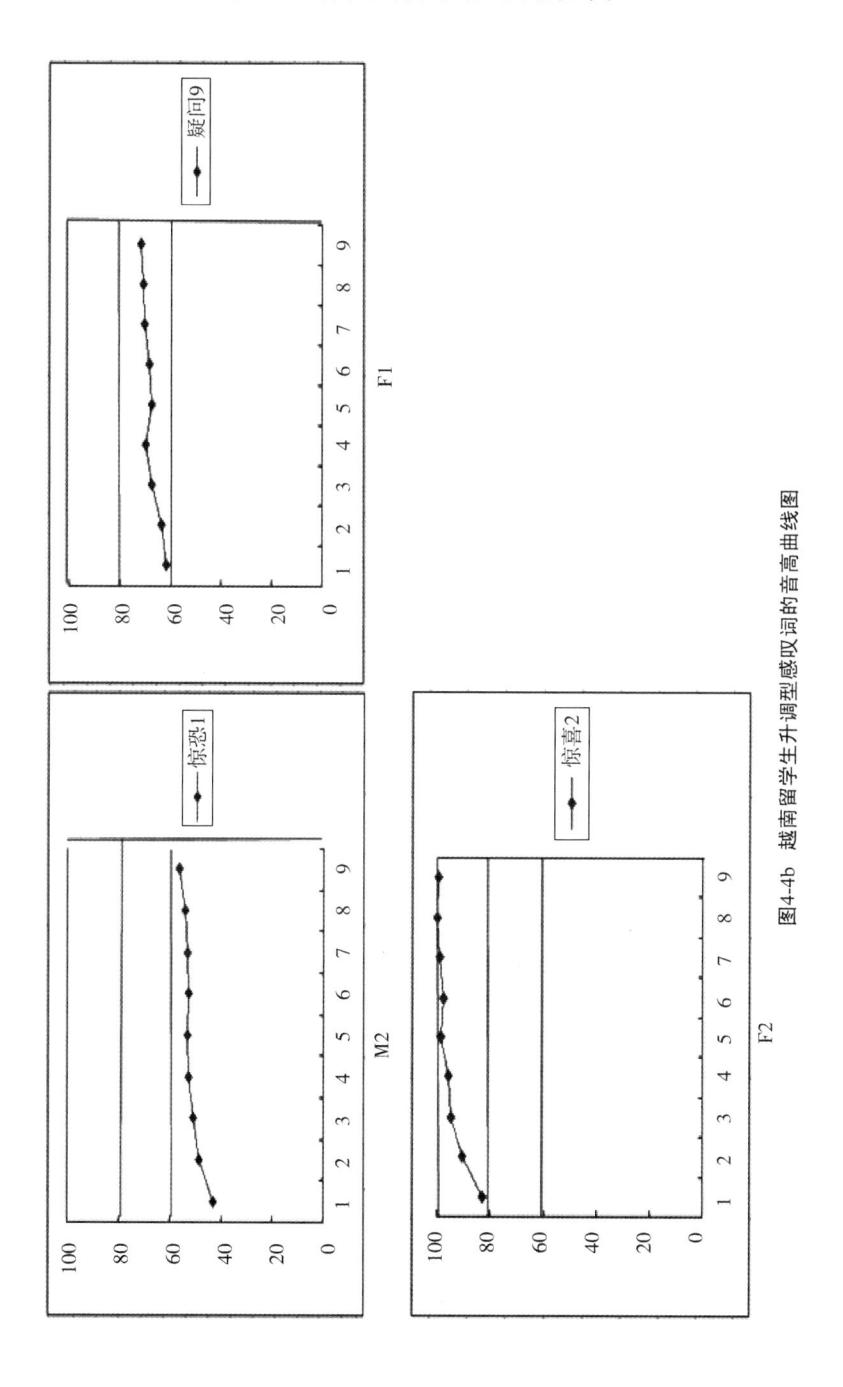

图 4-4b 越南留学生升调型感叹词的音高曲线图

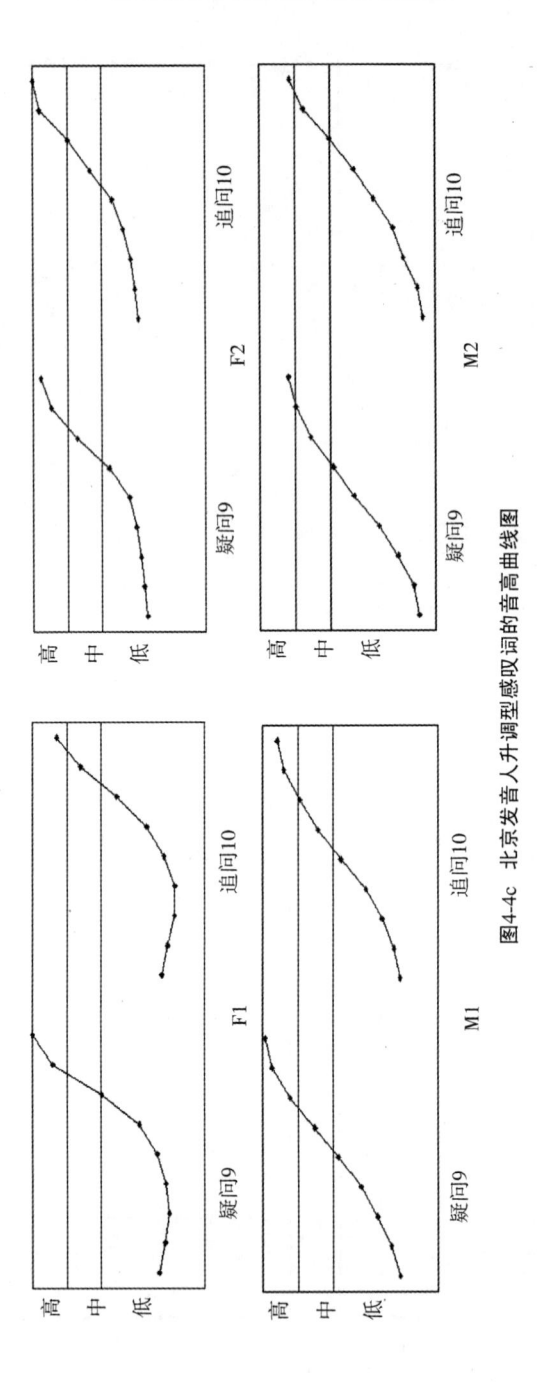

图4-4c 北京发音人升调型感叹词的音高曲线图

第四章 篇章视域下华语口头语教与学

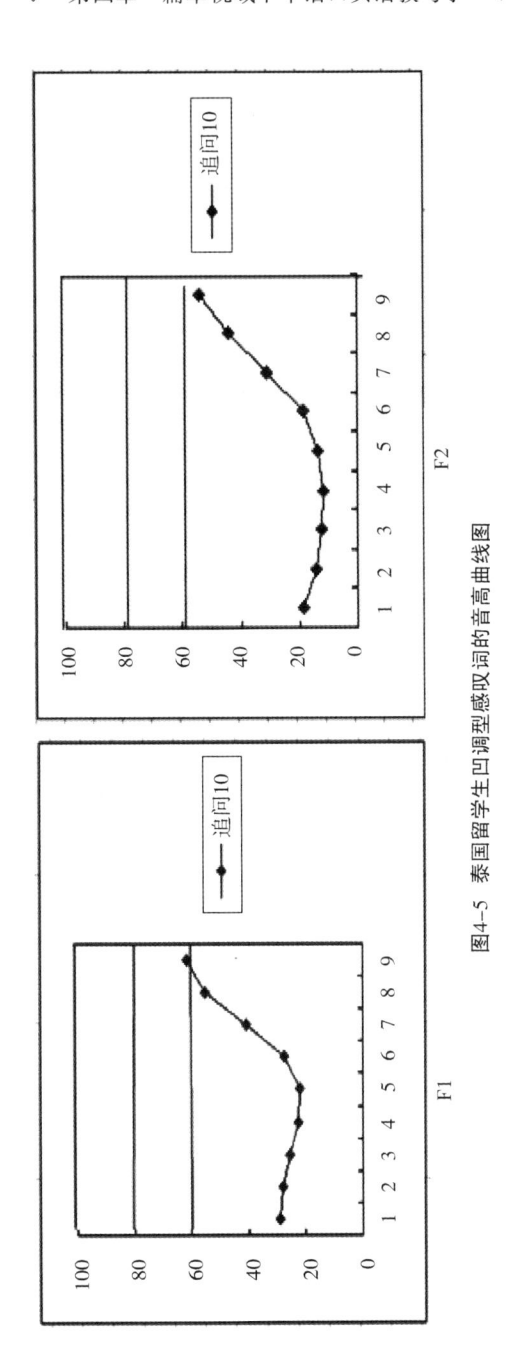

图4-5 泰国留学生凹调型感叹词的音高曲线图

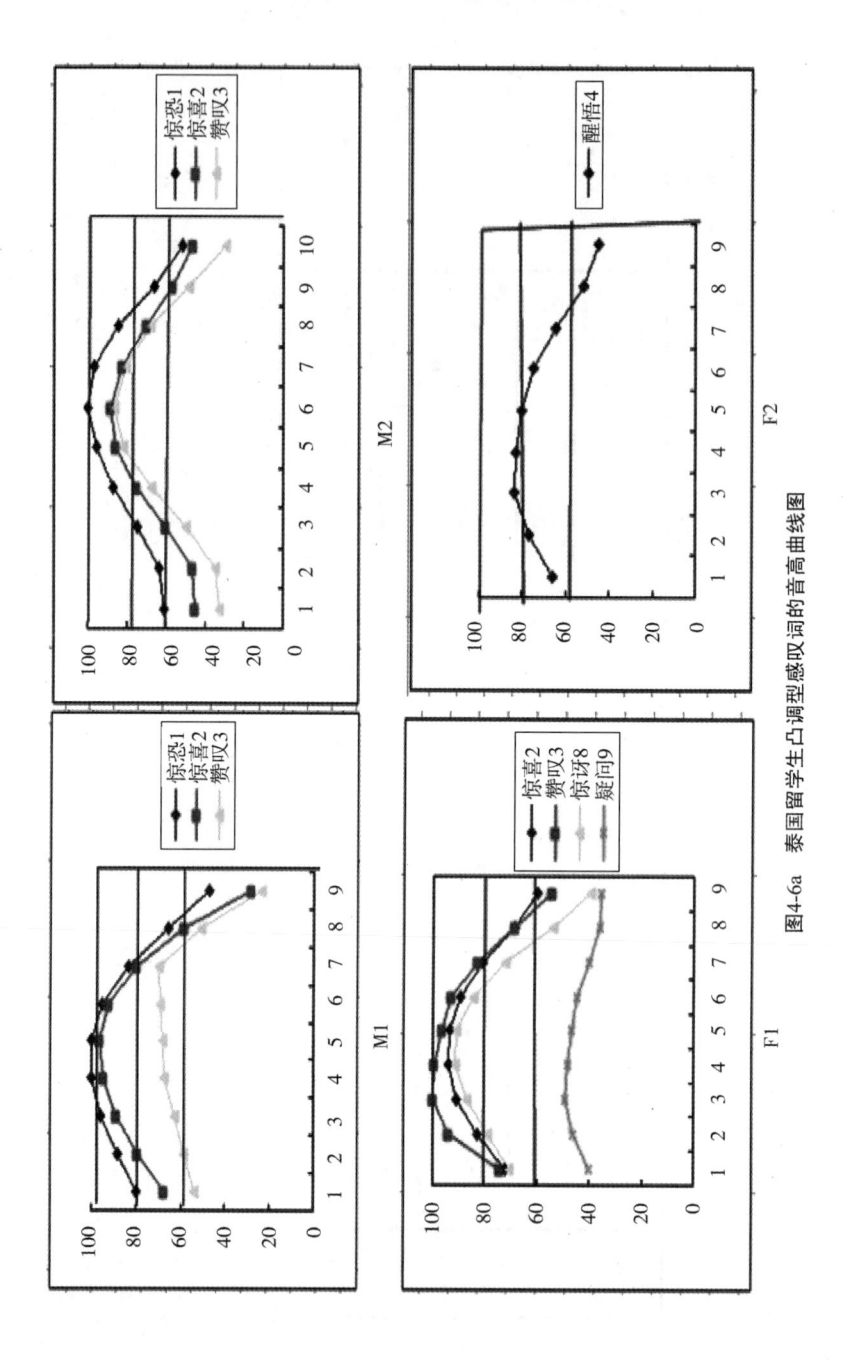

图4-6a 泰国留学生凸调型感叹词的音高曲线图

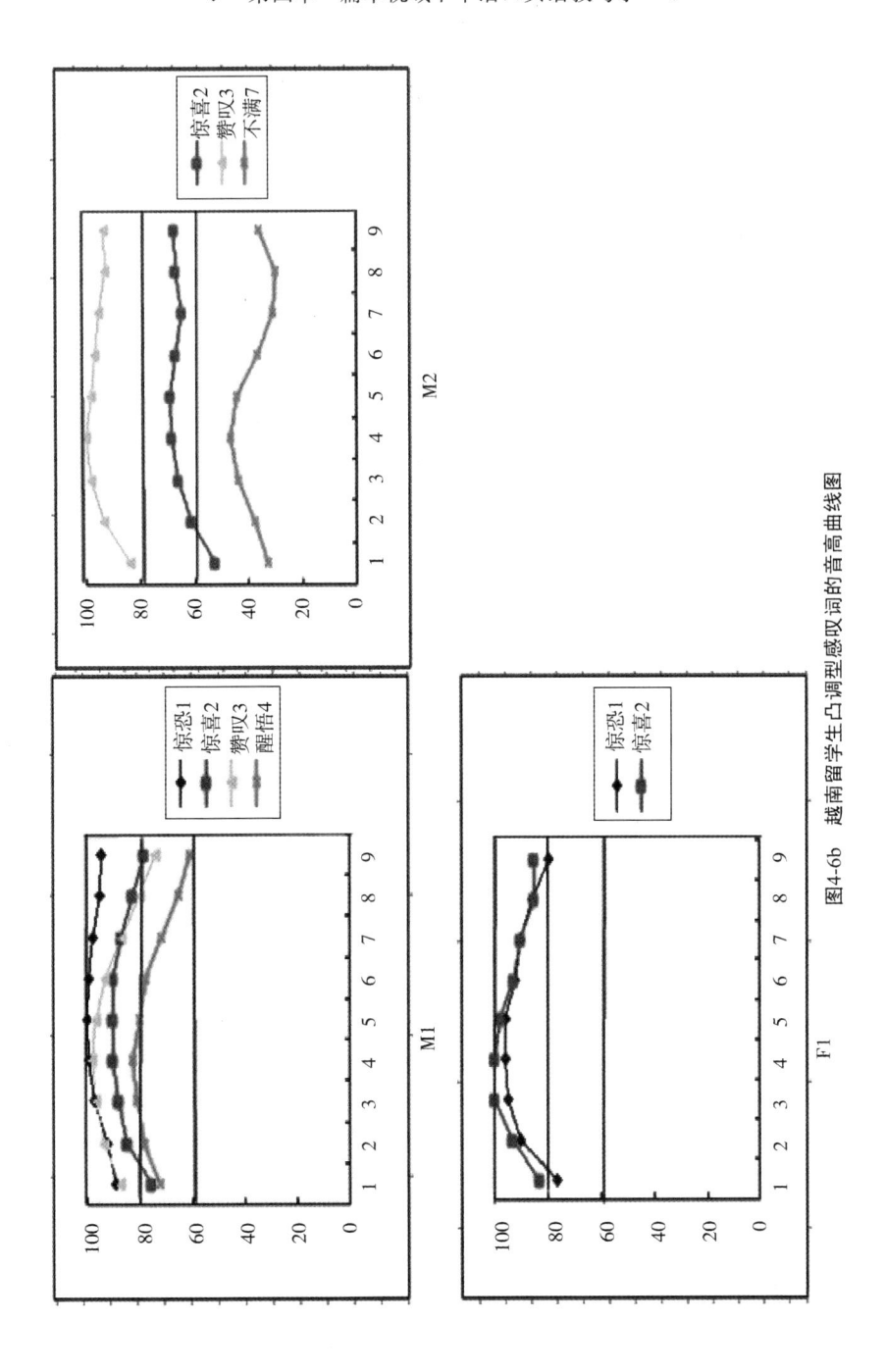

图4-6b 越南留学生凸调型感叹词的音高曲线图

下面图4-7a和图4-7b分别是泰国留学生和越南留学生感叹词的时长和斜率坐标图。从图4-7c中我们可以比较清晰地看出,北京发音人的共性特征和男女发音人的差异,即除了有个别散点外,10组感叹词在坐标图中基本上可以划出4个集中的区域(A、B、C、D 4个区域);男女发音人时长没有明显差异,但在斜率上表现出男女有别,女性发音人在发降调型和升调型感叹词时斜率值较大,而在发平调型感叹词时斜率值较小。但是,这一规律在留学生那里,无论是泰国留学生还是越南留学生都表现得不明显,从图4-7a、图4-7b就可以看出,因此无法像北京发音人的语图那样可以在坐标图上画出相对集中的区域。

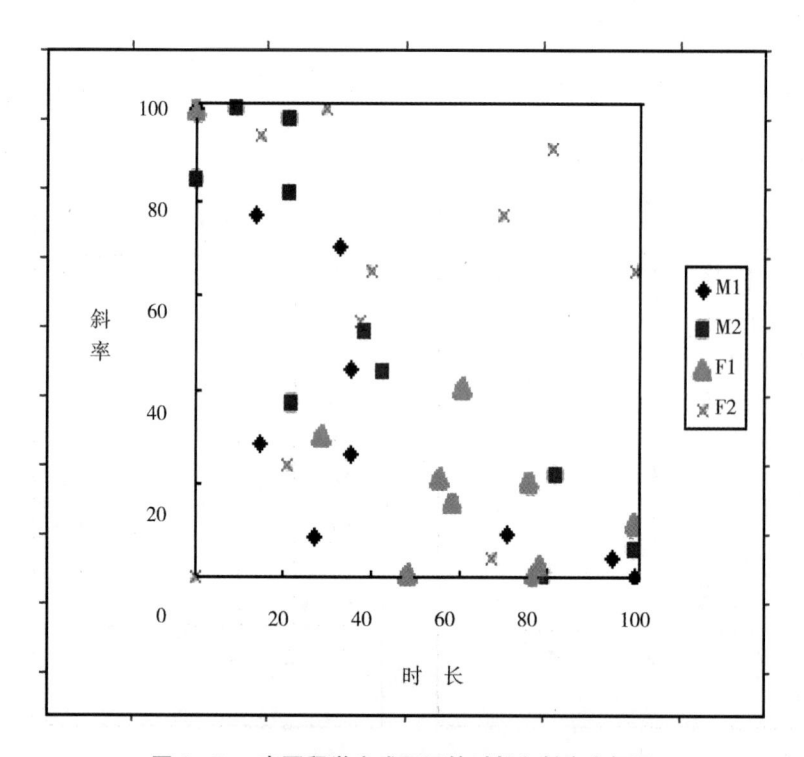

图4-7a 泰国留学生感叹词的时长和斜率坐标图

图4-7b 越南留学生感叹词的时长和斜率坐标图

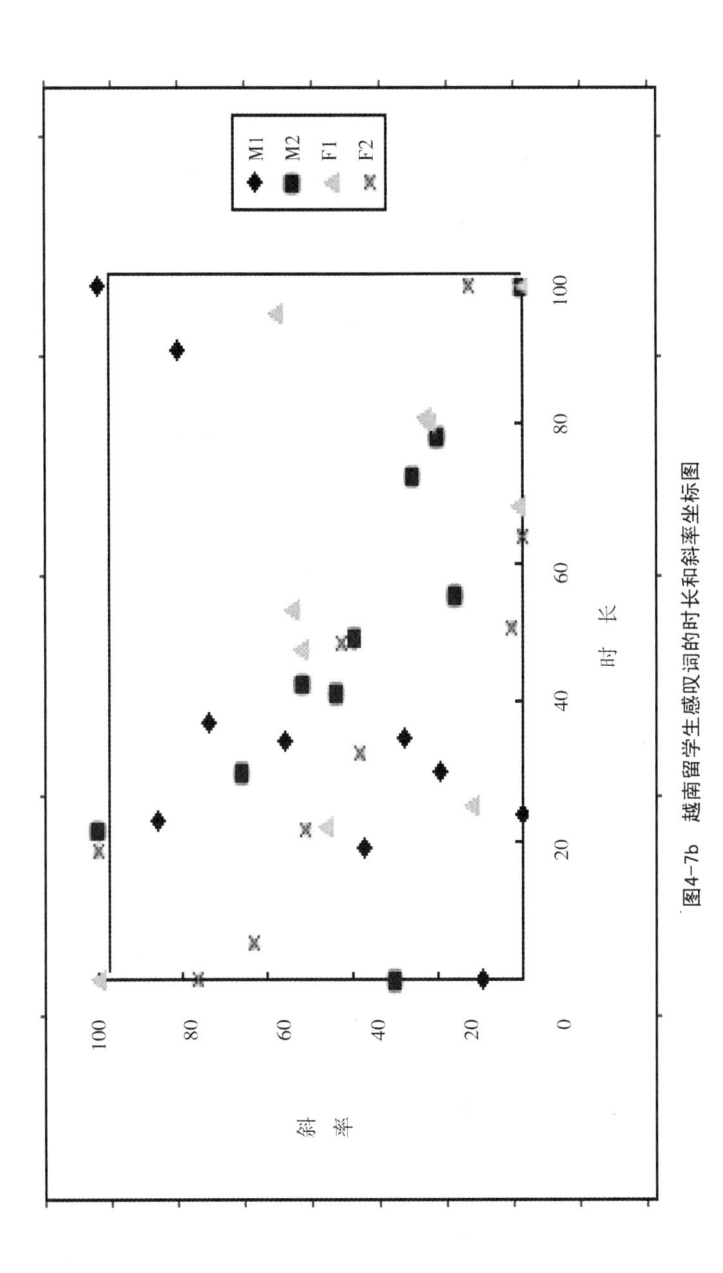

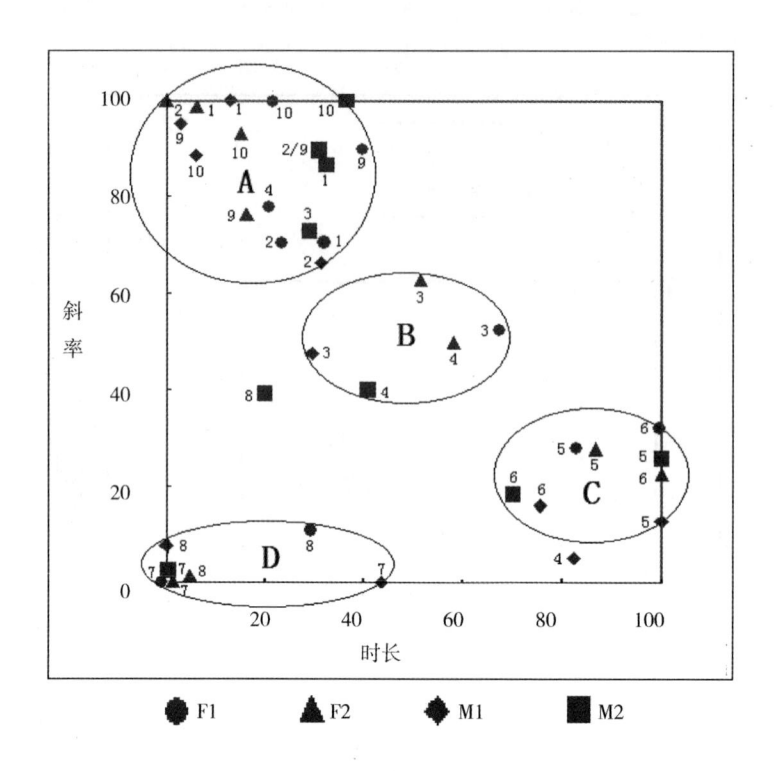

图 4-7c 北京发音人（4人10组）感叹词的时长和斜率坐标图

（五）实验小结与启示

本次实验得到的泰国和越南留学生感叹词发音的语图数据并不理想，和华语母语发音人的语图面貌差距很大，尽管录音前对实验句以及感叹词在语句表达中的作用做了比较充分的讲解和情境引导，但是从实验结果可以看出，这一努力效果并不明显。但是，本次实验的收获也正在于这种真实语音面貌的呈现和记录。它给了我们探究这一现象背后原因的机会，也因此给了我们在教学上的启示。现分析其原因如下：

一是现有华语各类课型教学，即使是在口语教学中，对感叹词的教学也处于缺失和忽视的状态，学习者对华语感叹词的认识和理解十分有限，因此在处理实验句时十分谨慎小心，不能自如把握感叹词的特点,无法做到随性随情而发。

二是发音人个人气质与性格是影响感叹词使用的重要因素。本次实验的发音人来自泰国和越南两个国家,其民族性格整体趋于含蓄内敛,不好张扬和外露。发音人个人的性格特点也很不一样,性格外向的发音人能够更大胆地按照自己的理解来处理感叹词的发音,而性格内向的发音人则不好意思用富于变化和色彩浓烈的声音来表达自己的情感,尤其是越南出家人的发音,基本上只是读出他所知道的感叹词的本音而已,各种情绪的表达都处理为短平调。据了解,在日常口语交际中,该发音人即便是在使用自己的母语越南语时,也极少使用感叹词来表达感情,因为他的言语风格是极为平缓、内敛的,和他的身份、性格密切相关。这也与感叹词在日常交际使用中的普遍现象相符。

三是母语发音人语图显示的趋同和相对一致的面貌,一方面表明感叹词在口语中发音具有共性和普遍规律,另一方面也说明发音人在处理独立实验句的时候是控制自己的情绪和语气、语调的,因此没有在语图上出现日常口语交际中感叹词丰富多变的语音形态。

四是留学生在处理华语感叹词的发音时还做不到将母语中感叹词的表达方式自觉、自如地运用到实验句当中,这其中的原因或是因为录音时紧张,或是因为对实验句理解不到位,或是个性内敛、不善外露表达情感,或是受汉字"啊"的限制,在表达时难以把握"啊"的音变和各种语气、语调的处理。

本实验给我们在教学上的启示表现在:(1)感叹词的教学可以充分利用学习者母语的知识背景和语感,尽可能地引导学习者形成母语的正迁移,这是由感叹词的超语言特征决定的。(2)感叹词的教学可以打破传统语言学习所遵循的"循序渐进"的规律,同样是利用它超语言特性,在华语学习的初级阶段即可以进行感叹词的教学,并且各种情感的表达都可以同时进行,不必根据人为划分出来的学习难度来安排学习进度,而是可以根据口语表达的需要和现实交际的需要来灵活自由地安排教学。(3)感叹词的教学可以多利用多媒体等教学手段,通过更直观可感的视频,在具体情境中,从人物的声音、表情到动作，体会人物所传达的内心情感和情绪，让学习者更快速、更准确、更形象地感受到华语感叹词在口语表达中丰富多变的特点和生动变化的魅力。（4）感叹词的教学可以忽略字形教学，因为华语中的感叹词字形也和英语等语言中的感叹词一样，在书写上存在一形多音和一音多形的复杂情况，鉴于感叹词通常都是在口头语中使用，正式的书面表达极少涉及，所以对于感叹词书写教学的困难我们建议"绕着走"，不需要强调，这是在华语二语教学中有必要采用的"该放就放"的策略，毕竟感叹词的书写问题即使是母语使用者也在很大程度上做不到规范和统一。

二　感叹词的篇章功能

感叹词是最依赖语境的，或者说是一定离不开语境的一类词。检验其使用得是否得体只能放入表达的具体篇章中，绝不可能进行孤立的考察。而且，感叹词并不是华语中所独有的，它是人类语言的起点或者说是人类原始语言的发端。这一点中外学者都已形成共识（赫尔德①、卢梭②、郭绍虞③）。因此，我们在这里将这一特殊的词类提出来做一个小专题来论述其在口头语表达中所起到的篇章表达的作用是有特殊意义的，也具备必要性与合理性。

关于华语感叹词的属性、特点和注音等，争议和研究一直相伴而行。赵元任（1979）④ 早在1979年就提出：叹词词调超出了四声的范围，实际上应该是语调。胡明扬（1981）⑤ 将叹词分为38类，其依据的是北京话的语音特点，并对每一类叹词所表达的意义做了细致描写，如"啊 a35"表追问，"啊 a51"表恐怖，"啊 a55"表惊讶或赞叹，等等。他同时提出，叹词的语音具有不稳定性和超系统性，它

---

① ［德］J. G. 赫尔德：《论语言的起源》（中译本），商务印书馆1998年版，第14页。
② ［法］卢梭：《论语言的起源》（中译本），上海人民出版社2003年版，第14页。
③ 郭绍虞：《汉语语法修辞新探》，商务印书馆1979年版，第467页。
④ 赵元任：《汉语口语语法》，商务印书馆1979年版，第368页。
⑤ 胡明扬：《北京话的语气助词和叹词》，《中国语文》1981年第5、6期。

的音高超出了北京话语音系统的调型,已经不限于阴、阳、上、去四种调型,如表示惊讶的"哟"很短,表示哀伤的"唉"却拖得很长,他认为音调和音长在叹词中具有辨义作用。徐世荣(1983)①也认为叹词不能归入普通话的四个调位,不能用四声的调号来表示其低昂变化。刘宁生(1987)②把叹词归纳出四种基本音高类型,即平、升、降、降升。他认为每一种音高类型都与特定意义相关联,例如:升调或者降升调表示疑问;低降调表达伤感;降升调表示否定;高平调表示十分惊异;低平调表示低落的情绪。他指出,叹词存在一个自己所独有的音高类型,这个音高类型是在词的声调之外的,它有区别叹词意义的作用,而且是超方言的。他认为叹词音高具有不确定性,凭感叹的程度而定,叹词的音高不是声调。谢仁友(2008)③对叹词的注音和词形提出了建议,他认为叹词语音所具有的超系统性体现在音节和特殊的音高上,认为叹词的读音"近似于"四声调型(非调型),是在音高走势或调型上与普通话的阴、阳、上、去四声类同,但它不是真正的声调。马清华(2011)④则将叹词的音调形式划分为12种,每种形式对应一种意义,如惊喜叹词的音调特点是"高、降、(时长)中",领悟叹词的音调特点是"低、降、(时长)缓"。他指出,在相同的音高模式下,替换不同音素(如 a、ei、m、n)不会改变叹词意义。也就是说,叹词的音高可以直接表达意义;叹词是能独立成句且只能独立成句的唯一词类,不存在将语调和声调剥离开来的功能基础。刘丹青⑤认为代句词是叹词的本质属性,认为叹词是用约定的简短语音形式代替一个未说出的句子或分句,单音节叹词的声调其实就是语调。

西方学者在感叹词的研究上也做了大量工作。早在1922年,

---

① 徐世荣:《叹词注音时能够使用字调符号吗》,《中国语文通讯》1983年第3期。
② 刘宁生:《叹词研究》,《南京师大学报》1987年第3期。
③ 谢仁友:《叹词的本质特点、注音和词形》,《辞书研究》2008年第3期。
④ 马清华:《论叹词形义关系的原始性》,《语言科学》2011年第5期。
⑤ 刘丹青:《叹词的本质——代句词》,《世界华语教学》2011年第2期。

Jespersen①就明确指出,感叹词是突发的感觉或情感用语,它独立于其他相关的语言材料。他们强调不能仅从语义或交际出发对其进行研究,而应重视语用和语境因素对该类特殊词的影响,如 Jan-Ola Ostman（1982）②、Jucker（1986）③、Wilkins（1992）④ 把感叹词归为"话语小品词"或"语用小品词",Schourup（1985）⑤、Schiffrin（1987）⑥ 将之归入"话语标记语"等。

感叹词具有超语言的特质,不同语言、不同民族在表达中都有感叹词,因此即使是母语背景不同的华语学习者对这个特殊的词类在认知上也是容易形成正迁移的。拿汉英语言中的感叹词来看,其相同或相似之处很多,如在形式上,华语和英语的感叹词都有一义多形、一形多义或多音、一音多形的特点,如华语感叹词"啊"在不同的语境里,可以描写成阴平、阳平、上声、去声不同的声调,也可以有长短不同的处理,用来表达赞叹、惊异、疑问、反问、应诺、醒悟等不同的情感和情况,"o"可以写成"哦"、"喔"、"噢"等不同的字形；英语里的"ah"语调可高可低、可轻可重,可以表示悲痛、痛苦、叹息的情绪,也可以表达喜悦和惊讶,"ok"还可以写成"o-kay"、"okeh"、"okey"、"okey-doke"、"okeedokee"等。另外,在语用层面两种语言里的感叹词也同样都有男女之别、老幼之分以及雅俗之不同,等等。

在华语二语教学中,我们关注的是教学和习得的途径与效度,对于上述关于感叹词的讨论、争论和不确定性的多重研究,我们截取相关成果为我所用,在教学过程中绝不纠缠于其界定、归属等语法理论

---

① Jespersen O., *Language, Its Nature, Development and Origin*, London: Allen and Unwin, 1922.

② Jan-Ola Ostman J., Pragmatic Particles in an Applied Perspectiv, *Neuphilologische Mitteilungen, Bulletin of The Modern Language Society*, Helsinki, 1982.

③ Jucker A. H., *News Interviews: A Pragmalinguistic Analysis*, Amsterdam: Benjamins, 1986.

④ Wilkins D., Interjections as Deictics, *Journal of Pragmatics*, 1992（18）.

⑤ Schourup L. C., *Common Discourse Particles in English Conversation*, New York/London: Garland Publishing, 1985.

⑥ Schiffrin D., *Discourse Markers*, Cambridge: Cambridge University Press, 1987.

层面的问题，而是重该类词的习得和教学，即如何以最为便捷易懂的方式交给学生掌握该类词在言语交际中的得体运用，充分利用感叹词属于比语言系统原始的第一符号系统的属性，从而完成交际目的和丰富口头语表达手段。为此，我们用实验的方法，首先印证感叹词是一种超声调词类，其在表情达意方面具有语言的共通性，不受方言或语种的限制，正如《马氏文通》所言，它是"尽人所同，无间乎方言，无别于古今，无区乎中外"[①]。华语的感叹词和英语的同类词数量上也基本一致，常用的在30个左右。它们的语法功能、语义功能以及注音形式、书写形式等，我们在这里均不作穷理性探究，我们努力从感叹词最本质的以声传情、以情托声的特点入手，考察它独特而丰富的表达形态，也努力从副语言的视角，观察和分析它在口头语篇章表达中所起到的连贯与衔接的特殊作用，以期在实际的口头语交际中实现对该类词的得体运用和准确理解。

三 实验法在华语二语教学中应用的意义

实验法对于华语二语教学的意义体现在科学研究和教学实践两个方面。

在华语二语教学中引入实验语音学的方法，在教学上的意义表现在：第一，可以改善甚至改变原来语音教学因为"看不见、摸不着"而给教师与学习者带来的教与学上的双重困扰。实验语料的采集过程，是对教师能否敏锐、准确地发现教学中的问题的一种锻炼和考验，长期坚持下去，对华语二语教师的专业素养的提升有很大帮助。第二，在教师教法的改进上，实验法也开出了新路。原来的语音教学，教师通常只能依靠听感来对学习者的语音面貌进行口头描述和纠正，教学时能够依赖的是较为抽象的音位图和较为模糊的手势对舌位的模拟等，讲说和纠正起来费时费力，事倍功半，而且找不到把语音面貌具象化和把语音描述精准化结合起来的方法。这些问题在实验法中都得到了很好解决。第三，可以帮助学习者提高对语音学习的兴

---

① 马建忠：《马氏文通》，商务印书馆1983年版，第382页。

趣。经过易于操作的对学习者发音状况的录音采集阶段,就可以适时、适度地调动起学习者的好奇心和对华语语音的特别关注,因为人们对自身的关注和与自身密切相关的问题的关注总是会保持着高度热情,而语图就是将录音者自己的发音变成了可视、可感、可听、可知的客观且直观的呈现,这必然大大激发学习者的学习兴趣。第四,便于学习者更清晰地了解自身语音上存在的问题,也便于学习者更好地接受和领会教师在正音过程中给予其个人的具体意见与指导。可见,实验法的介入,将会促使华语二语语音教学更上一个新的台阶,可以在教法和学法上双管齐下,教学相长。

在华语二语教学中引入实验语音学的方法,在研究上的意义表现在:第一,可以推进华语二语口头语教学研究。华语二语口头语教学在实践上取得的成绩应该是高于书面语教学的,学习者对口头语学习的热情以及口头语的教学效果相较于书面语都要胜出一筹,原因比较复杂,但是学习者对华语书面语学习的畏难情绪和轻视心理应该是主要原因之一。然而,教学上的优势并没有在理论研究上得到相应的反映。究其原因,应该说,口头语研究难度和复杂度高于书面语,而口头语研究之难难在方法。实验法的直观性、客观性特点,为口头语研究的科学性提供了可能,克服了单纯的描述法与分析法无法去除的主观性局限。第二,实验法在语音教学研究上的应用,更利于探寻不同学习者群体在华语语音习得中存在的共性问题和个性差异所在,研究中对语料的处理和分析更客观和科学,因此更具说服力,也更具参考价值。

第四节 篇章教学观在口头语篇章教学中的贯彻

一 口语课教学新范式

口头语篇章的教学对教师有比较高的要求,因此在实际的华语教学中,对口语课教师的挑选也较为严苛,受重视的程度甚至不亚于综合课。口语课对教师要求高,一方面说明华语二语教学对学生口语能力培养的重视,另一方面说明口语教学的难度大。一般情况下,口语

第四章 篇章视域下华语口头语教与学

教师除要求有扎实的专业功底和良好的语言素养外,还要求性格外向、善于与人沟通和交流,有良好的调动课堂和创设模拟情境的能力;在语言表达上,不仅对语音面貌有高要求(一般要求教师普通话达到一级乙等水平),而且对表达的准确性、生动性、流畅度也有高要求,甚至连态势语及副语言的运用都应该在课堂上给学生口语学习提供理想的示范。而在这些教师基本功和专业素养要求之外,我们还希望口语教师能够具有篇章意识,并且能够自觉、积极、灵活、有效地在口语课堂教学中始终贯穿这一意识,使华语二语口语教学更上一个新台阶。在这里,我们以诵读法、语境创设和态势语在华语二语课堂教学中的运用为例,抛砖引玉,共同探寻口头语篇章学习和教学的更多路径与方法。

口头语表达最基本也是最高的原则是"得体"。不管用多少形容词,诸如"准确"、"形象"、"生动"、"优美"、"流畅"等来修饰口头语的表达,口语交际的首要原则是"得体性",并以实现"得体性"为口语交际的最高境界。所以,学习者在学习口头语、运用口头语进行交际时,理所当然应该将之作为衡量自己每一次言语实践的标尺。而"得体性"之所以是基础性原则,之所以高于其他要求和标准,一个弥足重要的原因就在于它是在口头语篇章的整体语境中来考量言语交际的具体行为和效果,是宏观的、系统的,在具体语境之中的。在以往和现在的口语教学中,重点无疑都放在有声语言的学习和训练上。但是,以篇章教学观来观照就会发现,在华语二语口头语篇章习得过程中,有声口头表达只是整个篇章表达中的一个组成部分,并不代表全部。同样,在对口头语篇章理解过程中,有声语言表达的内容也只是说话者传达出的部分信息,听话者需要在交际的特定语境中,通过对说话者言说时的态势语等附着符号束的体察和判断,获得准确的信息,继而对接收到的信息进行正确的理解。在这一章节里,着重探讨原有教学中重视不够甚至是缺失的口头语篇章的内容及教与学方法,包括情境性、副语言、态势语、诵读法在篇章视域下的口语课堂教学中的运用。

(一)"立体化"情境教学

口头语这种表达方式对情境性(或情景性)的依赖远远高于书面语,尽管文字"能够无声地固定一些不变因素,以匿名或延迟的方式把话语的痕迹记录下来,同时为唯美主义欣赏留下空间,却并未动摇口语性的支配地位,因为后者是与千变万化的言语的社会语境相联系的"[1]。海然热这里提到的社会语境可以看作是放大了的情景语境。因此,我们把情境性单独提出来谈,希望能够在口头语教学中得到更多的重视。

情境"立体化",强调的不仅是情境在客观世界中的空间感,也强调对情境所关涉的各语言要素和非语言要素的综合考虑与运用,努力创设多维度、立体化的课堂口头语教学情境。这是前文提出的篇章视域下交际语义场观点在华语二语教学中的具体应用与实施。

在口头语教学中,最直接面对的是如何帮助学生尽快融入目的语学习环境,尽可能快地能够使用华语进行日常交际。刘虹(2004)[2]将华语日常会话归纳成为 15 种对答类型,这对我们在教学中帮助学生建立日常会话图式具有很好的参考价值,也便于篇章教学观在口头语教学中的贯彻。这样从不同视角对日常交际加以总结、归类的研究对华语二语教学是很有帮助的,无论是在教材的编撰上,还是在课堂教学情境的营造与设计上,抑或是在教学过程的组织、教学内容的安排上,都能够有事半功倍的教与学效果。华语二语教学应该学会善加利用华语本体研究的有关成果和能够转化到教学实践中的诸如二语习得等方面的理论研究成果,从而更加有效地提升华语二语理论研究与教学实践的水平。

这些日常会话类型的梳理,为口头语篇章教学提供了可资借鉴的模式,在课堂教学中可以有计划地介绍、讲解和训练,也为教师设计情景语境提供了可以依托的会话范式,通过对某一类型的反复训练,尤其是情景模拟,使学生更快、更好地理解和驾驭华语口头语日常会

---

[1] [法]克洛德·海然热:《1985 年法文版作者前言》,《语言人:论语言学对人文科学的贡献》,张祖建译,北京大学出版社 2012 年版,第 15 页。

[2] 刘虹:《会话结构分析》,北京大学出版社 2004 年版,第 110—119 页。

第四章 篇章视域下华语口头语教与学

话的基本图式。需要注意的是，本书所说的情景模拟，其中包括的要素是前文阐述的交际语义场中的各要素的综合，突出其立体性。我们以"建议→同意/搪塞/反对/质疑"这一类型在口语课堂上的情境创设为例。

建议："我们周末去看电影吧？"

可能得到的反馈或回应的信息大致有四种情况：

1. 表示"同意"，可以说"好啊"、"没问题"、"那可再好不过了"等。

2. 表示"搪塞"，可以说"嗯，周末啊——（勉为其难或犹豫不决的神情）"，"哎呀，这个周末我有个朋友要来"，"周末还早呢，到时候再说吧"，等等。

3. 表示"反对"，可以说"对不起，这个周末我有事，不能和你去了"，"干吗看电影啊？我们去K歌吧"，"我才不和你去看电影呢"（恋人间的使小性子，常出自女孩子之口），等等。

4. 表示"质疑"，可以说"你为什么想和我去看电影啊"，"我为什么要和你去啊"，"为什么一定要去看电影呢"，等等。

而在就一个"建议"做出回应时，因为对话双方的关系、所处的环境、当时的心情等多种因素的影响，同样或类似的回答所蕴含的信息却不会完全相同。在情景模拟时，教师可以根据学生的接受能力尽可能引导，尽可能深入到具体的语境之中，在对话时要对语气、语调、面部表情、身体动作等做出适当的要求并给予必要的示范。另外，还可以激发学生来提出"建议"，然后依照这一类型模式继续训练，以巩固和加强对该会话图式的记忆。篇章的隐性衔接"与交际双方共有的情景语境和共享的文化背景有关"[①]，因此，从某种程度上说，华语二语教学即是帮助二语习得者尽可能占有和扩大共享的文化背景，尽可能了解和进入共有的情景语境。

在口头语篇章的习得过程中，注重"情景性"，就必然要涉及言说者和听话人在交际语义场中的对象感。因此，教师可以适当在课堂

[①] 席晓青：《语篇分析：思维、策略与实践》，厦门大学出版社2011年版，第36页。

教学中增强学习者在口头语篇章交际活动中的角色意识。角色意识是言说者或交际活动中的参与者对自我身份的认定以及对自我在各交际对象的关系网中所处的位置的判定。一般情况下,一个人如能在交际活动的整个过程中有积极的角色意识就可能有正确的角色定位,这样就会获得得体的、成功的交际效应。具体来说,每一次/个口头语篇章的完成都是具有对象性的,即便是独白式的演说,也有现场或潜在的观众与听众,因此言说者/表达者在进行言说/表达时一定要有对象感。这种对象感的确立过程也就是自我角色定位在此次交际过程中得以明确的过程,即明确自己是以什么样的身份来进行或参与这一次/个交际的。在课堂教学中给学习者以适当的提醒和点拨,可以帮助他们在现实交际中言谈举止更为得体,使得交际得以顺利进行,可以少走弯路、少碰壁。学习者能够自觉、主动地在交际活动和交际场域中确立和构建自己的准确的交际身份,对于交际的顺利进行和交际双方/多方理解和生成口头语篇章都有积极和重要的作用。然而,需要注意的是,即使是在同一次交际活动中,自我角色也有可能是多重的或是在变换的。比如,本来是作为学生身份拜访老师,师生的角色认定是很明确的,但很有可能随着交谈的进行和话题的转变,师生关系的角色逐渐被朋友关系的角色替代,因此要求交际活动的参与者要有足够准确和灵活的角色定位与应变能力。

"立体化"针对的是对交际中各言语要素的关注和对非言语要素在语境中作用的多重关注。华语二语口头语学习集中在口语课和听力课两种课型,在"口耳之学"中,需要教师引导学生对声音的辨识度和训练学生加强自己声音的表达力和色彩感(这些属于狭义副语言训练范畴)。另外,教师在课堂教学中应该调动学生"眼"的参与度,增加身体语言的参与度,这样可以使口头语篇章的教与学立体化,使口头语篇章的表达和理解都趋于准确、完整,而且生动、活泼,贴近现实生活中灵动的富于感染力和表现力的活的语言。

(二)副语言教学

在传统的口语课教学中,副语言教学很少被确定为授课内容,个

第四章 篇章视域下华语口头语教与学

别教材在课后练习中安排了类似"用正确的语气语调读下列句子"的内容，算是对狭义的副语言有一定的关注，但训练和关注的程度十分有限。对广义的副语言就更谈不上有所注意了。

然而，在篇章视域下的口语课教学，必然要把副语言提上教学日程，因为副语言在交际语义场中是一个重要的角色，发挥着辅助完成交际的重要作用。

广义的副语言（paralanguage），具有伴随语言特征（paralinguistic features）和超语言特征（extralinguistic features），也被称作类语言或伴随语言。伴随语言特征，指的是声音要素和功能性发声。具体而言，指的是超音段音位学中的韵律特征（prosodic features）、突发性特征（spasmodic features），语调和重音即属于韵律特征，说话时的哭泣声、笑声、叹气声以及次要发音（secondary articulations）（如圆唇、鼻化音等）均属于突发性特征，包含以上两种情况的伴随语言特征是狭义的副语言。超语言特征，指的是态势语、客体语、环境语等无声语言，也称非声特征（non vocal features）。它是广义副语言的组成部分。有学者认为这些特征是超出言语交际、言语分析范围的，也有学者把它们归属在音系学特征里面。但"在某种程度上，这类个人特征已成为不同语言或一种语言的不同方言中约定俗成的东西"[①]。

广义副语言中的态势语问题，本书将在下一小节中专门讨论，这里先谈谈狭义的副语言。狭义的副语言，也被叫作副言语特征（paraverbal features），是指在交际过程中，有意识地运用一些特殊的发音来表达和传递某些特殊的意思，加强和突出所要表达的意思或加强表达的感染力。主要通过音强、音速、音高起伏程度和持续时间、话语片段的长度以及停顿或沉默等形式来表现。作为言语交际的重要补充形式，副语言交际能传递言语交际难以表达的信息，它是整个交际中不可缺少的重要组成部分，它自身也构成一个系统。交际中影响音

---

① ［英］R. R. K. 哈特曼、F. C. 斯托克：《语言与语言学词典》，黄长著、林书武等译，上海辞书出版社1981年版，第246—247页。

质的因素有很多，如音高变化、鼻音化、腮音化、唇音化等，在特定的文化背景中，这些声音的微妙变化可能传达的是特殊的情感和情绪，有特定的社会意义。

比如，本书前面谈到的感叹词，同样是"咦"字，但在具体的交际语境中，它的音高、音长、音强等的变化却十分丰富，表达的情绪和情感也截然有别：语调上扬，发音短促，表示吃惊、好奇；语调上扬，拉长发音，表示有惊喜的发现，带点顽皮和淘气；发音拖长成曲折降调型，表示不满、不喜欢；发音短促且用降调，表示厌恶和嫌弃。在交际活动中，同时会有丰富的态势语相伴，副语言表情达意的准确性和生动性都得到了很好的体现。另外，中国人很重视交谈中的沉默与停顿，重视领会其中所蕴含的丰富语意。这在文化差异显著的西方人眼里，可能会产生误读，因为以西方文化来看，沉默和停顿往往被认为是在交际中对自己缺乏信心的表现，或者是以沉默表示对对方的不屑与侮辱。可见，在华语二语教学中，副语言教学自有其价值和意义。

再比如，在苗阜、王声的相声《满腹经纶》里有这样一个段子，苗阜端出一副朗诵范儿，张口念出一首四句五言诗，内容都是"那啥那啥啥"。可以说，这是一首完全没有内容的"五言绝句"。但是，苗阜用抑扬顿挫的语调，朗诵时声音高低错落，节奏缓急有致，加上丰富的表情语和有板有眼的手势语，既传递了情感信息，也收到了幽默戏谑的艺术效果。他调侃的这种"朗诵腔"也可以给华语二语教学带来启示，即除去内容的声音本身就具有传情达意的功能和作用。无独有偶，据说有一位意大利悲剧演员在一次聚会上为大家用意大利语声情并茂地念了一段"台词"，在场的人并不懂意大利语，但却被他悲凉凄切的表情和充满感染力的声音深深打动，甚至有人流下了眼泪。而实际上，这位演员念的是随手拿起来的宴席上的菜谱①。这两个例子都说明伴随有声语言出现的语音要素（包括重音、语速、语调、停顿等）在表达中所发挥的作用。重音指的是句子中的重音，

---

① 黎运汉主编：《公关语言学》，暨南大学出版社1990年版，第255—256页。

第四章 篇章视域下华语口头语教与学

是根据表达的需要加重或加长语句中某个字词或成分的发音,一般分为语法重音和强调重音;语速就是语流的速度,按照说话人在一定时间里所说语词的数量,大致分为快速、中速、慢速;语调是口头语中表达各种语气的声音色彩,指说话人为表达态度或情感的需要,将语音在一句话里所进行的高低轻重的配置,通常分为平直调、扬升调、降抑调、曲折调等;停顿是语流中声音的中断与连接,停顿不仅是说话人生理上换气的需要,也是表情达意的需要,有语法停顿、逻辑停顿和心理停顿。

又比如,不同的音色给人造成不同的听感,从而会带来不同的心理感受并调动出不同的情绪、情感。赵忠祥在解说《动物世界》时那充满磁性的声音、童自荣独特的音色塑造的银幕上的艺术形象、降央卓玛难得的女中音音色等,都给听者留下过耳难忘的深刻而美好的印象;而尖厉刺耳或粗粝嘶哑或拖沓疲软的声音则会给人带来负面的情绪。完全不懂蒙古语的笔者曾有过这样的体验:在第一次听乌达木演唱的《梦中的额吉》这首歌时,不知不觉中泪水盈眶。这种感动,和歌词所传递的信息无关(因为根本不知道他歌唱的内容,连"额吉"是"母亲"的意思都还不知道),感动来自于歌者纯净、明亮的音色,来自于他歌唱时那种发自心底的深情呼唤,以及整首歌从头到尾回荡的简单质朴却扣动心扉的旋律。这是狭义副语言在传情达意功能上的又一例证。

在华语二语语音教学中,惯常的做法是先教会学习者对华语拼音的认读、拼读,在初级学习阶段,特别注意纠正学习者错误的发音和不良发音习惯。这是十分必要的扎实的语音学习阶段,在教学中也取得了比较明显的效果。但是,需要指出的是,对语音的持续学习和如何进一步提升口头语面貌的问题,华语二语课堂教学重视不够、办法不多。这也和理论上关注少有直接关系。事实上,在篇章教学观观照下的语音教学,将会有明确的语音教学目标,并有效延展出它的教学层次,在学习的不同阶段给学习者提出不同的要求。

狭义的副语言在表情达意方面的意义与作用已经引起了人们的注意,它具有丰富的声音色彩、表情色彩和感情色彩,在具体的交际语境中,它有相对约定俗成的社交礼仪的规范和要求。目前,在口头语篇章教学中,这部分内容亟须加强。因为,它是华语口头语交际中具有浓厚表达色彩和个人言语风格的部分,也恰恰是华语二语语音教学最为薄弱的部分。

副语言能力是语言交际能力的一部分,对于二语习得者而言,它还是跨文化交际中必须了解的目的语的一个重要组成部分。因此,副语言能力培养是华语二语教学的内容之一,应该尽快改变它在教学中缺位的现状。华语二语教学要重视副语言,一方面是要加强学习者副语言能力的有针对性的教学,另一方面是要充分利用副语言,为本教学服务。国外外语教学[①]在这方面已经取得了一些成功经验,华语二语教学可以借鉴和参考。

沉默教学法:顾名思义,就是在教学过程中教师有意避免使用有声语言,尽量用无声的手势语、表情语、动作语等来给学生以提示和指示,并以此来组织和推动课堂教学活动。在西方,沉默法是在初级和中级水平的外语教学中至今仍被普遍使用的一种有效教学法。这种教学法,是英国数学家兼心理学家加特诺(C. A. Gattegno)在20世纪60年代初首创的,它以心理学为理论依据,重视培养学生在外语学习中的独立性(independence)、自治性(autonomy)和自信心(responsibility),以在口头语教学中应用为主,提高了外语教学效率。

咨询教学法:该方法由美国俄亥俄州立大学心理学博士查尔斯·克伦首创。他把心理学原理运用到语言教学中,尤其是外语教学。这种教学法,充分利用空间语言,在语言学习的教室里,尽可能让学生保持并感受到学生与教师之间、学生与学生之间是一种恰当的空间距离。于是,在课堂上,教师不再拘泥在与学生"对立"的位置、固定的讲台上,而是可以根据需要置身于学生中,改变了师生对立的课堂格局,也改善了课堂教学活动的学习气氛。

---

① 转引自吴德元《副语言在外语教学中的作用》,《上海师范大学学报》1987年第2期。

第四章 篇章视域下华语口头语教与学

暗示教学法：该方法是由保加利亚的精神病心理疗法医生罗札诺夫博士提出来的，他利用音乐稳定情绪的作用，在上课初始播放，以集中学生注意力，同时创设一种愉悦、轻松又平和的学习环境。这种教学法，充分利用音乐，增加师生间课堂朗读的节奏感，使语言学习的每一个过程都在学生的脑海里留下深刻的印记，好似多层次的配乐朗诵。

教学法是长期教学实践探索的结果，和第一课堂紧密相关，而不是闭门造车、纸上谈兵。作为一门逐渐走向成熟的学科，华语二语教学对待教学法的态度应该做到兼容并包、"法"为我用。无论运用什么样的教法，都是以提高教学质量和效果为考量的标准。教师选择哪一种教法，是由其教学观决定的，只不过，有些教师的教学观是明确的、有意识的，而有些教师的教学观是潜在的、模糊的。本节把副语言的运用提到教学法层面来谈，正是建立在篇章教学观基础之上的，因为，只有站在语言即篇章、语言教学即篇章教学的高度，才能把副语言纳入华语二语教学，才能自觉运用副语言为语言教学服务。

心理学家阿尔伯特·梅拉宾曾给出过这样一个公式，即"交际双方的相互理解 = 7% 言语 + 38% 声音 + 55% 表情"[①]，被广为引用，以此来证明"声音"和"表情"等代表的非言语交际符号在交际活动中的重要作用。这为本节强调的副语言在华语二语教学中的运用也提供了依据。不过，本节在强调副语言对语言教学重要性的同时，更承认言语教学是语言教学的主体和最根本的内容。因此，不能在教学中颠倒了主次，不能矫枉过正。更何况，在不同场合，由于信息传播渠道不同、审视主体不同和表现手段不同，副语言作用的大小、多少是有很大区别的；各不同要素在不同的交际语境中发挥的作用大小、多少也是有差别的。篇章视域下考察和观照副语言，可以做到更加客观和理性。

---

① 转引自丁煌《交际信息学》，华中理工大学出版社2001年版，第148页。

(三) 态势语教学①

态势语教学也是在篇章视域下观照到的一个新的口头语教学的内容，在交际语义场中，态势语的运用可以传达很多信息，对态势语的解读能力也直接影响信息接收的准确度。陆俭明、沈阳认为："从语言的表现形式来说，语言有口语、书面语、手势语三种形式。"② 当然，陆先生在这里所说的"手势语"主要是指聋哑人所使用的语言，是用来代替有声语言的一种语言形式，但也从另一个侧面说明了手势语具有和言语交际一样的重要功能。而我们在这里谈的"态势语"，是作为二语习得"场域"中的一部分，是具有华语表达独特性的，是有声语言表达的辅助手段。因此，从口头语表达的篇章性考虑，"态势语"成为我们要讨论的一个不可或缺的内容。

态势语，又称体态语、身势语、肢体语言、辅助语言、无声语言等，尽管称谓各有不同，但所指基本一致，即人运用头部、面部、目光、手势、身势等身体部位辅助有声语言来进行或语义或情感或情绪的表达并帮助完成交际。我们认为，"态势语"这一称谓较为简明和直观，能涵括神态、体态和手势、身势之意，故下文均使用这一术语。美国学者艾克曼和弗里森较早按照态势语的功能特点将之划分为五种类型，即符号式、图解式、调节式、心情展示式和适应式。而我们更乐于按照态势语生成的部位来做进一步的划分。结合华语二语教学和课堂教学的规律与特点，我们将运用于华语二语课堂的态势语分为情态语、体态语和动作语三大类。情态语指的是由眉、目、口及面部肌肉等发出的面部表情与神态信息，是动、静兼有的信息符号；体态语包括站、坐、卧的姿态及服饰仪表等呈现出的信息，是相对静态的信息符号；动作语在此多指借助手、头、肩、身、腿、足等身体部位发出的动作所传递、传达的信息，是相对动态的信息符号。美国有关研究还表明，在表达感情和态度时，语言只占交际行为的 7%，而

---

① 刘惠：《态势语在对外汉语教学中的作用与运用策略》，《东亚汉学研究》（创刊号），东亚汉学研究学会 2011 年版，第 287—291 页。

② 陆俭明、沈阳：《汉语和汉语研究十五讲》，北京大学出版社 2003 年版，第 2 页。

第四章 篇章视域下华语口头语教与学

声调和面部表情等所传递的信息却多达 93%[1]。中国则早在《论语》中就有了对态势语的描写和记录,如:"朝,下大夫言,侃侃如也;与上大夫言,訚訚如也。君在,踧踖如也,与与如也。"(《论语·乡党》)

由于历史、文化、思维方式等多方面的相互影响和相互作用,语言上各不相同的民族在非语言交际中使用的态势语也自然是不尽相同的,我们甚至可以通过态势语判断某人是哪国人就是这个道理。在电影《美食 祈祷 爱》里面,美国人、意大利人、印度人等各具特点的手势语就给我们留下了生动而鲜明的印象。那么,中国人的态势语具有哪些特点呢?

中国人"天人合一"的思维特点决定了它是没有经过"我"与"非我"的主客分离的一种思维模式。另外,在地理环境、历史积淀和小农经济等多种力量的共同作用下所孕育出的儒家思想,其核心在于伦常治道,致力于确立和论证君臣、父子、夫妇、长幼、朋友等伦常关系。所以,长时间在儒家传统文化浸润下的中国人,形成了"上下尊卑"、"师道尊严"、"男女授受不亲"等具有政治伦理型特征的道德行为规范[2]。同时,也形成了中国人在非语言交际中讲究和遵守上下有序、等级分明等的交际规范。在交际活动中,当交谈的双方有上下级之分、长幼之别时,位低和年幼者通常会在态势语上表现出谦逊和恭敬,如身体略微前倾、下颌收敛、眉目低垂等,在中国人的交际中,即使目光没有始终与对方的眼神有交流也并不意味着不礼貌、不尊重对方,也未必是对谈话内容不感兴趣等,因为在中国,直视对方反而是有些不礼貌的,甚至会有咄咄逼人之嫌,给人以压迫感。

再如,中国人对交际空间的态度与西方人也很不一样。在中国,同性之间,尤其是女性之间的身体接触可以十分亲密,在公众场所也可以没有顾忌地拉手揽腰,而他们之间的关系可以只是朋友,而不是

---

[1] Levine, D. & Adelman M., *Beyond Language*, Pretice Hal, 1982: 43.
[2] 李育卫:《英汉跨文化非语言交际对比研究》,《云南师范大学学报》2004 年第 9 期。

恋人。这跟西方人的空间意识不同。中国人对自身空间范围的要求没有西方人高，只要是关系比较好的朋友和同事也会亲密接触，对身体接触不那么敏感，不会轻易产生受侵犯的负面情绪。但是随着中国与世界沟通往来得频繁和深入，在社交礼仪方面与国际礼仪接轨，在礼仪规范上日益显示出国际化的趋势。比如，在空间意识上，越来越多的中国人了解并接受 Hall（1983）① 提出的四种界限，即亲密距离（intimate distance，0—45cm）、个人距离（personal distance，5—120cm）、社交距离（social distance，120—360cm）、公共距离（public distance，360—750cm）。不过，在非正式场合，更多中国人仍保有自己对空间的独特认识，体现着中国人宽容大度、重和睦友爱的民族气质。

又如，中国人历来就有从众、求稳的心理，民族性格特征是好静、恭谨、内敛，重礼节、尚伦理，以含蓄为美等。所以，中国人会努力做到"喜怒不形于色"，而"面不露色"、"老成持重"等都是褒美之词，不带有阴险、狡诈之意。在情感表达上相较于西方更是内敛、含蓄、克制，推崇的是"敏于行而讷于言"，不喜过分张扬、外露地表达情感。

作为非言语交际重要手段的态势语是由人的面部表情、身体姿势、肢体动作和体位变化等视觉符号构建的系统，不同民族的态势语和本民族的语言、文化一样带有浓郁的民族色彩，它是人类重要的形象思维工具和交际工具，同有声语言一样，具有多方面的属性。对态势语的研究有从人类学、社会学的角度进行考察的，也有从语言学的角度切入的，多学科的研究便于我们从本质上认识体态语，作为语言学习的内容之一需要教师与学生均能掌握目的语态势语的内部规律。

有鉴于中国人非言语交际表达的独特性，在华语二语教学的课堂上，面对来自世界各地不同国家和地区、不同华语水平的学习者，为

---

① 转引自吕娜《体态语在中西方文化交际中的意义与差异》，《齐齐哈尔大学学报》（哲学社会科学版）2009 年第 4 期。

第四章　篇章视域下华语口头语教与学

增强留学生课堂学习的积极性、趣味性，尽可能高效地完成课堂教学任务和顺利地达成教学目标，华语教师除了要有良好的专业知识素养和口头表达能力以外，还需要具备良好的使用态势语来辅助有声语言进行表情达意的能力。具备这一能力的教师，在华语二语课堂上，会使教学更加活泼、生动、流畅，增强教学的美感并提高学生的学习兴趣与效率。下面就从初、中、高级不同华语水平的留学生的特点出发，以教师为表达主体来谈谈态势语在华语二语课堂上的作用与特点以及运用态势语应注意的问题。

1. 初级课堂态势语：准确、形象、丰富。

对于初学华语的留学生，华语教师在课堂上的一个重要目标是如何通过我们的课堂教学使学生们能够克服学习一门新语言的心理障碍和畏难情绪，并能够使其不断建立起学习的兴趣和信心。然而，在这一教学阶段，由于学生华语水平极其有限，教师不可能用华语跟学生做这样的沟通；而用学生的母语进行直接说教也是不合适的。那么，在有声语言的交流与沟通存在极大限制的初级教学阶段，态势语的优势与地位就得到了凸显。我们在初级课堂上的态势语应做到准确、形象和丰富。

"准确"，就是要求态势语的语意和情感、情绪表达明确，不含糊，没有歧义。否则，会造成学生在信息接收的过程中出现解码的困难。

"形象"，指的是教师所呈现出来的态势语应是有很好的模拟效果的，能够让学生一看即产生合适的联想，能做到"望形生义"。

"丰富"，说的是在初级课堂上教师的态势语可以是也应该是与有声语言相伴随的，甚至是比有声语言还要更具表情达意作用的语言，具有比有声语言更丰富的表意功能。

我们认为，在初级课堂上，教师应充分使用态势语来弥补课堂有声语言教学的不足和局限。如在语音教学中，我们常用手来演示看不见的舌头在口腔里的运动变化过程来学习声母，用夸张的口型来放大、放慢韵母发音的动程，使学生学习、模仿起来更直观。在初级阶段的词汇学习中，态势语也发挥着重要作用，如对"跑、跳、蹦"

等动词的学习，用有声语言解释起来费力而不讨好，用动作语一演示即可让学生明了；如对代词"这"、"那"的学习，简单的手势语就能使二者的区别昭然若揭；等等。语法方面的学习也不例外，如"把"字句的教学，教师可以在动作行为之后给出例句，像"老师把门关上了"或"请同学把黑板擦干净"。

再如课堂提问或点名这样的细节处理。由于华语二语教学的课堂通常是小班授课，一般在20人以下，所以要求老师能够在最短的时间里记下班上所有学生的名字。但在初级班上，特别是学习的前两个月，教师在点同学名字的时候不能不辅以态势语，而应该在叫出中文名字的同时，体势向其微倾，目光、微笑与手势一起跟上。这样可以使被点到的同学有被重视感和被尊重感，会更乐于与教师合作。

可见，除了丰富、准确的动作语之外，情态语也要求丰富、生动。在课堂上，教师的面部表情十分重要，会直接影响学生的情绪和学习状态。我们建议教师努力做到带着微笑进课堂。微笑是最美的语言。对学生而言，老师的微笑是亲切的关怀，是真诚的鼓励，也是大度的宽容，这将帮助学生克服语言学习的畏难心理，在课堂上营造一个轻松、愉悦的学习气氛。另外，在这个阶段，教师眉目语的运用较后面两个阶段也可更丰富和夸张一些，为的是弱化语言学习的枯燥感，尽可能调动学生的注意力和学习兴趣，跟上老师的节奏。

尽管我们一再强调初级阶段课堂教学态势语的运用应该丰富、形象、生动，但准确仍是根本。而且我们需要注意的还有，华语二语教学的对象一般都是成年人，因此形象、生动而又丰富的态势语运用必须有别于对幼儿和小学生。如果不考虑教学对象的心理与年龄特点，或者就把学习者当成是小孩子的做法，是会招致学生的反感的，那就事与愿违了。再者，由于学生在该阶段不仅华语水平有限，而且对中国的了解、对汉文化的认识也极其有限，这就要求华语二语教师要十分熟悉学生的母语文化背景，在运用态势语时务必顾及中外文化间的差异，避免出现误解甚至矛盾。另外，我们要避免在课堂上出现消极、负面的态势语,比如,一个不屑的眼神,或一个嘲讽的笑容,或一个抑制的手势,或一个不耐烦的皱眉,都有可能在学生那里留下深深的印痕,带来意想不到的负面影响。这不仅要求教师提高态势语运用的技巧,同时也要求教师不断提高自身的修养。

2. 中级课堂态势语:简洁、积极、含蓄。

经过一年的华语学习,到了中级阶段的留学生有了一定华语词汇量的积累,对华语文化也有了进一步的了解,师生间的关系也由陌生转向了熟悉,因此在这个阶段的课堂教学,教师可以充分利用这些有利条件来组织和调动课堂。态势语在这个阶段也应该由初级课堂上的"主要角色"慢慢退到有声语言的背后,真正发挥其"辅助语言"的作用。我们将这个阶段的态势语特点概括为:简洁、积极和含蓄。

"简洁",即要求态势语指示明晰,呈现的符号明了、干净,不繁复、不拖沓。

"积极",即要求态势语以鼓励、推动学生学习和思考为目的,不宜过多抑制和否定学生。

"含蓄",即要求态势语的运用适度,情态语和体态语应多于动作语,做到"以静制动",不夸张、不夸大。

该阶段的态势语运用,与初级阶段相比,动作语应大大减少,不再需要全身各部位都调动起来活跃课堂,而以手势和头部动作为主来组织课堂。情态语和体态语的使用则要求贴切、到位、自然,面部表情语不必太过夸张、夸大,但精神面貌要饱满。这就要求教师在课堂上的站姿要挺拔,手势要明确,行走不拖沓,目光不游离、呆滞,面部表情不僵硬、刻板。这一阶段,教师可以更多用眼睛说话,诸如:"你一定可以造出漂亮句子的!""再想想,哪里出了问题?""你,来帮他/她改正一下。""这样说对吗?"如此等等,都可以通过情态语,特别是目光语来含蓄表达,相较于有声语言,不仅节省了时间,加快了课堂教学的节奏,而且保护了学生的自尊心,默契了师生间的关系。

3. 高级课堂态势语：地道、自然、有示范性。

到了高级华语课堂，学生能够比较流利地用华语进行交际和表达自己的观点与情感，对汉文化也有了更深入的理解。教师在任何课型上，除了教授学生相关的知识以外，都还同时肩负着向来自各国家、各地区的留学生传达、传递中华文化以及中华民族所特有的精神气质的使命，华语二语教师在很大意义上是文化使者，是民族形象的代言人。因此，在高级华语课堂上，教师使用的态势语应该地道、自然、有示范性，尽可能做到可以代表汉民族的表达习惯、符合中国人真实状况，展示中国人态势语的表达习惯与特点，以此给学生做出良好的示范，使学生不仅能说华语，而且能做到在用华语表达时形神兼备，最终成为"中国通"。

当然，我们所说的符合中国人表达习惯的态势语，并不是指传统的诸如作揖、抱拳等旧式态势语，而是指符合现代礼仪规范的中国人所使用的态势语，是文明、规范、融入中国当下社会生活的各种态势语。前者可以让学生了解，后者则希望学生能够学会运用。如果说在前两个阶段我们要更多地在跨文化交际的语境下考虑态势语运用的效度的话，那么在进入高级阶段的华语教学的课堂上，教师则可以在与学生达成共识的前提下，努力让学生接受和适应，以至掌握汉民族态势语表达的规范与习惯，从而实现自由得体的运用。这也应该成为华语二语教学的一个不可忽视的内容。

关于态势语的研究，近年来在国内也多受关注，人们对其特点、分类、功能等方面做了积极、深入的探索，并将其应用到具体的领域进行实践研究与运用，特别是在华语、外语、体育等课堂教学以及幼儿教育、演讲等方面，有不少可贵的研究成果。在华语二语教学领域，对态势语的关注也越来越得到重视。有人从课型入手，探讨态势语在听、说、读、写不同课型中的运用；也有人从语言要素方面考虑如何利用态势语加强语音、词汇、语法等的教学效果。再如，王添淼（2010）通过实地观察、教学录像、个别采访等方法进行"实然"研究，分析两位教师课堂态势语运用的差异与效果，得出的相关结论就很有说服力，其所使用的研究方法也可资借鉴。由此亦可看出，态势语的有效运用在华语二语教学中扮演的重要角色和深刻意义。关于中华民族态势语的特点与解析，可以参看由周国光、李向农等先生编著的《体态语》[①]一书，其中不乏对中华民族态势语的系统描写和理性认知。

态势语已经引起华语二语教学的注意，但对态势语的认识还停留在对有声语言的补充和辅助上。上文着力于态势语在华语二语教学的不同阶段所扮演之角色的多层次性和对教师提出的不同要求上，目的是引起教师对态势语的重视。同时，在华语二语口头语习得过程中，希望教师和学习者都能够把态势语作为语言习得的一个重要内容，从华语口头语篇章表达的整体性出发，认真对待和重视在口头语篇章中具有强大表意和衔接连贯作用的态势语的学习。今后，在态势语习得方面，华语二语教学还应在实践中不断加大研究力度；把包括情态语、体态语、动作语在内的态势语的表达与理解作为语言学习整个系统中的重要内容加以研究；对华语态势语的普遍特点和特殊表达做整体、系统的观照，为华语二语的教与学提供参考。

（四）诵读法教学[②]

华语二语教学法是多年来我们一直孜孜以求、不断探讨的课题。从最初的在结构主义理论观照下的注重华语的语音、词汇、语法等的语言要素教学法，到现在人们普遍接受和采用的在功能主义指导下的重言语交际与使用的情景或任务教学法，可以说，华语二语教学对于教学法的重视度与要求始终是很高的。

但在探索、尝试和追求新颖的教学法的大背景下，我们祖国语言传统的教学方法是不是就无用武之地了呢？我们是不是在求新求异的过程中遗失或忽略了某些本可以为我所用的宝贵的传统方法呢？常言道：教学千法读为本。我们的国文教育与教学，追踪溯源，最传统最经得起检验的方法之一就是诵读法。所谓的"书读百遍，其义自见"、"读书破万卷，下笔如有神"、"熟读唐诗三百首，不会作诗也

[①] 周国光、李向农等编著：《体态语》，中央民族大学出版社1997年版。

[②] 刘惠：《谈诵读法在对外汉语教学中的运用》，参见陈学超、吴伟平编《语言学与华语二语教学》，香港中文大学雅礼中国语文研习所2012年版，第178—181页。

会吟"等，说的都是诵读的妙处，于理解、于写作等大有裨益。那么，在华语二语教学中，诵读法是否是一种行之有效的教学方法？如何在教学过程中贯彻与运用？在篇章视域下，这些问题可以找到答案。

何谓"诵读"？诵读，古称"讽诵"，最早见于《周礼》。郑玄注释："倍文曰讽；以声节之曰诵。"朱熹认为："大凡读书，须是熟读，熟读了自然精熟，精熟后理自见得。"而且强调："要读得字响亮，不可误一字，不可少一字，不可多一字，不可倒一字，不可牵强暗记，只要多诵数遍，自然上口，久远不忘。"王力先生也主张："只有熟读一二百篇古文，然后感性知识提高到理性知识，才能真正地掌握古代汉语。"这样看来，诵读法就是通过反复诵读，疏通文字，体会感情，理解内容；同时，培养语感，积累规范、优美的语言材料，提高读写技能，增强对语言的感受力和记忆力。当然，他们所说的都是针对国人学习自己母语而言，特别是学习古文。而对于将华语作为二语来学习的外国人，诵读法还能否有此效能呢？我们认为，此法在华语二语教学中仍有借鉴价值。语音和词汇、句子共同构成篇章，是篇章的一个重要组成部分，它的高低、快慢、轻重、停连等都有不同的表情达意的功能和效用。篇章诵读或说诵读篇章，可以使华语学习者更好地感受篇章语音组织的语义结构特点，从感觉、知觉、情感等多方面去体会华语篇章的特点与魅力，对整体感知华语篇章的特点以及培养华语语感会有很大帮助。下面就来具体谈谈诵读法在华语二语教学中的运用策略和应该注意的问题。

首先，诵读法如何在不同课型中针对不同华语水平的学习者加以运用？

在听、说、读、写与文化等相关的不同课型当中，诵读法的运用不应该是一概而论的。

在华语学习的初级阶段，由于字、词的积累十分有限，不可能对学生提出过高的诵读要求，可以在综合课上要求学生背诵课文，可以在各种课型中突出生词教学，大声朗读生词，并及时进行正音训练，通过大声诵读生词来加强对华语声韵调的感知，同时有效刺激听觉。

第四章 篇章视域下华语口头语教与学

在中级的课堂教学中，诵读法可以在阅读课上进行大胆的尝试。以往我们阅读课的教学多以默读为主，以阅读理解的准确度为检验的标尺，课堂教学相对呆板、凝滞。其实，在阅读课的教材中常常选用的是集知识性、趣味性、经典性于一体的优秀篇目，我们应该充分利用这些遴选出来的篇幅适中、有代表性的美文作为学生诵读的材料，改变原来的阅读课"只阅不读"的状况。根据实际情况，给学生提出或熟读或背诵等不同层次的要求。学生在中级阶段加强诵读，通过诵读积累尽可能多的语料，丰富自己的语料储备，也通过诵读规范自己的语言表达，逐渐适应从初级到中级再到高级的表达风格的转化，从而可以快速、顺利地摆脱口语表达的低层次化的困扰。

到了华语教学的高级阶段，诵读法的运用应主要体现在教师指导下的课外拓展练习中，目的是通过这样一种有计划的训练和要求使学生在华语学习时将诵读法作为一种自觉和必需的方法加以运用，不管有没有老师的监督，都习惯并乐于诵读，从而使其终身受益。那么，在课堂上，为加快课堂节奏、加大课堂信息量并能够给学生更多自由、自我表达的时间与机会，诵读法倒是不宜更多使用的。但教师可以有计划地在学期中合适的时间以演说、朗诵等生动的样式在文化课或阅读课等课型中检查学生课外诵读的情况。这样既可以敦促学生课外坚持诵读，又可以为学生提供一个展示自我的平台，同时促进学生间的交流与学习。

以上所及仅是给教师在不同阶段、不同课型的教学中提供一个参考，诵读法在教学中并不是仅限于此。但有一点是我们所坚持的，那就是，没有一种教学法是"万能"的，我们必须实事求是，在不同的教学环节、不同的教学环境中有选择地使用。唯其如此，教法才能得法。

其次，以篇章为单位的诵读法有哪些特点？

一是形式灵活。所谓"形式灵活"，指的是诵读法在课堂教学中运用形式的呈现是灵活多样、不拘一格的。比如，齐读、散读、赛读、分组读、男女分读、个别读、自由读、分角色读、接龙式读、片段式读，等等。仅是一个诵读法就有如此多样的形式，如果我们在课堂教学中，尤其是初、中级的课堂教学中能够很好地运用的话，不仅能够调动学生饱满的学习热情，提供多样的开口说话的机会，而且可以活跃课堂气氛，使华语课堂时时焕发语言的勃勃生气，使我们的语言教学更具语言特色，更能体现有声语言的流动之美。

要实现我们所说的课堂教学效果，首先需要的是我们的华语教师要做好充分的课前准备，将教学环节预先做好设计，把各种诵读法的使用在课前即分配、落实到"点"（教学点）上。不然，很有可能在课堂上"打乱仗"。同时，也要求我们的教师具备良好的组织课堂教学的应变能力，因为课堂上的情况是不可能完全按照我们预先设计好的程序进行的，总会有突发事件和各种"小插曲"。如果教师的应变能力不强，一味遵照既定的教案行事，就会使课堂教学效果大打折扣。另外，还要求教师善于驾驭课堂、把握好课堂的节奏。在华语二语教学的课堂上，把握课堂节奏可以说是一门艺术。若节奏太慢，学生容易倦怠，注意力涣散；若节奏过快，学生容易紧张，知识不能当堂消化吸收。因此，如何做到张弛有度、徐急相间，就很有讲究。运用好诵读法，可以使我们的课堂犹如一支和谐优美的交响乐，而教师则毋庸置疑地担当着指挥家的重任。

二是内容丰富。适合于华语学习者的诵读语料是十分丰富的。教师在遵循二语习得规律的基础上，根据自己所教授的学生的实际需要与情况，为学生找到理想的诵读语料和开出适宜的诵读篇目并不困难。下面对可选用的除授课所使用的教材以外的诵读语料的建议仍是为同道抛砖引玉，意在有一定的启示作用。

最后，诵读法在华语二语教学的不同阶段如何加以运用？

在几乎没有华语基础的初级阶段，我们建议在学习了两周的华语拼音之后，即可以拼音的形式给学生适当使用唐诗中的五言绝句作为声韵调训练的辅助语料，在课堂上只需按节律放慢速度领读，采用多种诵读形式直至学生可以读准并较熟练，而无须在诗意上做解释。然后布置课后作业请学生将该诗背诵下来，下一次课抽查。这样做的目的：一是在最早的时间里把中国最优美的文学作品之一种介绍给学生，使其对中国文学产生兴趣，建立感情；二是唐诗五言绝句短小、整齐，讲究韵律、平仄相间，是语音（包括声韵调）训练的极好材料；三是唐诗在朗读时要求字字圆润、响亮，且要以气托声，因此对于初学华语的人来说，是训练口腔肌肉与改变发音习惯的好素材，也是气息运用和吐字归音练习的好材料。这样每周一诗，结合学生的学习进度，逐渐增加训练的难度，如到七言绝句，到五言律诗，再到七言律诗。另外要注意的是，所选的作品尽管不主张教师去做意义上的讲解，但在文字上也还是尽量选择明白晓畅的为好，以便于学生自学，减小其理解上的难度。

在中级阶段，可以纳入诵读视野的语料与初级阶段相比较而言就丰富得多了，像中国现当代一些优美的散文就是很好的语料。而我们在这里想着重指出的是，我们华语二语教师可以在这个阶段根据学生的母语实际，为学生量身打造一份独特的诵读篇目单子，即一些为学生所熟悉的由其母语名篇翻译成华语的作品，特别是一些著名的讲演稿。试想，我们的学生通过自己的努力，能够用华语流畅且富有激情地演讲他/她原本热爱或熟悉的某位名人的演说，他/她将会是何等的骄傲啊。不是此类文章，也可有别的作品，旨在在学生的母语与华语之间架起一座情感的桥梁，使学生说华语更亲切，学华语更热切。倘能开出这样的"良方"，我们对学生提出的诵读的要求即使有一定的难度，也会得到他们的配合与支持。不过，像这个阶段布置给学生的课外诵读作品因为增加了难度，特别是作品有了相当的长度，所以不应该一律要求背诵，笔者认为熟读即可，能做到拿着文稿声情并茂地朗读即是理想的状态。

进入高级阶段的华语学习者，无论是外界还是其自身，对其华语各方面的要求都会明显提到一个新的高度。我们在诵读法教学上的尝试到该阶段追求的目标是让学生将诵读法的运用达到自觉。也就是说，在该阶段，除了老师开出的诵读篇目外，学生可以根据自己的喜好自觉地去诵读。

需要明确的是，我们一以贯之的诵读法教学并不是为诵读而诵读，不是为背而背、为读而读。诵读法教学的终极关怀还是华语学习者语言交际与运用能力的提升。所以，在高级阶段，我们给教师提供的参考意见是以新闻报道为语料，通过诵读法，主要训练学生的口语表达的深度、广度及规范，同时也训练学生更加清晰的口齿。因为经过二至三年的华语学习以及诵读的积累，学生在华语学习的各个方面都会有长足的进步。有的学校还会在这个阶段给学生开设新闻听说课。即便如此，新闻听说对很多学生还是有难度的，一是其涉及社会生活的方方面面，二是新闻播音的语速较其他节目要快。因此，我们以报纸新闻为语料给学生做诵读练习，是有其现实针对性的。如果学生说的速度提上来了，那么在听方面的能力也自然会得到提高。听说能力相辅相成，是已有学者论证过的。

在华语二语教学方法探索的路途上，可以借鉴、参考、援引的理论与方法不一定要来自西方，来自前沿，传统的、本土的方法只要运用得当，一样是优秀的、值得称道。在教学过程中，教师要能够沉潜下来，从教学对象的实际情况和需求出发，要有更多"平常心"，不搞"花架子"，秉着"方法新旧不要紧，对教学有益有用就是好方法"的务实精神，上好每一节课。提倡在华语二语教学中大胆运用国文教育中的传统方法——"诵读法"，是践行这一教学理念的积极尝试，更是篇章语感培养和语流中训练语音、培养语感的有效办法。

（五）附带习得与口头语篇章能力的养成

二语词汇习得有两种基本途径，分别是直接习得［也称作"刻意学习"（intentional learning）和附带习得（incidental acquisition）］。附带习得，则是指学生在完成其他学习任务（如阅读、收听收看目的语类电视节目、听歌、看电影等）时，同时附带习得目的语。附带习得研究在我国英语教学中已经引起了较多语言教育工作者的兴趣，特别是比较热衷于二语词汇附带习得的研究，取得了一定的成果，这对华语二语的习得研究有较大的启示意义。

到目前为止，华语二语教学对附带习得的研究尚未引起重视，是一块尚待开垦的研究的处女地。事实上，对于在目的语国家学习华语的学习者来说，除了在学校接受有计划的课堂学习（刻意学习）外（附带习得也可以是教师有计划有意识地施行的一种课堂教学策略），他们有更多的时间和机会在课堂之外、学校之外接触华语，比如，日常的购物、去餐馆、读报上网和朋友聊天以及假日里的旅游、卡拉OK、看电影等休闲娱乐，其形式和目的并不是单纯设定为学习华语或提高华语口头语交际能力与水平，但是如果充分有效地利用了这样一些目的语环境，哪怕只是无明确意识或相对被动地参与了这样一些活动，学习者也会在这样的交际活动中不同程度地获得华语口头语篇章表达与接受能力的提升。如果学习者在这些方面能够有更为明确和主动的参与热情，这样的一种学习方式更会给他们带来意想不到的学习效果。

笔者曾教过的一个越南留学生，很有个性，不喜欢的课就不去上，对华语语法学习也表现出明显的反感；但他非常喜欢中国流行歌曲，每天都不吝惜时间抱着吉他学唱中国歌曲。笔者经过两周的课堂接触和观察，发现该学生在语音和口头语表达上有很突出的表现，华语语感优于班上其他同学。这既可以成为附带习得研究的个案，也可以作为学习者学习策略的参考。

附带习得对语感的培养与养成作用不能小觑，在华语语感的培养上，可以说是以附带学习为主、直接学习为辅，而在口头语篇章能力的构建上，附带习得发挥的作用更大，应该引起华语二语研究者的足够重视。

二 听力课教学对口头语篇章能力培养的意义

语言学习在某种意义上也可以说是"口耳之学"，听和说的关系十分密切。华语二语教学中听力课型是从初级到高级始终贯穿的四大传统课型之一，听力能力是华语学习过程中重点培养的四种语言技能之一。在华语二语听力教学中，特别强调的是听力理解能力的训练。这方面的理论以以下三种为代表：一是环境论（environmentalist approach）；二是先天论（innatist approach）；三是交互论（interactionist approach）。

"环境论"以行为主义理论为基础，认为语言的习得取决于外部语言环境。其主要特点是重视学习环境的作用，认为语言的习得是由外在因素决定的,如课堂学习的决定因素是教师、教材和教学环境。"先天论"以乔姆斯基的普遍语法(universal grammar)理论为基础,认为语言是人类独有的能力,源自人类大脑具有的语言习得机制(language acquisition device)。语言习得主要依赖学习者与生俱来的语言习得机制,外在语言环境所起的作用主要是触发(trigger)语言习得机制,使之发挥作用。"交互论"受信息处理观(information processing view)和建构观(constructivist view)两种理论的影响很大,强调二语习得受内在语言习得机制和外在语言环境因素的共同作用,也就是说二语习得是学习者的心智能力(mental abilities)和语言输入交互作用的结果。

在环境论的影响下,人们认为只要重复、模仿和记住所听到的话,就能顺利地理解其中的意义。在这种观念指导下的听力训练强调的是语言知识层面的练习,注意的是学习者能否准确、完整地重复、记住所听到的单词或句子,满足于知识层面的理解,也基本不考虑在听力过程中所涉及的听者的认知因素。

在环境论的影响下,20世纪60年代末之前,即便是在二语教学比较发达的国家和地区,对听力能力的重视度也远远不够,"听"被看作是一个被动的过程,在二语习得研究中并未受到足够的重视。之后在先天论的影响下,听者在二语听力理解过程中的心理和认知过程开始逐渐得到重视。因为人们越来越发现只靠对外在语言输入的重复、模仿和记忆是不能实现对所听到的内容的真正理解的。人们对听力理解的认识从一种习惯形成的机械过程转变为一种动态的心理过程。学习者在进行听力训练时就不仅是识别声音,更要主动参与到听力过程中去,即通过使用不同的听力策略来理解所听的内容。"听"是二语输入的主要渠道之一,而毋庸置疑的是,有效而大量的语言输入又会触发和推进习得。先天论者认为听者由于拥有语言习得机制而在听力过程中具有决定性作用。

在交互论的影响下,二语听力被认为是一个动态的、交互的意义建构过程。目前学者普遍认为二语听力理解是一个主动的、极其复杂的认知心理过程,是在学习者和各种内在、外在影响之间多维关系的

第四章 篇章视域下华语口头语教与学

基础上建构意义的过程（Vogely，1995）[①]。人们开始更多研究听力认知过程、信息储存处理过程以及意义建构过程，研究中越来越多地发现，学习者在二语听力过程中对意义理解所担当的是积极而重要的角色。在理解所"听"材料的意义过程中，学习者是内因，对意义的理解起的是决定性作用。这就引起了在二语听力理解影响研究中对学习者的更多关注。

在篇章教学观指导下的华语二语教学中，听力课的教学目标不仅仅限定在对听力篇章的接收和理解上，而且还是建立华语篇章感的主要的语言输入方式。这就要求在编写听力教材时要具有华语篇章意识，在课堂教学过程中贯穿华语篇章的整体构建，对听力理解的考察不只是拘泥于字、词、句等细节上，对教与学的双边活动都提出了更高的具有篇章意识的要求。听力教学中采用自上而下法（top-down），利用图式理论，在听力活动进行前，向听者介绍与听力材料内容相关的一般知识，即相关的背景知识，是培养学习者听力篇章意识的一种有效方法。这方面在国内的以英语作为外语的教学研究中以及国外的二语习得研究中都已经取得了较多的成果，例如 Weissenreider（1991）[②] 对二语新闻听力做了研究，提出新闻信息的理解与具体新闻主题的知识和新闻报道过程的知识有关。Chiang 和 Dunkel（1992）[③] 通过比较发现，中国学生在听关于孔子的材料时，对独立于听力材料的题（passage independent items）答得较好，而听不熟悉的材料时答得较差，从而探究了背景知识对学生加工口语材料的作用。Schmidt-Rinehart（1994）[④] 也考察了话题熟悉程度对学生进行听力信息记忆成绩的影响。黄子东（1998）的

[①] Vogely A., Perceived strategy use during performance on three authentic listening comprehension tasks, *The Modern Language Journal*, 1995, 79 (1): 41–56.

[②] 转引自 Dunkel P. A., Listening in the native and second/foreign language: toward an integration of research and practice, *TESOL Quarterly*, 1991, 25 (3): 431–457。

[③] Chiang C. S. and Dunkel P., The effect of speech modification, prior knowledge, and listening proficiency on EFL lecture learning, *TESOL Quarterly*, 1992, 26 (2): 345–374.

[④] Schmidt-Rinehart B. C., The effect of topic familiarity on second language listening comprehension, *The Modern Language Journal*, 1994, 78 (2): 179–189.

研究对象是在校的中国英语本科生，他认为学生是否熟悉听力篇章话题对他们的听力理解有很大的影响，熟悉程度高则听力理解好。他认为，听力理解的程度取决于听者激活大脑中与熟悉话题相关图式的程度。

关于听力教学的内容，以篇章教学观来考量，对听力材料的语体配置应该有明确要求。徐子亮（2013）[①] 从口头语和书面语的不同特点谈听力教学应该注意的问题，例如，口头语听力材料和书面语听力材料的比例问题，书面语听力训练与华语语感建立的关系问题，提高听力水平的途径问题，文化知识储备、社会生活经验与听力理解的关系问题，等等。从口头语体和书面语体两方面来选取社会生活中与学习者关系密切或应该了解的知识作为语料进行听力训练，也是在听力教学中贯彻篇章观和"立体化"教学方法的主要途径。

在华语二语教学中，听力的教与学在教学理念、教学方法、教学效果、教学研究等诸多方面都还不尽如人意，有些课堂教学还局限和停留在以"环境论"为主导的实践阶段。作为语言输入的听力训练对作为语言输出的口头语表达的促进与推动作用是不可替代的。"听"的繁体字是"聽"，有解释说，它的左边由"耳"和"王"构成，意为"耳乃王者"，即"耳"是人身上所有器官里传递信息最多的"王"；而它的右边由"十目"、"一心"构成，意思是，在听的时候，一方面要尽可能多地用眼睛去留意和观察言说者的非语言信息，一方面要一心一意、全神贯注地接收和理解言说者说话的内容。

由此观之，在华语二语课型设计中安排"视听"课是更符合"聽"的本义的。不过，"视听课"一般是在中高级阶段才纳入课程计划，从华语篇章意识建立与培养的视角来看，从"聽"的具体要求来看，在初级阶段就以"视听课"进行和强化学习者的听力能力的训练和培养是有理论依据的，也是符合语言学习的基本规律的。"视听"既可以避免听力课只是用耳朵来听的单一形式，又可以调动

---

① 徐子亮：《语体对听力理解的认知影响》，参见李盛兵、周健主编《汉语国际教育理论研究》，科学出版社 2013 年版，第 80—86 页。

第四章 篇章视域下华语口头语教与学

视觉关注言语交际中相伴随的非语言信息，有利于学习者对华语交际从篇章整体性进行把握和观照，同时还可以减少单纯"听"给初学者带来的学习难度并缓解单纯"听"给初学者带来的紧张感。不过，非常遗憾的是，目前在华语二语教学中所设置的"视听课"常常是有了"视听"的形式，但是在内容上却比较粗糙和乏力。很多课堂是以教唱中国歌曲、观看中国影视剧等为内容来设计和安排这一课型的，尚未在充分调动学习者的视觉与听觉感官上下功夫，更缺乏对华语理解与表达的整体认知的培养，即缺乏对华语口头语篇章图式化的理性认知引导。当然，这方面教材的匮乏和理论指导的欠缺更是问题的根源所在。为此，我们应该给"视听课"做明确的课程定位并制订明确的课程规划，只有这样，才能在教材建设上和课程建设上有新的突破。

另外，在篇章视域下的听力教学，应该教会学习者做一个"善听者"。在中国，古语已有"听话听音"的说法，听话者在交际过程中要想准确接收和理解说话者的意图，就要学会"察言观色"和懂得听辨"弦外之音"、"言外之意"，因为中国人的表达往往是含蓄和委婉的，有什么意向不喜欢直说、明说，而是靠听话人自己去领会、品悟甚至是揣摩。这正是在篇章视域下构建起来的交际语义场对听话者提出的要求。传统听力教学基本停留在"听清楚"、"不漏听"、"听明白"的单纯靠"听"来组织教学的状态，距离篇章教学观统领下的听力能力培养的目标还很远。

篇章视域下的听力教学，将改变课堂以单一的"听"的方式授课的传统。听力课不能只靠一本教材、一台录音机就完成了教学任务，这样即便完成了教学任务，也无法达到听力教学目标。因为，光靠听，可以完成听力理解中的诸多细节问题，但却不利于篇章整体的建立。尤其重要的是，在篇章教学观下，这样组织的听力教学是残缺的，无法帮助学习者构建完整的篇章。事实证明，这样的听力教学效度是很低的。任何一个表达和理解篇章，都是置放在语境中的，其中附着众多属于言语和非言语的要素。单凭"耳朵"无法担此重任。因此，篇章视域下，听力教学是以耳听为主，同时要调动眼、口等器官,从而立体化地合作完成听的过程中需要有的信息接收、感知、判断、储存、理解的步骤。

第五节　从篇章视角看口头语教材

从篇章视角看现行教材的主要问题可以归结为:口语化程度不够高,过于注重言语表达的完整性、规范性,忽视了口语特点的随意、省减和对语境的较书面语更强的依赖性。或者也可以说,口头语的使用在某些场合某些时候,其"言"未必"达意",其"言"未必"尽意",因为有副语言、辅助语言多重参与下的语境要素的强大介入,使得本就追求含蓄委婉的华语的表达在口头语中更加体现出"言有尽而意无穷"、"意在言外"的美学追求和交际策略。

对口头语篇章在逻辑连接手段方面的考察有赵燕朋（2012）[①] 的一篇论文。文章以韩国留学生的 90 份 HSK（高等）口语考试录音为语料,将之转写成书面语之后进行分析。文章对华语水平不同的韩国留学生在口头语篇章的逻辑连接手段使用方面的考察分析的结论是,学生在该方面的表现不理想。通过语料发现,很少有学生能够使用或正确使用逻辑连接手段来完成口头语篇章的表达,即使是中高级阶段华语水平已相对比较高的学生亦是如此。文章把逻辑连接手段上的偏误类型划分为四类：未用、多用、误用、连接词错误或不完整。而把偏误原因归为五种：一是因说话人思维混乱；二是目的语知识过度泛化；三是对某些连接词的用法了解不充分,把握不准确；四是不恰当地使用了回避策略；五是教学中对篇章衔接的重视度不够。文章能够从留学生的口语语料入手来探讨口头语篇章的衔接问题,在华语二语教学研究领域应是积极的尝试。

但是,口头语篇章表达上出现的问题,单从衔接、连贯等方面

[①] 赵燕朋：《韩国留学生汉语口语语篇逻辑连接手段使用考察》,参见张旺熹、邢红兵主编《汉语测试、习得与认知新探索》,中国书籍出版社 2012 年版,第 56—67 页。

第四章 篇章视域下华语口头语教与学

来考察和分析还是比较表象的观察，就该现象和问题提出的解决方案也更多地集中在对语言知识能力的要求上，是语言教学中的"治标工程"。那么，什么才是语言教学中的"本"，如何才能"治本"呢？教学的"本"一定是与学习的"本"一致的。学生学习华语的目的在于使用这门语言，不论是出于兴趣喜好还是生活、工作的需要，因此语言交际能力的获得才是其学习语言的动力和目的。而语言知识的学习和语言知识能力的训练是顺利通向语言交际和培育语言交际能力的道路。以往我们的教学过分强调陈述性知识，即把语言规则的教与学放在了最高位置上，但是在语言的实际运用过程中，学习和了解的语言规则必须经过认知内化过程以完成从陈述性知识向程序性知识的转化才能发挥效能，否则还是僵死的规则，而不是活的语言。也就是说，在实际交际中运用的语言，是陈述性语言知识经由完全内化、隐性、潜意识的知识驱动才得以实现的。可见，语言交际能力是语言教学的核心所在，而每一个交际的实现和完成都是靠口头语或书面语篇章来体现的。这也正是我们在华语二语教学中积极倡导篇章教学观的原因之所在。这是华语口语教材在编写过程中的一根重要的指挥棒。

现行的口语教材种类比较多，近些年主要受功能语言学的影响、以口头语交际能力的培养为编写原则的教材颇受欢迎，较早期以结构主义为理论基础编写的教材，在形式和内容上都更为活泼和贴近现实生活与人际交往、交际的实际。但是，对会话功能的过分关注和教材容量自身的限制以及与现实交际的多样化、灵活性之间的矛盾，还有诸如口头语交际的随意性、不完整性、高语境依赖性等与教材编写时所考虑的规范性、完整性、典型性等的冲突，以上种种都对口头语教材的编写构成很大挑战并增加了难度。

教材的局限和问题，在很大程度上不能满足学习者对自然口头语篇章的训练要求，常常会出现在口头语和书面语表达与转换间的困难，比较常见的情况是口头语篇章表达得过于书面语化，表现在句式表达拘谨不灵活、词语选用口语化色彩不够、关联词语使用过多等。这些问题的出现，都可以在现行口语教材中找到根源。事实上，在华语口头语篇章中，句间衔接方式和话轮的衔接转换方式更多使用的是隐性衔接，而不是显性衔接。口语教材编写能否抓住华语口头语的本质特点、习得规律和学习者自身特点等要素是能否编写出好教材的关键。

  口语教材编写的难度很大，尤其是如何在所选择和设计的课文与练习中体现华语口头语篇章的特性。赵金铭（2004）① 根据汉语口语与书面语的不同，将汉语分为"说的汉语"和"看的汉语"，并依此建议改进华语二语教材和教学方法，提倡在教学中应注意突出言语形式的不同特点，应该通过教学让学生既学会"说的汉语"，也学会"看的汉语"，教学应该达到能够让学生既可进行流畅得体的口头语言表达，也可进行准确生动的书面语言表达。李泉（2003）② 提出建立一套基于语体的对外汉语教学语法体系，具体而言，他设想的对外汉语教学语法体系由三个子系统构成：共核语法、口语语法和书面语语法。之后（2004）③ 他又进一步探讨了面向对外汉语教学的语体研究，建议从五个方面入手，分别是：面向对外汉语教学的汉语语体研究；语体与第二语言教学的关系；语体与教学实践；语体与教材编写；语体与课程设置。可见，口头语体与书面语体的差异在华语二语教学界已经引起了足够的重视，这为口头语教材的改进和完善奠定了良好的理论基石。但是，到目前为止，在可谓泱泱的华语二语教材之中，理想的口语教材还是寥若晨星。

  我们选取了几种口头语教材进行了比对（教材包括：《短平快（汉语初级口语）》，张新民、王励主编，北京大学出版社 2006 年版；《挑战汉语（初级汉语口语）》，施向东主编，南开大学出版社 2006 年版；《初级汉语口语》，戴桂英、刘立新、李海燕主编，北京大学出版社 2011 年版；《中级汉语口语》，刘德联、刘晓雨主编，北京大学出版社 2003 年版；《魔力汉语（中级汉语口语）》，林齐

---

① 赵金铭编：《汉语口语与书面语教学》，北京大学出版社 2004 年版，第 1—12 页。
② 李泉：《基于语体的对外汉语教学语法体系构建》，《汉语学习》2003 年第 3 期。
③ 李泉：《面向对外汉语教学的语体研究的范围和内容》，《汉语学习》2004 年第 1 期。

第四章 篇章视域下华语口头语教与学

倩、何薇、姚晓琳主编,北京大学出版社 2006 年版;《风光汉语(中级口语)》,金英实主编,北京大学出版社 2011 年版;《汉语高级口语教程》,杨济洲、贾永芬主编,北京大学出版社 2007 年版;《高级汉语口语》,刘元满、任雪梅、金舒年主编,北京大学出版社 1999 年版),将教材中的课文从话题内容上做了一个粗略的统计(参看图 4-8 至图 4-11)。

从统计数据中可以看出,初级教材的话题侧重在日常会话,与学习者日常交际需要联系较为紧密;到中级阶段,话题的跨文化内容增加幅度比较明显,话题从日常吃住行、购物、天气等扩展到更有文化含量和更宽泛的社交内容,如兴趣爱好等;在高级教材里,两本教材都不再选取关于天气、吃住等日常话题,在较为驳杂的"其他"项上比例显著提升,跨文化的话题也是比例高的内容。另外,我们还注意到,在课文形式的设计上,各教材在初级阶段基本上都是采用对话(两人或两人以上)形式;到了高级阶段,对话和文章(记叙文、议论文、说明文)的比例基本上是 1:1。

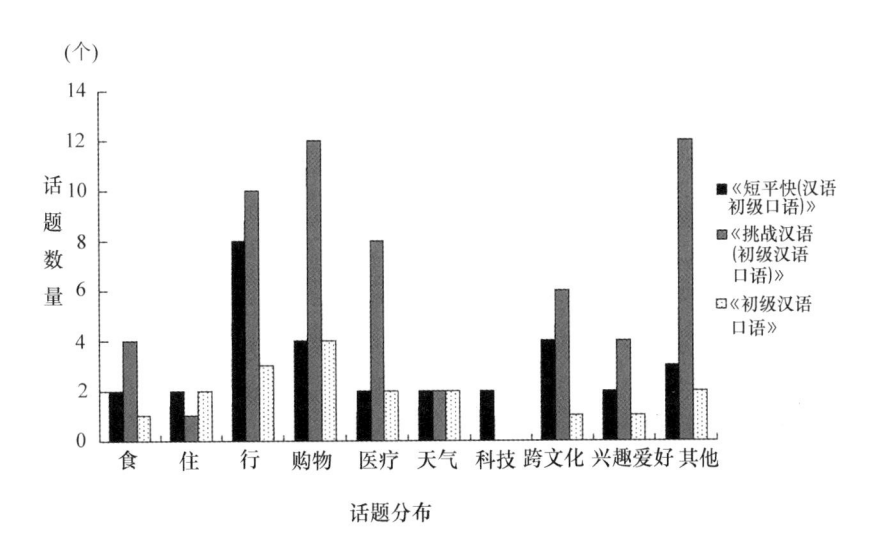

图 4-8 初级口语教材中的话题分布情况

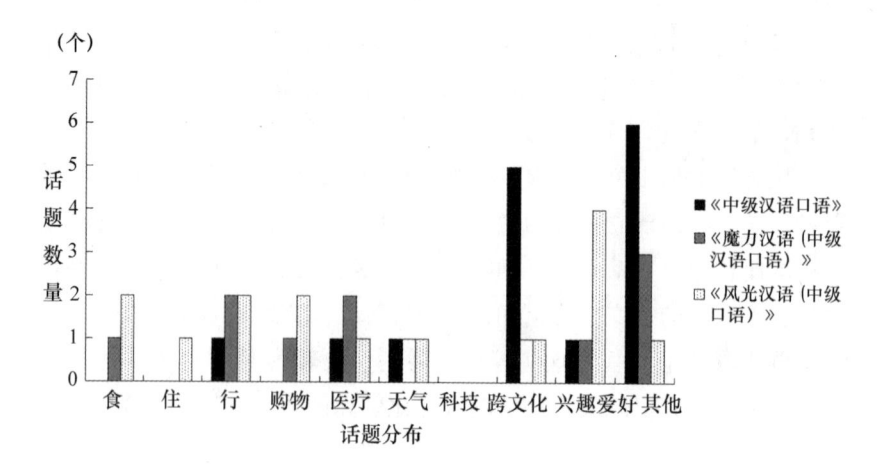

图 4-9　中级口语教材中的话题分布情况

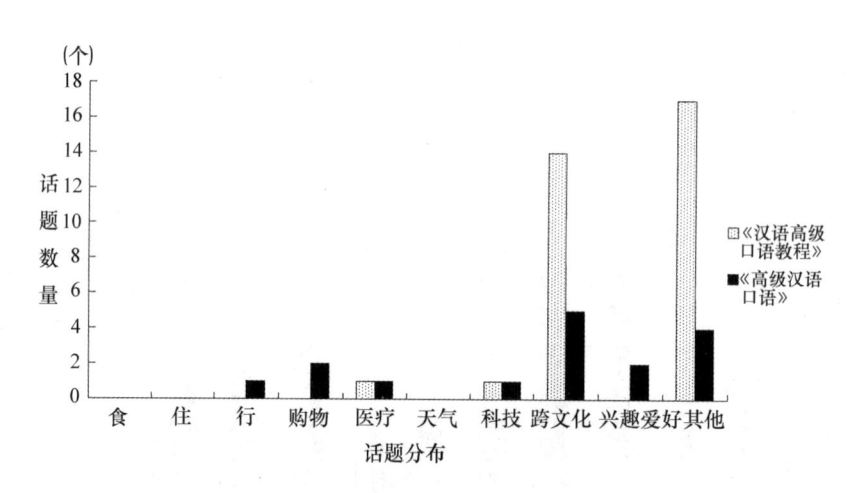

图 4-10　高级口语教材中的话题分布情况

第四章 篇章视域下华语口头语教与学

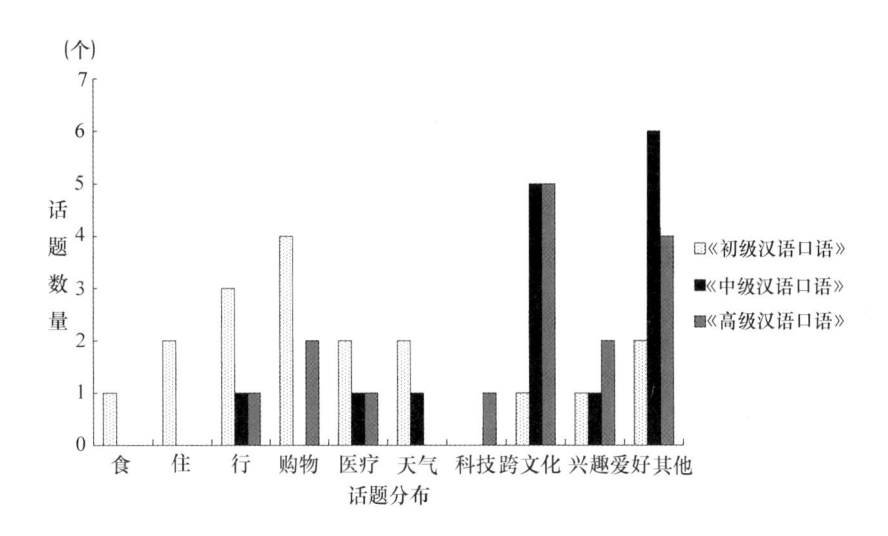

图 4-11 《初级汉语口语》《中级汉语口语》《高级汉语口语》
话题分布对比情况

通过对现有口语教材的抽样调查，从篇章视角去看，我们对口语教材的编写提出几点建议：（1）将纸质教材和声像教材配套使用，改变原来教材只有单一的、平面的纸质教材的状况，充分利用现代科技手段，用可视、可听、可感的声像资料配合和弥补纸质平面教材的不足，让口头语课堂充分实现对口头语篇章表达综合要素的全方位呈现，让学习者在课堂上尽可能立体地感知和认知华语口头语篇章的特点；（2）课文内容的安排应加强实用性、针对性、时代感和趣味性、口语化的特点，课文形式的选择应注意灵活性、多样性和语体意识的培育；（3）课后练习的设计应结合口头语篇章的特点，如在初级阶段对语音练习的设计，除传统练习中以正音为主要目的的内容外，还可以增加在具体语境提示下的除能够正确发音之外，还应该对语气、语调、表情语、身势语等副语言的正确使用提出要求并加以训练，这些是口头语篇章表达不可忽视的学习内容。

第五章　篇章视域下华语书面语教与学

第一节　书面语篇章与口头语篇章的差异性

与口头语篇章相比,华语二语教学对书面语篇章的研究要细致和深入很多,这与人们对篇章的传统理解有直接关系。把书面语视作篇章是毋庸置疑的,而把口头语也作为以篇章为单位,在很多人那里还难以接受和理解。另外,口头语篇章的研究在方法和语料的搜集整理上也存在更多、更大的困难。

在口头语与书面语的比较上,我们采纳桂诗春(2005)[①]的观点,他从四个方面阐释了口头语与书面语的差异。

第一,口头语是在时间上分布的,书面语是在空间上分布的。这个差别对知觉分析来说有两个重要的影响:一是理论上的解释需要考虑信息怎样跨越时间来组织。通常情况下,口头语的模型会使用一种策略以把输入信号和记忆中的模块或静态的表征相匹配,从而便于进一步研究。但是,需要注意的是,这种以模块为基础的方法却恰恰忽略了口头语信息在时间上的分布。二是书面语和口头语在传播方式上存在重要差别。书面材料在遇到歧义或理解障碍时可以反复阅读和分析;而口头语一般情况下是一次性的、短暂的,故而需要在理论上对听者在信号具有内在的短暂性的情况下怎样正确处理言语进行解释。

[①] 桂诗春编著:《新编心理语言学》,上海外语教育出版社2005年版,第262—263页。

第五章 篇章视域下华语书面语教与学

需要注意的是,在篇章视域下,考察口头语篇章和书面语篇章,笔者认为,口头语在声音流动上是按照时间分布的,但口头语篇章的生成和理解都离不开对空间的利用,并且它也一定是在一定的空间范围内得以完成的。因此,说者和听者在表达和理解时必然都会借助空间提供的条件。这一情形用本书在第三章谈到的交际语义场概念可以做出合理的诠释。同样,书面语篇章在形式上表现为空间上的排布,但是它的生成过程也仍然是具有时间性的,书面语篇章所具有的时间性特点能够为篇章理解提供积极、可靠的也是重要的信息。

第二,口头语和书面语的输入方式不同。书面语是稳定的,如我们在计算机上不断敲击一个字母,打出来的无疑都是同一个字母。但是口头语则不同,它的变化很大,可以说,就如同世界上没有两片完全相同的树叶一样,世界上也不会有两句完全相同的说出来的话。比如,我们可以通过实验,请发音人把一个音素说几遍,得出的波形图都不会完全一样。不同的说话人说同一个音素,它的音质在不同的语音环境里就更不可能完全一样了。另外,说话的速度、语气等也都不尽相同,而这些不尽相同的细微差别在口头语表达中是具有表情达意重要作用的,不仅不可以忽略不计,而且是理解、分析、研究的重要组成部分。口头语的这一特点也增加了研究它的难度。

第三,口头语和书面语的另一个差别与信息的线性特征有关。书面语字与字之间(字母与字母之间)有明显界限,而且是线性排列的;连续的声音是用一个字符串来表示的。口头语则找不到这样有序的对应关系:用来标音的语言符号和言语的波形通常没有次序上的对应。在实际的口头语交际中,音素是重叠的和同时发出音来的。这一特点对那些按照从左到右次序来提取数据的模型也是挑战,给口头语的实验研究增加了困难。

第四,口头语和书面语在切分方面存在差别。汉字和字母(词)在书面语中是分开的,但在口头语中却不能截然分开。通过语图可以看到,同样的一句话,"妈妈骂马",一个一个词分开读和自然连贯起来读的语图呈现是很不一样的。在连续性的发音里,词与词之间并没有截然可分的界限。在正常的、流利的口头语表达中,音节切分几乎是不可操作的。这一切分的难度对理论模型的建立者是又一个挑战。

对于第二语言学习者来说，掌握华语篇章口头语体和书面语体的区别并不是一件十分容易的事情，因此研究者和教学者更要在这方面下力气研究和帮助他们找到切实可行的方法去提高学习的效率。从华语学习者习作中可以归纳出其语体偏误的主要类型：一是所用表达形式与语体风格或特定语境之间的不协调；二是所用语体成分与使用的篇章语体不一致；三是所用语体与篇章题旨不协调；四是语体混杂；等等。其中，问题暴露最为明显的是口头语词与书面语词的误用、混用。这些存在于华语学习者习作中的问题提示我们，在华语二语教学中，语体研究的方向和教学的难点应该指向哪里。

第二节 书面语篇章习得的基本问题

根据华语二语学习者在书面语篇章表达或制作的实际，同时结合华语自身的特点以及华语二语习得的特点，在 Beaugrande 和 Dressler (1981)[①] 提出的篇章构成交际事件的七项标准的基础上，本节以篇章为考察视角，将华语书面语篇章习得中出现的基本问题归结为："连贯问题"、"衔接问题"、"修辞问题"、"图式问题" 四个问题，将目的性、可接受性、信息性和互文性四项标准放在小结中做简要论述，主要原因是在对学生习作语料的分析、统计中，这几项偏误所占的比例不高，不便于分项讨论。

本书采纳 Beaugrande 和 Dressler 的观点，主要原因是该观点在我国篇章语言学界是得到较为一致的认可的，并且该观点在华语篇章的分析中具有较强的普适意义与价值。Beaugrande 和 Dressler 提出的七项标准分别是衔接（cohesion）、连贯（coherence）、目的性（intentionality）、可接受性（acceptability）、信息性（informativeness）、情景性（situationality）、互文性（intertextuality）。本节从华语二语书面语篇章的实际出发，增加了"修辞表达"和"篇章认知图式"两个

---

① Beaugrande & Dressler, *Introduction to Text Linguistics*, London: Longman, 1981: 3.

第五章 篇章视域下华语书面语教与学

内容。在这里之所以把情景性置于考虑之外，是鉴于该项标准更适用于考量口头语篇章的表达，且情景性在本书的第四章已做了较为细致的论述，因此此处不再赘述。需要说明的是，书面语篇章也是存在于交际语义场之中的，它的交际对象往往不像口头语交际对象那样是显在的，但并不是不存在。在阅读理解书面语篇章或写作生产书面语篇章时，都有一个或一群隐性的交际对象存在，因此也就有一个潜在的交际语义场存在。

对华语二语篇章偏误的分析，不能仅仅局限和停留在句子层面，而是必须在篇章层面进行。在交际语义场中，任何一个句子都是篇章中的句子，即使是只有一个句子构成的篇章也不例外。句子只有在篇章中才能成其为一个交际成分，也只有在篇章的结构中，句子才能得到相关的意义能量。离开了篇章，可以说，句子就失去了交际层面上的意义。本书通过对110篇（共计57435字。由于语料数量较大，未收入附录）学生习作的整理，从篇章角度出发，从上述四个方面（"其他"类主要包括目的性、可接受性、互文性和信息性四类问题）来考察学生习作中出现的具有一定典型性的问题，得出习作中篇章问题分布图，见图5-1。下面就这几种常见的篇章偏误现象逐一进行剖析。

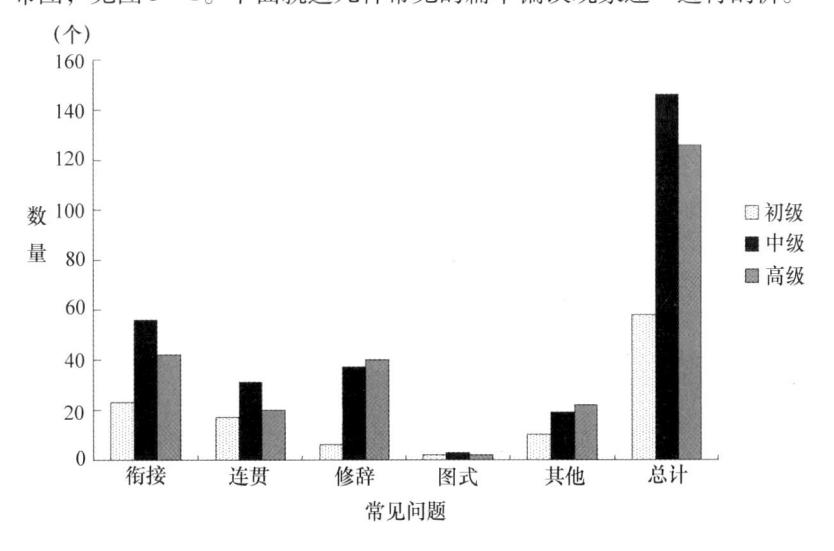

图5-1 留学生习作中常见篇章问题分布情况

一 连贯问题

要确定篇章在意义上是连贯的,应从以下两个方面入手:一是从内容上看指称的所指;二是观察句子与句子之间的句际关系。这方面的问题对于华语二语学习者来说有易于认知的一面,也有难以把握的一面。

1. 从内容上看指称的所指。从形式上看,指称有内指和外指,内指又包括前指和后指。但从内容上看指称有人称指称、处所指称、时间指称、篇章指称。中西文体在此有一定的共性,韩礼德的观点可以作为一个参考。

人称指称:"指称词所替代的所指是表示人、物、概念等词语,这些词语可由人称代词代指。"[①] 华语中人称代词有:我、你、他(她、它)、我们、你们、他们(她们、它们)。英语中的人称代词(包括主格和宾格)有:I(me),you(you),he(him),she(her),it(it),we(us),you(you),they(them) 等。因为话语类型与人类社会活动息息相关,"人"必定在话语类型建构中起着重要作用。"人"的出现,"人"的活动,"人"与周围环境的关系可能会通过直示直接表示出来,但直示有时显得过于累赘,有碍于理解和交流。在交际中,人们一方面要表达新的、复杂的、丰富多彩的思想,另一方面也要尽量用简单的、省力的形式。所以,当我们用人称代词替代这些别扭的说法时,整段话的意义就变得清晰、明了。可以说,人称指称成了一种符号。这种符号有两种含义,一方面建立起了语言内部组织结构,另一方面又建立起了语言和世界之间的关系。研究人称指称可以揭示篇章的连贯性。

处所指称:指称词语所指的内容是有关空间或地点的。当我们讲话时,往往以自己在时空中的位置为参照点来谈论时空中其他物体的位置。离我们近的位置是"here"或"这里",离我们远的位置则是"there"或"那里"。这种指称词的出现不但使文章的内部结构完整,

---

① 胡壮麟:《语篇的衔接与连贯》,上海外语教育出版社1994年版,第51页。

第五章　篇章视域下华语书面语教与学

而且使语言表述和现实世界相对应，因而使整段文章连贯起来。

时间指称：指称词语所指的内容是有关时间的某一段或某一个点。当我们讲话时，我们讲话的时间是"now"或"现在"，远离我们讲话的时间则是"then"或"那时"。

篇章指称：它的"基本思想是所指不是人、事或物，也不是地点和时间，而是指向篇章中的某一陈述"①。"这样"是篇章指称，它的出现使段落前后形成一个完整的意义链。

社会指称：讲话者使用几个不同的指称词语指向同一个人，这些不同的指称词随着被指称者的社会地位的变化而变化。通过从内容上研究指称的所指，可以确定篇章在意义上是否连贯。但是，这种条件只能是必要条件，而不是充分条件。还必须进一步考察句际间的关系，以确定篇章在意义上的连贯。

2. 观察句子之间的句际关系。黄国文（1996）② 总结了句际间所具有的九种语义关系，分别是：并列关系、对应关系、顺序关系、分解关系、分指关系、重复关系、转折关系、解释关系、因果关系。Beaugrande 和 Dressler 说，关系指的是"一个篇章世界中同时出现的概念之间的联系"③。连贯可以通过以下语义关系阐释：时间关系和因果关系。"时间关系"指事件在时间上的先后排列。"因果关系"包括：原因（cause）、使能（enablement）、理由（reason）、目的（purpose）。我们赞同 Beaugrande 和 Dressler 的看法，将句际间的语义关系看成是"一个篇章世界中同时出现的概念之间的联系"。这种语义关系不但通过时间关系和因果关系阐释，而且也通过空间关系阐释。而时间关系、空间关系和因果关系又分别通过词汇和语法激活的框架来决定。时间关系指事件在时间上的先后排列，这种先后排列可以通过词汇和语法激活的框架来决定；空间关系指事件在空间上的先后排列，这种先后排列同样也可以通过词汇和语法激活的框架来决定；因果关系包括原因、使能、理由、目的。

---

① 胡壮麟：《语篇的衔接与连贯》，上海外语教育出版社1994年版，第52页。
② 黄国文：《语篇分析概要》，湖南教育出版社1996年版，第19—24页。
③ Beaugrande & Dressler, *Introduction to Text Linguistics*, London: Longman, 1981: 4.

连贯在华语篇章中的作用很不一般。潘文国认为:"由于汉语是语义型语言,在语言的组织中,语义的搭配是决定语序的最重要和第一位的手段。一个个语音语义团块是一颗颗分散的珠子,需要有一根线把它们串起来。这根线就是逻辑,由人的思维逻辑决定语音语义团块安排的先后次序。汉语是世界上逻辑性最强的语言,这是汉语的本质特点决定的。这句话的意思不是说汉语讲逻辑,其他语言就不讲逻辑,而是说,汉语的语序最合逻辑的顺序。"①

从图 5-1 可以看出,连贯问题在华语学习者的书面语篇章表达中是贯穿在从初级阶段到高级阶段的主要偏误现象之一,是学习篇章表达的一个难点和重点,也是相应的教学中的难点和重点。因为连贯问题不仅由学习者掌握的华语语言知识所决定,而且还受到他们所熟悉和了解的华语所承载的文化的影响以及与对中国人思维习惯、思维方式的熟悉度与接受度有关。

因此,连贯问题成为理解和表达篇章的关键问题,尤其是对于在形式衔接上表现较为灵活但更为注重"意连"的华语而言。要透彻理解华语"意连"的特质,就不能断章取义,就必须要有篇章意识,要从篇章整体去领会和把握。

二 衔接问题

胡壮麟(1994)[②]提出华语衔接手段有以下几种:(1)指称衔接,包括人称指称、指示指称和比较指称以及零形回指等。(2)结构衔接,对篇章中某一词语、词组或小句,通过同篇章中的另一个预设结构作句法比较,找出本结构中某些未明确出现的词语、词组或小句。这种结构衔接又包含了替代、省略、同构关系、重复、添加、交替、拼合等形式。具体而言,"替代"包括:名词替代,如华语中"的"字结构;动词替代,华语中有"这么着"、"来"、"干"等;小句替代,如"不然"等。"省略"包括名词省略、动词省略和小句

---

① 潘文国:《汉英语对比纲要》,北京语言文化大学出版社 1997 年版,第 259 页。
② 胡壮麟:《语篇的衔接与连贯》,上海外语教育出版社 1994 年版,第 69、129 页。

第五章　篇章视域下华语书面语教与学

省略。"同构"指相同的结构在篇章中出现，有时相当于排比句，但有时也不一定是排比句，如相同的兼语式结构、方位结构等就不是。"重复"指的是相同词语的重复。"添加"指的是结构扩展。"交替"指有关联的词语可以替换，如上下义词语替换、同义词替换等。"拼合"指的是对话中上一句说半句，下一句再接另半句。书面语体里（小说对话除外）这种情形很少有，通常都是出现在口语体中。(3) 词汇衔接，指在篇章中用相同词或语义上有关联的词构成篇章中的衔接链，进而形成篇章的整体性和一致性，大致分为以下几种：①重复。即在篇章中用相同的词语，在篇章跨段中运用最多的衔接方式就是重复。②相似性。即由语义相关的一组词构成，包括同义词语、上下义、整体部分义、泛指义等。③组合搭配。它也是相似义的一种，不过这种搭配是指围绕文章中主要原点句（包含初始信息的句子）的控制语（指衔接力强的词语或衔接链上的词语）展开，同控制语构成语义相关的衔接，如"校园"和"地方"。

从形式衔接角度来看，篇章的衔接模式由横向线性结构（张德禄、刘汝山，2003）[1] 模式和纵向篇章策略连续体（刘辰诞，1999）[2] 模式构成。在留学生语段衔接问题上，马燕华（2001）[3] 的文章以 10 名中级华语水平的日本留学生为调查对象，就其语段衔接的学习展开调查和分析。文章以中国汉语权威教科书中的课文为材料，选取了 10 个语段，包括叙事、写景、说明、议论四种不同的文体类型，调查得到的结果是：被调查者对华语语段的整体把握比较好，首句和尾句与原文的吻合率明显高于其他句子；掌握较好的语段衔接手段分别有重现词语、关联词语、总括或总分句式以及线索单一的时间序列。从重新组合的语段与原文吻合率较低的材料来看，不容易被日本留学生确定下来的是指称对象和比较对象，与原文排序差异

---

[1] 张德禄、刘汝山：《语篇连贯与衔接理论的发展及应用》，上海外语教育出版社 2003 年版，第 105—116 页。
[2] 刘辰诞：《教学篇章语言学》，上海外语教育出版社 1999 年版，第 142—154 页。
[3] 马燕华：《中级汉语水平日本留学生汉语语段衔接调查分析》，《语言文字应用》2001 年第 4 期。

大的是写景体中远景与近景的排序和说明体中论据的排序。

　　篇章的线性结构成分包括五级，各级由大到小构成层级网，即篇章（含题目）→语段（段落）→句群→复句→小句。我们在此具体谈谈小句。小句是构成篇章的基本单位，也是最小单位。徐赳赳（2003）① 对小句的含义已经有过较为全面的介绍。篇章中的小句不同于语法平面的小句，它是语用平面上的小句。小句是篇章中的最小单位，同时又是语法上的最大结构单位。因此，小句是联结语法平面和语用平面的纽带。语法平面和语用平面在小句这一节点上形成了重合交叉，并由此实现了语言能力和交际能力的结合与对接。语法上的小句由词和短语逐层构成，重要的是组成成分之间的结构关系和层次，如主谓关系、动宾关系等。而语用平面的小句必须是交际中的句子，因此带有篇章标记，口语中最重要的标记是语调，也包括完句成分。在书面篇章中的标记常见的有标点、语气词、连词、副词、助词、助动词、插入语、代词等。语法中的小句相当于句型中的句子，语用中的小句相当于句类（胡裕树，1981）②。邢福义（1996）③ 在他所提出的"小句中枢说"里指出，小句必须有语调，这一提法对于区分语用和语法两个不同层面的小句研究是很重要的。之后有陈玉东（2004）④ 从实验语音学角度证实了邢福义的小句语调一说。关于华语句群的研究可以参看吴为章等（2000）⑤ 的专题研究。

　　衔接手段在不同篇章单位中的运用是不完全一致的，它们有各自的特点。例如，小句的衔接体现在及物关系上，衔接手段较少，特别是词汇衔接用得很少。在运用连词时常用单个出现的词，如"和、并、或"等。复句衔接较多用省略、指代等，连词常配套使用，特别是在前一分句中用了连词，如"如果、假如、虽然、不仅"等，

---

① 徐赳赳：《现代汉语篇章回指研究》，中国社会科学出版社 2003 年版，第 61—73 页。
② 胡裕树：《现代汉语》，上海教育出版社 1981 年版。
③ 邢福义：《汉语语法学》，东北师范大学出版社 1996 年版，第 13—15 页。
④ 陈玉东：《传媒有声语言语段的构造和调节》，博士学位论文，北京大学，2004 年。
⑤ 吴为章、田小琳：《汉语句群》，商务印书馆 2000 年版。

第五章　篇章视域下华语书面语教与学

后一分句就一定要配套用上后接表示关联的连词或副词，如"就、那么、但是、而且"等。复句中较少使用词汇衔接，重复就更少。语段内的衔接主要指句群衔接，句群衔接常用单个关联词，也可只用前接连词，如"因为"等，有时同时用插入语等。还有一些专用于句群的衔接词语，如"既然如此、总而言之、综上所述、不客气地说"等。而在跨段衔接中，更多地运用词汇衔接，特别是语段内部比较少用的重复手段成为跨段衔接中的主要方式，而同义、上下义等手段也在跨段衔接中占据较大的比例。有关衔接方面的探索是近几年篇章研究的重点，华语篇章衔接问题研究所取得的成果，为华语二语的教学与研究提供了很好的思路，也奠定了良好的基础。而零形回指在跨段首句中非常少，即使有省略，也多指段内后句的主位，省略跨段成分的也很少见。

纵向篇章策略连续体是由刘辰诞提出的，是指具体连接篇章的模式。我们在分析跨段篇章时，从纵向角度可以看出一个篇章是如何通过衔接链将全文连贯起来的。徐赳赳介绍了篇章中的一些重要概念，我们选取同纵向衔接有关的衔接链作为纵向模式中的术语。衔接链指在某个篇章中，某些具有相似特征的词汇项可以组成一个链，以此构建衔接。由这些词项构成的衔接链所形成的纵向模式大致可分为以下几种具体模式：人物衔接模式、时间衔接模式、事件或事物（既可以是具体事物也可以是抽象事物）衔接模式、处所衔接模式、动物衔接模式、关联衔接模式等。

篇章衔接链中的语句，可以从原点句和控制语两方面来看，通过语句，实现篇章的连贯和完整。控制语是指在篇章中起说明篇章辖域和范围的语句。在语段内由表示时间、空间、连接关系的词语构成，如全句修饰语"在……下"、关联副词"就、还"、连词"因此、但、而"、插入语"据说、其实"等。原点句是指在篇章中给出初始信息的语句，其中包含了某篇章中的最基本信息，其他语句或段落是在原点句的基础上扩充而来的，整个篇章的构成是在原点句的基础上展开的。控制语和原点句的区别在于，控制语可以发生在段内，原点句则是全篇的基础。我们这里所说的原点句，相当于胡壮麟（1994）所说的主题句，而不是指传统篇章分析中所言的中心思想。

　　语句在篇章中的自然顺序分类按照从大到小的排列顺序分为跨段排列、句群排列、复句排列三种。跨段排列分为首段（起始段）、延续段和尾段（结束段）；句群排列分为起始句群、延续句群和结束句群；复句分为起始句、延续句和终端句。无论是哪种排列方式，按照顺序都有起始、延续、结束三个部分。句子的顺序，从语法的角度分析并不十分重要，但从篇章的角度来看，这几种不同的排列语序却是非常重要的。在篇章中，处于起始部分的语句不能出现在延续和结尾部分，反之亦然。其中的衔接控制语有固定的位置，一般处于起始部分。原点句一般也处于起始段中。而关联词语一般只出现在延续段中，首段出现关联词语时往往是表示前连的词语，它不是指跨段衔接，而是段内复句内部的衔接。对于语句的排列顺序，也是华语学习者在进行篇章表达时学习的难点和重点所在。

　　图5-1的统计结果显示，衔接问题在华语学习者那里是一个始终伴随的突出问题。其中，初级阶段的衔接问题相比于中级阶段和高级阶段不突出，反而要少，但是这不能说明在初级阶段学习者对于华语衔接的掌握好于中级阶段和高级阶段，而是初级阶段的学习者因为所写的篇章短小，涉及篇章衔接之处就少，同时在初级阶段进行语段或篇章写作训练时，对于关联词语等的使用常常是在老师的帮助和引导下进行的，所以不容易在句段的衔接方面出现太多偏误。而随着华语水平的提升，教师在课堂上对学生学习过程实施的监控会越来越少，给学生自主学习和表达的空间会越来越大，习作的篇幅也会越来越长，于是在学生习作中出现了篇章衔接偏误增多的现象。

三　修辞问题

　　"不论是古代还是现代，人们在运用话语或文字表达思想时，必须要修辞。修辞活动或者说修辞技巧，早在语言文字刚产生时就随之产生并被运用了。"[①] "修辞是依据题旨情境，运用各种华语材料、各

[①] 易蒲、李金苓：《汉语修辞学史纲》，吉林教育出版社1989年版，第1页。

第五章 篇章视域下华语书面语教与学

种表现手法,恰当地表现写说者所要表达的内容的言语活动。也指这种修辞活动中的规律,即人们在交际中提高语言表达效果的规律。"[1] 张志公(1988)[2] 强调,不同的民族会有各自的、不同于其他民族的修辞习惯,所以修辞的特点具有民族性、社会性和历史性。中华民族具有悠久的历史文化传统,在修辞习惯上自然会保有本民族自身许多独特之处。而这些"独特之处",正是华语二语学习者学习上的关键点。

修辞涉及的内容既可以是小到对于某个用词的选择,也可以是大到对整篇文章结构布局的安排。在用词、选词上应该遵循的原则是表意的准确、清楚和生动形象,对于华语学习者而言,用词上的难度还体现在对口语词与书面语词的选择;在句式的选择上需要注意的是长句/短句、整句/散句、常式句/变式句、肯定句/否定句、设问句/反问句、主动句/被动句等句式类型的灵活运用;在段落的安排上要强调的是段落层次间的逻辑结构,可以按照时间顺序或空间顺序来安排,可以是递升结构也可以是递降结构或者是螺旋结构。以上所说的三个方面的内容,不论是词语的选择、句式的选择还是段落的安排,归根结底是由篇章的语体、文体决定的,是受篇章所处的具体语境制约的。华语学习者在篇章写作中首先应该学习的表达方法包括描写、叙述、说明、议论和抒情。

华语学习者在使用华语进行书面语篇章表达时必然会在修辞方面遇到比母语写作者更多的困难,而且修辞学习与习得是一个更为长期的过程,它需要有对目的语以及目的语文化的深度了解和沉浸才能达到在篇章表达时运用自如、得体,产生积极的修辞效果。所以,对于学习者而言,华语修辞方面的要求应该是有层级地渐进式推进,不宜在教学中过早地把这颗诱人的桃子不切实际地高高挂起,以免学习者出现学习的畏难情绪,反而不利于华语修辞的进一步学习。我们建议,在华语学习的初、中级阶段,甚至包括高级阶段,在修辞学习

---

[1] 《辞海》,上海辞书出版社2009年版,第2557页。
[2] 张志公:《汉语修辞》,《张志公自选集》(下册),北京大学出版社1988年版,第566页。

上，教师都应该把重点放在对句式的学习上。这里所说的句式，不是传统语法静态研究下的华语句式，不是只关注句法结构和语义结构，而是引导和教会学习者在华语篇章的整体观照下如何使用最适合、符合该篇章的句式，更多关注的是句式的动态研究，即句式的外部功能和语用价值。在现代华语句式研究领域已经出现了此类动态研究的成果，华语二语教学应该善于汲取这些研究成果的丰富营养并转化到华语教学的实践中去。如"被字句"、"把字句"、"给字句"、"比字句"、"有字句"、"对字句"、"名谓句"等在篇章中的适用性研究[①]，较为全面和深入地考察、分析了华语中这些特殊句式的语用价值，并探究了这些句式在语境和篇章中各自的适用条件，研究中还特别注意了对这些句式在不同语体当中使用情况的考察，这无疑给华语二语教学带来很大帮助。再如郭圣林（2011）[②]也在篇章视域下切入对句式的研究，将静态研究与动态研究结合起来考察句式与篇章的关系，他对"主谓谓语句"、"把字句"、"被字句"、"存现句"、"同语句"、"重动句"、"流水句"、"可逆句"、"V着V着"、"又A又B"等句式在大量语料分析的基础上，从语体和文体等篇章视角进行研究，对华语作为二语的教与学也具有很好的参考价值。句子是最高的语法单位，也是构成篇章的基本运用单位，华语句式的丰富、多变以及在具体篇章中使用的灵活性给华语学习者和华语二语教师带来了学习和教学的难度与挑战。

在写作教学中，关于修辞的问题，一方面是如何使学生了解华语修辞的特点、手法、表达习惯等知识型内容，一方面是如何让学生能够正确使用华语修辞手法以增强篇章表达的生动性、形象性和文采等能力型内容。在作为二语的文章修辞上，华语学习者首先应该追求的是表达的平实、准确与得体，不能从一开始就追求文采的华丽，在表达的生动、形象等方面好高骛远、"瞎使劲"，否则会事倍功半，不

[①] 张先亮、范晓：《汉语句式在篇章中的适用性研究》，中国社会科学出版社2008年版，第1—425页。

[②] 郭圣林：《现代汉语句式的语篇考察》，世界图书出版公司2011年版，第1—199页。

第五章　篇章视域下华语书面语教与学

切合华语学习的实际。也就是说,对于华语二语篇章修辞方面的学习,词语的锤炼、句式的选择是篇章表达的根本,而修辞格的运用和韵律是否协调则是更高层面上的篇章修辞要求。在教学实际中,华语修辞教学的重点和难点有时候并不一致,从学生的习作中可以得到进一步具体的证明。这就要求教师能够灵活应对与处理。

下面我们具体谈谈华语二语教学中的修辞问题。

语言是文化的重要载体,也是不同语言社团、操不同母语的人们开展文化传播的重要交际工具。威廉·冯·洪堡特认为:"语言努力把人的内在世界导向统一,同时它也在做外部的努力,即把整个人类联系起来,因此,它在所有的方面都是一个起着中介、联络作用的原则,通过个别化而使人不致蜕化(entartuny)。每个具体的人,不论他处在哪里、属于哪个时代、怎样生活,都是从整个人类中分离出来的一个环节,而语言的作用便在于证明和维护这种永恒的、主导着个人命运和世界历史的相互联系。"[1] 洪堡特的这段话,很好地指出了语言的一种基本功能:通过"中介""联络"的作用,使个人、群体与社会乃至全人类最终联系起来,这也就是洪堡特所说的语言能使人的个性上升为普遍性的基本理据[2]。

如果说洪堡特强调语言在人类理性层面的建构作用,那么本杰明·李·沃尔夫(即提出"萨丕尔—沃尔夫假说"的学者)则更看重语言在人类实践层面的沟通作用。在写给印度一家神学刊物的文章中,沃尔夫借用印度哲学的概念明确指出,语言的理解有助于跨文化交流的实现,有助于民族之间的和解与平等交流。为此,他认为:"这种对语言的理解,将促使我们达到人类兄弟情谊的一个高级阶段。这是因为,对于多种语言的科学的了解(并不一定学会讲这些语言,分析其结构即可),乃是人类兄弟情谊之一课。这种情谊是人类的普遍准则——作为'意之子'(sons of means)的同胞之情。它使我们超越自身的种种界限——文化、民族、被贴上'种族'标签

---

[1] [德]威廉·冯·洪堡特:《洪堡特语言哲学文集》,姚小平译注,湖南教育出版社2001年版,第241页。

[2] 同上书,第239页。

的生理特征，等等。"①

同样，在《修辞学导论》中，王希杰教授也指出："语言是世界上最简单，然而却又最复杂的东西；最平凡却又最神奇，最合理却又最荒谬的东西；最无用却最有用的东西；是人类的标志，是人类区别于动物的地方；是远古时代活的化石；是民族文化的载体和传播的手段；是人们的思维工具和交际工具；是社会的窗口，时代的晴雨表，个人灵魂的镜子；是人际关系的润滑油，也是游戏的工具；是人们审美的对象，也是个人消愁解闷自我娱乐发泄内心苦闷的手段；语言是人们社会化的必要手段，是我们同他人结成某种关系的必不可少的工具。"②

学者们对语言的上述认识，实际都突出了语言与文化之间的密切关系。但是，语言在文化传播、文化认同等各个方面的突出功用，却不仅仅体现在语言的抽象的音位系统、词汇系统以及语法系统之中。作为人类最重要交际工具的语言，它的能指后面的所指，即代表人们思想观念的意义，更多的是靠修辞活动来展现的。这其中的原因，我们认为，起码有这样几个：

第一，修辞活动也是人类复杂的思维活动的重要组成部分。

第二，修辞活动也是人类最基本的实践活动之一，应当和吃饭、睡觉、工作等一样平常。

第三，修辞也是人们认识自我、认识世界的方式。"人类对世界的认识，是一个从已知向未知进军的过程。在这一过程中，人们通过已知事物和未知事物的对比，把握两者的异同关系，而实现认识的飞跃。事物之间的关系最重要的是相似关系和相关关系。许多修辞格的核心正是相关关系和相似关系。"③

第四，修辞也是人们接受、阐释的重要工具。

总之，修辞活动作为人类的基本活动，也许与人的社会文化活动

---

① [美]本杰明·李·沃尔夫：《论语言、思维和现实——沃尔夫文集》，高一虹等译，湖南教育出版社2001年版，第269页。
② 王希杰：《修辞学导论》，浙江教育出版社2000年版，第25页。
③ 王希杰：《汉语修辞学（修订本）》，商务印书馆2004年版，第14—15页。

第五章 篇章视域下华语书面语教与学

关系更紧密,这正是法国的新修辞学,特别是罗兰·巴特等人把修辞学泛化为解释人类一切活动的根本动因。[①] 我们尽管并不赞同"修辞泛化",即把一切语言现象、社会现象都归于修辞行为,但我们还是坚持认为,语言的习得,文化的传播和体认,离开修辞是不可能的。这不仅反映在母语教学、母语习得活动中,也同样反映在第二语言的教学、习得过程中,当然也包括我们的华语二语教学。但是,华语二语教学中的修辞问题,从理论到实践,与词汇、语法、语音等的研究相比,还很薄弱。陆庆和(1998)曾经探讨过外国留学生理解华语修辞内容的问题,主张在中级阶段引入华语修辞的教学内容,并提出了应注意的一些问题。[②] 另外,何自然(2000)指出了华语二语教学修辞体系的不足,主张运用语用学理论来进行修辞研究。[③] 最近,在《对外汉语教学中的理论和方法》一书中,其著作者们也同样认为,对该问题的研究"亟待加强"[④]。上述这些都表明,华语二语修辞教学问题是一个亟待深入研究的课题。

人们学习、掌握并最终正确地运用语言,其目的并不仅在于抽象的语言系统本身,更多地在于语言背后的内容或意义,特别是语言所承载的文化价值理念。而所谓"语言障碍"、"语言差异",也更多地体现于那些文化价值理念。学习一种外语,或者教外国人学习汉语,表面上看是让人学会并继而熟练掌握一种语言,但从深层次上讲,却是把人引入另一种文化界域,让人了解另一种文化的复杂活动。也许,通过学习相对静态、封闭和单一的语音、词汇和语法系统,可以让人初步掌握一种语言,但是要想了解另一种文化,了解外族文化与本族文化的差异,仅仅靠习得语言的内部要素构成的语言系统是远远不够的,更多地则要靠习得语言的外部要素,如历史、社会、政治、

---

① 罗兰·巴特在修辞方面的著作介绍到国内的主要有:《流行体系:符号学与服饰符码》,上海人民出版社 2000 年版;《S/Z》,上海人民出版社 2000 年版;《神话:大众文化诠释》,上海人民出版社 1999 年版。
② 陆庆和:《对外汉语教学中的修辞问题》,《语言教学与研究》1998 年第 2 期。
③ 何自然:《语用学对修辞研究的启示》,《暨南大学学报》2000 年第 6 期。
④ 黄锦章、刘炎主编:《对外汉语教学中的理论和方法》,北京大学出版社 2004 年版,第 35 页。

经济、民族、宗教等构成的文化系统才可以实现。正是在这一意义上，我们认为，修辞教学是华语二语教学中的深层次问题。王希杰教授也认为，修辞"是整个语言的结构系统的运动，而且是在种种非语言的因素配合影响制约之下进行运动的"[①]。修辞与语言以外的文化因素的这些互动和制约关系，是我们学习语言和教授外国人学习华语时不容忽视的。甚至可以说，修辞水平是衡量一个人掌握母语和外语程度的更高的标准，也是了解本民族文化和外族文化的重要途径。比如，李白的《望庐山瀑布》一诗，小佃薰良的译文如下：

THE CATARACT OF LU SHAN-Ⅱ
The sun shines on the Peak of Incense Burner,
And the purple vapor rises like smoke.
Lo, the long stream of water hung up yonder!
Straight down three thousand chi the flying torrent leaps,
As if the Silver River were falling from the ninth heaven.[②]

原文：

望庐山瀑布（二）
日照香炉生紫烟，
遥看瀑布挂前川。
飞流直下三千尺，
疑是银河落九天。

在上述译文里，译者把"三千尺"、"九天"直接翻译成"three

[①] 王希杰：《修辞学通论》，南京大学出版社 1996 年版，第 34 页。
[②] Shigeyoshi obata Lipo, the Chinese Poet, Newyork City: E. P. Dutton & Company, 1992: 35.

thousand chi"和"the ninth heaven"。这种直译显然是不合适的,因为了解华语文化的人都知道,华语里的一些数字,如"三"、"九"等,往往是虚指的,特别是在这首诗中,作者用的完全是夸张的修辞格,以此描写瀑布的壮美。译者把"三千尺"、"九天"如此翻译,显然是把它当作实指了,特别是没有正确理解作者李白在诗歌中所运用的修辞技巧,这当然让外国读者很难领略到原诗的神韵了。

所以,华语学习者要在更高层面上掌握并运用华语,离不开对承载着华语文化信息的修辞的认真学习。

把华语修辞与中华民族文化的体认传播有机联系起来,这还只是认识上的问题。真正要想让外国人熟练掌握华语修辞技巧,了解华语修辞背后的文化,还有许多具体的工作要做,这些同样也是华语二语教学的理论与实践的重要课题之一。

首先,把汉语修辞的教学与中华民族文化的传播联系起来。

外国留学生到中国学习华语,甚至外国人在境外学习华语,他们当中的绝大部分并非为了研究语言、研究华语,而是想通过华语了解中华民族文化,最终顺利地交际。为了满足这样的要求,我们在华语二语教学内容和方法的设计上都应当以"传播中华民族文化"为核心。就华语修辞而言,更应当与中华民族文化的传播紧密联系在一起。比如,我们在教外国留学生学习"金"、"木"、"水"、"火"、"土"几个词时,特意把它们与中国古代的道家思想的"阴阳五行说"联系在一起,如:

木:东—春—苍龙—青—酸—视—肝—仁……
火:南—夏—朱雀—赤—苦—言—心—礼……
土:中—季夏—黄龙—黄—甘—思—脾—信……
金:西—秋—白虎—白—辛—听—肺—义……
水:北—冬—玄武—黑—咸—貌—肾—智……

这些词汇,之所以具有同义性,是与丰厚的中华民族文化联系在一起的,比如,中医中药中的术语,古代城市四门(苍龙门=东门,朱雀门＝南门，玄武门＝北门，白虎门＝西门），自然、思维、伦理观念等等。这种把语言与文化结合到一起的教学模式，往往特别受欢迎，尤其是对已初步掌握了华语知识的外国人更是如此。

再如，保留在现代汉语里的大量的成语、谚语、歇后语，对它们的正确理解和把握，既是华语二语教学应当涵括的重要部分，也是衡量外国人华语学习水平的重要指标。但要理解这些成语、谚语或歇后语，离开华语修辞知识也同样会出现解码困难。拿成语来说，像下面这些：

生龙活虎　　龙马精神　　白驹过隙　　花言巧语
金玉其外　　败絮其中　　莺歌燕舞　　虎头蛇尾

如果不从比喻的角度去解码，便难以正确理解其真正的含义。而像下面这些成语，如叶公好龙、守株待兔、拔苗助长、望洋兴叹、退避三舍等，如果不知道它们的用典，即它们背后蕴含的历史故事，那同样也是难以正确理解和使用的。

再拿谚语来说，它是"在群众中广泛流传的固定的语句。它的特色是通俗平易，但也有隆重庄严的色彩。……它是群众口语的精华，形象、简练、和谐上口"①。尤其是，谚语本身就是修辞的典范，是华语文化的精华。同时，谚语往往运用多种修辞技巧，很多谚语就是绝好的比喻，比如：一寸光阴一寸金，寸金难买寸光阴；大河涨水小河满，大河水少小河干；靠着大树好乘凉；等等。还有的运用借代，比如：宁为鸡头，不为牛后；宁跟红脸打一架，不跟白脸说句话；舌头打滚，脚底擦油；等等。也有的是用对仗修辞格的，比如：金钱如粪土，人品值千金；火要空心，人要虚心。也有用夸张辞格的：宰相肚里能撑船，等等。

这些谚语也是华语文化的重要组成部分，无论是在口语交际中还是在书面语当中，都有极高的使用频率，是华语二语教与学无法回避

---

① 王希杰：《修辞学新论》，浙江教育出版社2000年版，第164页。

◆ 第五章 篇章视域下华语书面语教与学 ◆

的内容。但如果仅仅从字面去理解这些谚语，不懂得它们背后的修辞，那也同样是难以正确理解和运用的。

其次，把华语修辞教学与现实的文化生活紧密联系起来。诗歌、书法、绘画、京剧、中国武术、中医中药等，都是中国传统文化中的精粹，但中华民族文化远远不止于此。对于外国留学生而言，他们既想了解中国的过去，同样也想了解身边的现实生活，这就要求我们要把承载文化信息的华语修辞的教学与现实社会文化生活的体认结合起来，比如，大多数外国留学生对中国的饮食文化都特别感兴趣。他们喜欢中国菜，喜欢去中餐馆，但却常常被那些五花八门的菜名、店名弄得不知所措。其实，在中国的饮食文化中，无论菜名、店名还是制作工艺，大都有着较深的文化内涵。比如，一位留学生曾问什么是"西施舌"（闽菜中的一道名菜），这在中国人来说，是一种很平常的菜肴，无非是一道用贝肉做的菜，但这样简单地向外国留学生解释，显然是不够的。于是，我们除了告诉他上述这些，还给他讲了西施的故事，讲了为什么这道菜命名为"西施舌"。另外，还告诉他，类似这种菜名的还有很多，如"贵妃鸡"、"貂蝉豆腐"、"昭君鸭"等，它们背后都有着美丽的历史故事或传说，之所以这些菜肴起这样的名字，这是一种汉语修辞技巧。[①] 当然，饮食文化只是现实文化生活的一部分。让留学生学会汉语，学好汉语，理解并掌握汉语修辞背后的文化底蕴，可以把与他们的生活息息相关的各个方面联系起来，如中国的称呼语系统、服饰文化、风景名胜区等。这些方面，大都是外国人感兴趣的，其中也包含了中国人的大量的美词、修辞。

再次，把华语修辞教学与语言的比较结合起来。有学者提出，"随着人们对语言和语言教学的方方面面的认识的逐步扩大和加深，对比研究的范围也日渐拓宽：……这样，对比语言学把自己的活动从传统的语音、语法、词汇对比扩展到语义、功能、修辞（包括语

[①] "贵妃鸡"即清蒸整鸡；"貂蝉豆腐"又名"汉宫藏娇"，是一道把活泥鳅和豆腐一起蒸的菜；"昭君鸭"则是用粉条、面筋与肥鸭烹调成的菜。韩幸幸：《"秀色"餐》，《南京日报》2004年7月27日 D8 版。

体)、表达手段、语用、篇章、语法以及文化背景等方面的对比。"①这段话尽管是从外语教学出发的,但也同样适用于华语二语教学:展开修辞的对比或比较,这也是提高华语二语教学水平的重要课题。就拿比喻来说,在古印度语言文化中,"常见的比喻关系是:天神和国王的喻体是月亮、火、太阳和风。天神的喻体可以用于国王。国王的喻体有的不适用于天神,如:蛇、象、公牛。恶魔和罗刹的喻体是云、山、海。悉达、乾达婆和药叉的喻体是行星和公牛。苦行僧的喻体是太阳、火和风。他们的妻子的喻体是闪电、流星和阳光。中等人物的喻体是仙鹤、孔雀、苍鹭、鸳鸯和莲花池。下等人物的喻体是杜鹃、蜜蜂、乌鸦、鹗、猫头鹰和斑鸠……"②。在华语里,同样是比喻,皇帝和天神的喻体往往是太阳、上天等,仙鹤则往往用来比喻名人高士。同样是月亮,华语里有不同的指称,这些指称又往往带有浓厚的修辞色彩,比如:

玉羊　玉弓　玉环　玉镜　玉轮　玉钩　玉盘　玉兔　玉蟾　玉宫

金盆　金丸　金镜　金兔　金蟾　金魄　金波　银钩　银兔　银蟾

蟾轮　蟾蜍　蟾魄　蟾兔　蟾桂　蟾宫　丹桂　阴宗　钎阿　明舒

望舒　金城　素娥　莹魄　碧华　清规　玉杵　皓彩

而且,"月亮"在汉语中具有丰富的文化内涵,月升月落,月圆月缺,往往被人们与个人的内心感受和生活际遇联系在一起。可以说,离开了"月亮",中国古代的诗词文赋会逊色许多,这其中的原因,正是"月亮"一词所具有的独特的文化含义,而这又往往是通过多种多样的修辞手法实现的。这一点,外国人学习汉语,仅仅从语

---

① 俞约法:《对比语言学与外语教学中的对比——教学法流派的对比观比较研究》,《外语学刊》1991年第5期。

② 王希杰:《修辞学通论》,南京大学出版社1996年版,第104页。

音、词汇、语法方面是难以体会到的。比如,小佃薰良对李白的《静夜思》一诗是这样翻译的:

ON A QUIET NIGHT
I saw the moonlight before my couch,
And wondered if it were not the frost on the ground.
I raised my head and looked out on the mountain moon;
I bowed my head and thought of my far-off home.①

原诗:

　　　　静夜思
　　床前明月光,
　　疑是地上霜。
　　举头望明月,
　　低头思故乡。

从小佃的译文看,很难体味到李白原诗的意蕴。因为,在中国的古诗里,凡是涉及月亮的,大都与"思念"、"忧思"的情愫联系在一起。比如:"我寄愁心与明月,随君直到夜郎西"(王昌龄);"今人不见古时月,今月曾经照古人。古人今人如流水,共看明月皆如此"(张若虚);"举杯邀明月,对影成三人"(李白);等等。所有这些写月、咏月的诗,大都应从文化的层面解读。小佃的译文,显然只是从字面上直译,而较少反映出诗歌中深蕴的汉语修辞文化。这里的问题的关键,还是要从语言、修辞比较的角度揭示文化差异,这是

---

① Shigeyoshi obata Lipo, the Chinese Poet, Newyork City: E.P. Dutton & Company, 1992: 55.

我们教外国人真正了解汉语时必须注意的。同样是翻译中国的古诗，认识到华语修辞文化的内涵，下面这位翻译者的译文则是比较成功的：

> And its movement makes a gentle breeze.
> But oft I fear with the autumn's coming
> When cold blasts drive away the torrid heat,
> It will be cast aside into a chest,
> And love in mid-course will end. ①

原诗：

秋扇怨
新制齐纨素，鲜洁如霜雪。
裁为合欢扇，团团似明月。
出久君怀袖，动摇微风发。
常恐秋节至，凉飙夺炎热。
弃捐箧笥中，恩情中道绝。

从这首诗的译文中我们不难看出，译者正是体味出了整首诗把秋扇与闺中妇人作比，以扇子的境况比喻妇人的处境这样的多重修辞艺术。因而，译文并未照字面直译，而是把其中的比喻义很好地表达了出来。当然，修辞的学习，修辞技巧的运用，这不管是对于操母语的人，还是学习外语的人，都是更高语言能力的体现。我们的华语二语教学，不应只局限于初级的、低层次的汉语人才培训，而应同时着眼于高水平的汉学家的培养，这样才更有利于中华民族文化在世界范围内的传播。

最后，修辞教学要与语言的正确使用结合起来。我们说，语言的

---

① Robert Kotewall & Norman L. Smith, Gems of Classical Chinese Peotry in Various English Translations.

第五章　篇章视域下华语书面语教与学

差异反映了深层次的文化差异,也可以反过来说,文化的差异往往通过语言反映出来。为了使学习汉语的外国人了解语言背后的文化差异,正确地使用华语,我们认为,有必要把华语修辞的一些基本要求、基本知识传授给外国留学生及其他学习华语的外国人。因为,所谓正确地使用语言,一方面是正确地运用语音、语法、词汇规则,另一方面则是能针对不同的交际对象、语境、语体或文体等采用不同的表达方式,这后一方面,更多地则是修辞策略、修辞习惯问题。而且,这种修辞,更多地属于陈望道《修辞学发凡》中的"消极修辞"的内容,即要求人们在写说时,首先要明白通顺地说明问题,准确无误地表达思想。[①] 但要能达到上述目的,还是要在华语二语教学中让外国学生了解修辞的基本原则。有学者认为:"得体性原则是全人类所共同的,但又存在着民族的差异。中国人见面的客套话是:'吃了吗?''到哪儿去呀?'这得体,是关心你。但在西方人眼中,不得体,你又不请我吃饭,问这干什么?我到哪儿去关你什么事?再如,人家夸奖你很聪明,中国人说:'哪里哪里,我一点也不聪明。'这得体,而在西方人看来,不得体,因为你否认了他的鉴赏能力,应当说'谢谢',中国人请客吃饭主人说:'没有菜,没有准备,请马马虎虎地胡乱吃吧。'这得体,而在西方人看来,不得体,不真诚,不友好,没菜、没准备就请我,不是瞧不起人么?中国中老年遇到年轻人,喜欢说:'多大啦?有朋友了吗?叔叔(阿姨)给你介绍个朋友好吗?'这得体,但在西方人看来,这不得体,因为侵犯了他人的隐私。"[②]

同样,林大津在《跨文化交际研究》一书中也谈到了同样的问题:"'Have you had your meal?'(吃过饭了吗?)英美人听到这一问候,先是迷惑不解:想请我吃饭吗?因为这是他们请人吃饭的开场白。这话如果是男的对女的说,女的会以为男的要请她去过一段'浪漫'时光,因为英美青年约会(dating)也经常以'请吃饭'为

[①] 陈望道:《修辞学发凡》,上海教育出版社1979年版,第25—30页。
[②] 王希杰:《汉语修辞学(修订本)》,商务印书馆2004年版,第73页。

序曲。英美人在中国听多了这一问候,有的开始生厌:难道我没钱吃饭?"①

所以,作为外语学习者,掌握一门外语的语音、词汇、语法系统很难,但更难的是如何按照"得体性原则"正确地使用语言,特别是要能从修辞文化的角度正确地贯彻"得体性原则",应当说,这对于母语言说者也是一件不容易的事,这就更有在华语二语教学中强化的必要了,特别是中高级的教学更是如此。

修辞是语言的有机组成部分,但也是一个民族文化的不可或缺的部分。教外国人学习华语,更多地应着眼于中华民族文化的传播,而不仅仅是让外国人学会简单的华语知识。为此,在华语二语教学中,应把华语修辞的教学与中华民族文化的传播结合起来,并从理论和实践的诸层面探索有效的方式方法。

四 图式问题

图式问题主要体现在对文体的把握和驾驭上。

在涉及文体图式的问题上,学生习作中有一种偏误现象值得注意,那就是,有些学生在文体图式的总体框架把握上基本准确,但行文过程中,常常出现口语词与书面语词使用混乱。由此,我们更能清晰地看到,"文体"和"语体"是有着密切的联系的,表现在特定的文体对其用语有语体上的较为明确的要求和规范。例如,一般应用文(如邀请函、通知、启事、产品药品等的使用说明等)通常情况下倾向于使用书面语体,逻辑性、论述性较强的政论文、专业或学术论文也以书面语体为主。而日记、记叙文、书信等文体就有可能更多使用口头语体。

从图5-1中反映出来的情况看,华语学习者写作时在图式问题上出现偏误的现象并不普遍,是所列举的几种常见篇章偏误中比例最小的一类,无论是哪个阶段的学习者都不例外。这一结果是缘于华语篇章的文体图式特别易于习得之故吗?恐怕不能这么武断地下结论。

---

① 林大津:《跨文化交际研究》,福建人民出版社1996年版,第97页。

第五章 篇章视域下华语书面语教与学

在图式问题上学生习作中暴露出的问题少,一方面可以说明在写作前,教师在这上面的辅导和教学比较到位;另一方面也可以看出,学生能够在较短时间内对文体图式有较好的整体把握;再一方面,从习作中可以看出,对文体图式的简单和生硬模仿是学生在写作中采用的普遍策略,因此在基本上都是由教师指导下进行的篇幅较小的习作中是不容易暴露出图式问题的。一旦学习者进入自由写作阶段,他们在文体图式方面出现问题就是在所难免的,特别是要实现华语语体图式在思维和文化上的深层次理解和领会,那是需要一段较长的学习时间来揣摩和消化的。要想真正驾驭文体图式就不能满足于"依样画葫芦"、"照猫画虎"的初级模仿阶段,而是要努力完成在思维上的华语化转型。

五 本节小结

在篇章视域下,以上几种情况是学生习作中常见的问题,除此之外,还有一些问题,如篇章在目的性、可接受性、信息性、互文性四个方面出现的问题,这些也是华语学习者书面语篇章表达中容易出现的偏误现象。具体而言,目的性指的是篇章作者总是试图通过具有形式联系与功能联系的篇章来达到他们的某种言说的目的。可接受性是从接受者的角度而言,篇章是具有形式联系与功能联系的一个整体,接受者可以从篇章中获取信息或知识,并会产生一种合作态度。因此,篇章作者在制作篇章时应该考虑篇章接受者的可接受程度。信息性指的是在某个篇章中预测到的内容和没有预测到的内容,能预测者信息量小,不能预测者信息量大。从篇章信息量的大小可以看出接受者对该篇章理解程度的高低,同时也要求篇章作者在制作篇章的过程中要注意信息量多寡的配置,因为在某个篇章中,信息量过大,篇章就会晦涩难懂,造成接受者的阅读障碍;信息量过小,又会使接受者提不起阅读兴趣。互文性指的是对某篇章的理解依靠某些其他篇章才能实现,它跟篇章类型有比较密切的关系,如仿文、驳文、评论文等文体即属于此类。很多华语学习者因为对华语文化的认识不够以及阅读积累的欠缺,常常会在这方面出现问题。

第三节　篇章教学观在书面语篇章中的贯彻

一　篇章阅读教学的理论与方法

阅读与思维相关，它是一个建构性的思维过程，这是阅读主体主动性活动的体现；阅读与手段相关，它是获取知识和信息的一种手段，这是阅读的工具性意义的体现；阅读与技能相关，它是一种智力技能，这是阅读者语言素质的体现；阅读与意义相关，它是获取意义理解的过程，这是对阅读的本质性理解的体现。关于阅读的内涵和定义，中外学者的认识是比较一致的，如阅读"在本质上是一个建构性的思维过程，这是一个包含着清晰和模糊的意义理解过程"①；"阅读是一种领悟文字语言意义的过程而不是把印刷品解码为有声的话语"②；"阅读是一个心理语言学的过程，阅读是以作者所编码的语言表面的陈述开始，以读者建构意义而结束"③。中国学者对阅读加以阐释的也不乏其人："阅读是吸收的事情，从阅读咱们可以领受大家的经验，接触大家的心情。"④ "阅读是读者从写的或印刷的书面材料中提取意义或情感信息的过程。"⑤ "阅读是借助感官、通过思考来了解文字符号所表达的内容，并以理解意义为中心的智力活动。"⑥

篇章阅读的教与学需要借助和依靠的理论离不开心理学和认知学的相关成果。

心理语言学研究的主要对象是语言习得与使用的心理过程，它不

---

① Pumfrey, P. D., *Measuring Reading Abilities: Concepts, Sources and Applications*, London: Hodder and Stoughton, 1977: 2.
② Smith, F., *Understanding Reading: A Psycholinguistic Analysis of Reading and Learning to Read*, Hillsdale, NJ: Lawrence Erlbaum Associates, 1988: 2.
③ Goodman, K., *Interactive Approaches to Second Language Reading*, Cambridge: Cambridge University Press, 1989: 12.
④ 叶圣陶：《语文教育论集》，教育科学出版社1980年版，第3页。
⑤ 曾祥芹、韩雪屏：《阅读学原理》，河南教育出版社1992年版，第273页。
⑥ 魏克智等：《阅读理论与实践论纲》，吉林人民出版社1994年版，第12页。

第五章 篇章视域下华语书面语教与学

同于理论语言学的以结构研究为目标,也不同于社会语言学的以功能研究为目标。但是三者之间又是相关联的,结构、功能和过程是人类认识事物的三个方面,而且三者缺一不可。话语的结构是语音、词汇及将其组织起来的语法系统,话语的功能有表达感情、陈述观点、提出疑问、发出指令等多种,二者唇齿相依,你中有我、我中有你,不存在无功能的话语结构,也不存在无结构的话语功能。那么,心理语言学所研究的过程又有什么作用呢?它是使结构实现功能的手段,它可以帮助人们弄明白是哪些大脑机制、生理器官按照怎样的心理过程去理解和产生话语问题的。由于它不像结构和功能那么外化或显露,所以并没有在一开始就得到同样的重视;然而,尽管它并不那么外化或显露,但它却是深刻认识话语的重要手段,其作用和意义是不容置疑和低估的。

既然心理语言学研究的是语言运用的过程,那么华语篇章产生和理解的心理过程是怎样的?它在二语习得者身上的具体体现是怎样的?华语学习者是否能够较为清晰地认识这一心理过程?华语教师和学生如何利用这一心理过程的特点来为教与学服务?这是我们在华语篇章研究过程中需要直接面对的问题,也是我们想借心理语言学研究之力来加以解决的问题。

认知语言学研究的是人类认知与语言的关系,它认为人类的认知与语言是经验的、互动的,是在人类与环境的相互作用下形成、演化并发展的。认知语言学关于语言的体验观认为,人类具有一种特殊而一贯的方法感知他人、空间、客体以及他们之间的各种关系,因为感知体验就是基于人自身的身体构造得来,而在感知体验的基础上形成了概念和意义,继而人通过隐喻等认知策略构建出其他各种相关概念,包括抽象概念,并因此建构出概念系统,凭借词汇化形成语言,故而语言具有体验性。在认知语言学中有两个理论是得到最多支持和运用的,即"原型"与"图式"理论。

原型是对某个类别或范畴所有个体的概括表征,能反映某类客体具有的基本特征,其意义在于为人类认知外部世界提供认知框架。而在语言学中运用原型理论的方法,其范畴就不再主要是由语言的特异性决定，而是由人类认知来决定。由于原型普遍存在于语言范畴之中，因此它必然会给语言研究带来影响。事实证明，原型理论已经成功地在词义、语法、语用、语言习得等方面的研究中得以运用。

图式是用来表征储存于记忆中的一般概念，是一个理论性的心理结构，是一种框架、方案或脚本。图式理论对于篇章内容的理解和表达都有积极的作用，图式是篇章的框架，语法和词汇则是构筑篇章完整表达和准确理解的部件。随着认知语言学研究领域的扩大与深入，目前已经显现出篇章化的趋势。

在华语篇章习得的研究与实践中，善于借助认知及认知语言学的研究成果，利用原型和图式理论，总结华语篇章特点与规律，将提高学习者的学习效率，更快地帮助学习者在头脑中建立起华语篇章的框架，这对成年学习者尤为重要。

（一）篇章阅读的认知基础

篇章阅读的问题无论是在母语教学中还是在二语教学中都是受到高度重视的问题，在理论研究上有相当丰硕的成果也可说明阅读理解篇章的重要性和受关注度。对于华语二语教学而言，最重要的任务不在于如何创建华语篇章的阅读图式或模式，而是如何利用现有的研究成果，将其转化到华语二语教学中，为书面语篇章的阅读教学服务。

较有影响的篇章阅读理解理论集中反映在阅读过程模型、阅读图式理论、容量理论和建构—整合理论上。阅读模型可分为三类，即自下而上模型（bottom-up model）、自上而下模型（top-down model）和相互作用模型（interactive model）。以上三类模型基本可以代表心理学界对阅读理解中各种心理现象研究所持的不同观点。下面分别就以上几种模型和理论做简要介绍。

自下而上模型认为，阅读过程是一个从字母（华语则是汉字的笔画）到词到句子再到篇章的有序的自下而上的理解过程。理解一个篇章必须依赖于对构成篇章的句子的理解，对句子的理解又依赖于对词的理解，而对词的理解又离不开对字母的识别（就华语而言则对应到汉字的笔画）。阅读被认为是一个对印刷符号进行一系列准确、连续感知与辨认的精确过程。也就是说，阅读一个篇章的过程就

第五章 篇章视域下华语书面语教与学

是对构成该篇章的语言文字进行理解的过程。这种自下而上的阅读模型以文本为基础（text-based），强调文本所提供的信息的作用，认为阅读是对语言信息的解码。

自上而下模型，以 Goodman（1967[①]；1988[②]）提出的"阅读的心理语言学猜测模型"（psycholinguistic model of reading）最具影响力。他以"心理语言学的猜测游戏"来比篇章阅读过程，认为阅读就是一种选择的过程，这个过程包括部分使用所能得到的、最低数量的语言提示，且这种阅读提示取决于以读者预见为基础的视觉输入。他在该理论中强调读者的已有知识。他认为读物本身并没有意义，真正的意义存在于作者与读者的头脑之中。他反对把阅读过程看作是逐字逐句的辨认过程，主张阅读的起点是读者头脑中的语言知识和有关经验的储备，阅读是一个基于读者先前知识的选择过程和预期过程。因此，篇章阅读理解是一种基于知识的（knowledged-based）、受概念驱使的自上而下的过程。

相互作用模型是因对自下而上或自上而下的单一过程的不满足而提出的新模型，认为阅读过程是二者相互作用的结果。相互作用理论主张阅读过程是自下而上的加工与自上而下的加工共同作用的过程，这两种加工同时在字母和词的层次、句法层次、语义层次和解释层次上进行，并发生相互作用。相互作用模型中最具代表性的是 Rumelhart（1977）[③] 的图式理论，前文已有论述，不复赘言。

容量理论（capacity theory）是 Just 和 Carpenter（1992）[④] 提出的关于语言理解的理论。它的主要观点是，认知容量制约篇章理解，而

[①] Goodman K. S., "Reading: A psycholinguistic guessing game," *Journal of the Reading Specialist*, 1967, 4: 126–135.

[②] Goodman K. S., "The reading process," In P. L. Carrell, J. Devine & D. E. Eskey (Eds.), Interactive *Approaches to Second Language Reading*, Cambridge: Cambridge University Press, 1988: 11–12.

[③] Rumelhart D. E., "Understanding and summarizing brief stories," In D. Laberge & S. J. Samuels (Eds.), *Basic Processes in Reading: Perception and Comprehension*, Hillsdale: NJ: Erlbaum, 1977: 265–303.

[④] Just, M. A. & Carpenter, P. A., "A capacity theory of comprehension: Individual differences in working memory," *Psychological Review*, 1992, 99: 122–149.

且这种制约是存在着明显的个体差异的。这里的认知容量指的是工作记忆的最大激活量。容量理论强调在阅读中工作记忆同时用于信息的储存和加工。在篇章阅读理解加工过程中，信息可以通过对篇章信息的编码或从长时记忆中提取而被激活，该理论更为关注的是人的认知资源，尤其是人的工作记忆资源在阅读加工过程中的分配，这也是它与自下而上、自上而下等阅读过程模型的不同之处。

自20世纪90年代以来，以记忆为基础的篇章阅读理解理论和模型（memory-based text processing model）得到了长足发展，比较成熟的模型如建构—整合模型、场景模型（scenario-based model）、共振模型（resonance model）等。这些模型更关注的是篇章阅读理解的认知过程，其中，以Kintsch（1988[1]；1998[2]）提出的篇章阅读理解的建构—整合模型最具影响力。建构—整合模型将篇章阅读理解的加工分为建构和整合两个阶段。第一阶段是建构阶段，这个阶段主要是构建由篇章命题意义组成的文本；第二阶段是整合阶段，在建构过程中形成的文本被整合进读者的宏观知识，形成关于篇章意义和情景的连贯的心理表征。建构—整合模型所描述的阅读过程不同于严格的、由图式驱动的自上而下的过程。它首先是基于词汇的自下而上的概念激活过程，没有启动、预测或先前知识引发的自上而下的推理过程。而在整合阶段，上下文通过约束概念的进一步扩散激活来影响篇章的理解加工过程。根据这一模型，篇章阅读理解是一个自下而上的、结构松散的过程，这一过程极易受上下文的影响并根据环境的转变而灵活变化。

概括地说，以上介绍的几种比较具有代表性的篇章阅读理解理论，有以文本为基础的，有以知识为基础的，有以记忆为基础的。在华语二语篇章阅读教学中，哪种理论更具有指导意义和实践的可能性，哪种理论就可以为我所用。就华语教学实际而言，在不同的阶段，面对不同的学习对象，我们需要采纳不同的理论或同时应用多个理论来指

---

[1] Kintsch, W., "The use of knowledge in discourse processing: A construction-integration model", *Psychological Review*, 1988, 95: 163–182.

[2] Kintsch, W., *Comprehension: A Paradigm for Cognition*, Cambridge, UK: Cambridge University Press, 1998.

导阅读教学，理论和方法的运用要做到具有灵活性和有效性。

就华语二语篇章阅读教学整体构建而言，在篇章教学观的指导下，应该说，我们提倡的是有所变通和发展的"自上而下"的模式。因为，篇章观首先强调的就是整体性、全局观，其视角和立场决定了教学的原则与方法。

（二）篇章阅读训练程序

长期以来，华语二语阅读教学关注的是阅读文本的静态呈现，教学重点放在词汇教学的传统观念很难转变，教学步骤基本上是按照词语解释、句子分析、段落大意和文章串讲的顺序来进行。通过和个别阅读教学的任课教师交谈，我们了解到一些令他们比较困扰的问题。诸如：（1）阅读课课型定位不明确或在具体教师那里课型定位不清晰；（2）如何处理字、词，如何区别于综合课的字、词、语法等的讲解；（3）阅读课在华语二语教学课程设置中的地位比较尴尬，表现在，"阅读"虽是"听、说、读、写"四项语言技能之一，但阅读课并未因此在课程设置和教学安排上得到和综合课（也称"精读课"）、口语课同样的重视程度；（4）对阅读课教师的专业指导不够重视；（5）学生在阅读课上的学习兴趣不够浓厚，课堂组织难度相对较大，特别是课堂活跃度难以调动；等等。

为此，我们将反思的重点放在阅读课的教学上。在阅读教学中，一些强调篇章要点的教学方法在短期内对帮助学生提高阅读能力是能起到一定作用的，特别是对于华语水平尚处在初级阶段的学生，其效果更为明显。但是教学实践也证明，这样的教法到了一定阶段，就显露出其局限性，表现在学生阅读能力的提升出现了滞缓现象。在华语二语阅读教学中，这样的情况司空见惯：学生已经能够掌握阅读篇章中的字、词、句的基本含义，但是仍然不能正确把握和准确理解整个篇章或语段所传达出来的真正含义。这就是学生在阅读过程中与该阅读篇章相应的图式尚未被激活，造成理解障碍和认知困难。

这促使并激发我们必须去寻找更好的办法来改善我们的教学。我们认为，图式理论是闪现在我们这条寻找路径上的一颗明亮的星。在阅读教学上，教师应该着力帮助学习者建立起两种阅读篇章的图式，一种是文体图式，一种是内容图式。若是能够越来越熟悉某位作者的篇章风格与结构，我们就可以越发熟练地归纳出该作者篇章的图式；若是越来越熟悉某类题材的篇章的叙述特点，我们就可以越发熟练地归纳出该类题材篇章的图式；对于某类文体的情况也是同样的。那么，用来检验能否成功诱导出图式的办法是什么呢？我们建议下面两种简单易行的方法：一个是就阅读文本做口头复述；一个是给阅读文本写出内容摘要。这两种训练方法的共同点是将阅读这一语言输入行为转化为语言输出行为的方式加以检查并监控学习者的阅读效果，同时以此来要求学习者从文本的整体结构和内容出发来再现和提炼文本的主要的、概括性的内容，从而逐步建立起各类篇章的图式。这是相较于强调篇章细节和局部要点更为具有篇章整体意识和全局观的方法。该方法对于华语初学者也同样适用，只不过受其华语水平的限制，在教学过程中需要加入更多"引导"、"带领"的成分，但帮助学习者建立篇章意识和培养篇章心理图式的意识，应该成为阅读课教师始终不放的教学理念。

对于篇章局部与整体的理解和把握，教师可依据学生语言能力的实际，随着他们水平的提高，可以相应采取一些更为全局性的处理策略。其中最常用而又有效的策略是调动和组织学生对篇章材料进行主动加工。主动加工包括一系列认知活动，如把新信息与永久性记忆里的信息联系起来、就所接触的篇章材料提出问题，写文章摘要和提纲等。如果学生只是被动地阅读，篇章中的很多信息往往还没有保存下来就流失掉了，因为连贯是在理解过程中得到的而不仅仅是通过白纸黑字来传达的，所以学生在阅读中所进行的理解活动正是决定他们的理解（或误解）的关键。Palincsar 和 Brown（1984）曾经做过一个主动加工篇章的研究。他们研究了一些阅读能力低而在智力上又并不落后的初中生。研究者教这些学生提出用篇章要点可以回答的问题，以便帮助学生学会找出所给篇章的重要内容。他们的实验结果是，实验组学生的理解测试，训练前正确率为30%，训练后为80%；控制组学生的理解测试的成绩没有改变。是可喜的，实验组学生在训练完成后这种进步得以保持。我们在华语二语教学法的探

第五章 篇章视域下华语书面语教与学

索过程中由于教学的特殊性,很少也很不便于较多使用实验法进行教学改革的探索与尝试,而在国外的华语教学中,类似的教学探索还是可以进行并能够取得一定的收效的。今后我们在这方面应该克服困难,寻找更大的探索空间和更宽的探索路径,不能满足于"纸上谈兵"。

要理解某个篇章的内容,必须把它的底层结构储存起来,这就是阅读者头脑中建立并储存的内容图式。它指的是由篇章内容之外的通过推理和互动建立起来的对于语言知识、背景知识的相关记忆,它是读者头脑中的先期经验,以抽象的构架形式储存于大脑,是一种长期记忆。人们短时间内保存的是篇章的表层和底层表征;而在长时记忆里保存的是命题表征。Rumelhart(1980)指出,读者阅读时,既需要借助语言图式(linguistic schema,即借助语音系统、句法系统和语义系统重建书面语意义),也需要借助内容图式(content schema,即利用个人的先期经验和相关背景知识对信息进行再加工)。阅读者的内容图式越丰富,对篇章的预期推理就会越准确。

在阅读教学里,情况并不完全一样:学生在阅读时记住的内容并不总是篇章中最重要的要点。这种不理想状态的出现,既有可能是由于学生理解力的原因,也有可能是篇章作者表述的原因,还有可能是教师引导的原因,但还是不能排除这样一种更为普遍的情况:尽管教师和学生都做了很大的努力,但还是有那么一些学生仍然不能理解一些表达和建构得都很不错的篇章。通常情况是,理解能力差的学生记忆力也差。他们记住的往往只是一些篇章的细枝末节,这些细节既不是重要的细节也不是相互联系的细节,不能或者没有和别的有内在联系的部分联系起来。也就是说,他们储存起来的是不连贯的而且是零碎的信息。为什么会出现这种情况呢?一个显而易见的原因是学生对篇章的熟悉程度。当我们阅读时面对的是熟悉的篇章材料,我们对篇章中那些容易引起歧义的、缺少成分和无关的、可能干扰篇章整体理解的细节是会自动进行"过滤"的;我们因为熟悉程度高而更容易把握住篇章的整体表达,因此也就很容易解决这些影响篇章整体把握的问题。所有篇章加工都牵涉到局部性结构和全局性结构。对那些熟悉的篇章材料，我们更多通过全局性的结构知识来指导学生加强对文本的理解，这样可以使学生摆脱或较少受到那些细枝末节的干扰。但是如果针对的是不熟悉的篇章材料，就不能或很难做到这一点，因为既然是不熟悉的，就意味着没有合适该篇章材料的图式可供参考。在缺少图式引导的情况下，局部连贯关系在篇章理解过程中就自然担当起相对比较重要的作用，阅读者对局部关系所做的细致加工，在一定程度上有助于加深对篇章的整体理解。

由此可见，阅读教师在阅读课上不应该只是满足于扩大学生词汇量，而应该重视给学生输入相关的华语文化背景知识以尽力填补其文化空缺或修正其文化误读，应该加强学生对那些具有鲜明文化特征的华语表达方式的认知与了解，应该着力帮助学生通过熟悉篇章材料来建立其阅读各类篇章的基本、常规图式。这样，我们的教学目标就不再是教会学生读懂"这一篇"文章，而是"这一类"文章；也不再是盲目、简单地追求阅读速度和答题技巧，而是帮助学生通过学习，逐步建立其阅读各类篇章的稳定的心理图式。下面是范琳等（2009）[①]构建的"二语语篇阅读理解的预期推理模型"（见图5-2）和"第二语言学习者叙事语篇主题推理加工模型"（见图5-3）可供参考。

语言教学的实践告诉我们，学习的过程也是理解的过程。理解在语言学习中很重要，所以我们才会对"阅读理解"这样的检测阅读效果的最常用的做法一点儿也不陌生，从中学就大量做英语和华语试卷上的"阅读理解"的中国孩子，更是不乏擅长这个题型的做题高手。华语学习者在阅读课上和在华语水平考试中也一定会接触"阅读理解"题型。同样一个篇章，为什么有的人读后能够理解得很透彻，有的人却是一头雾水或雾里看花？同样是接收白纸黑字传递的信息，甚至同样都是看得懂的字和词，为什么在理解上就会出现偏差？这跟阅读者理解篇章时对篇章连贯的处理和认知有密切关系。

---

① 范琳、周红、刘振前：《二语语篇阅读推理的心理学研究》，北京大学出版社2009年版。

◈ 第五章 篇章视域下华语书面语教与学 ◈

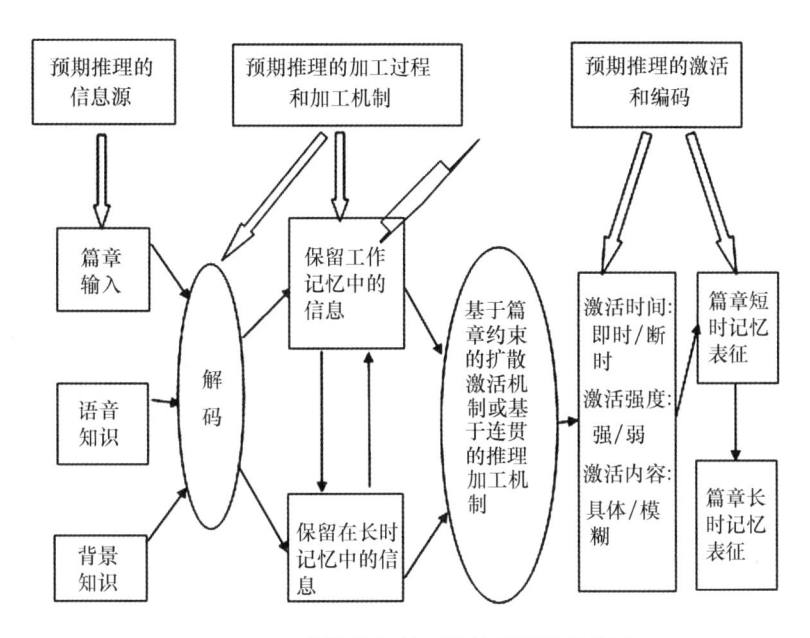

图 5-2 二语语篇阅读理解的预期推理模型

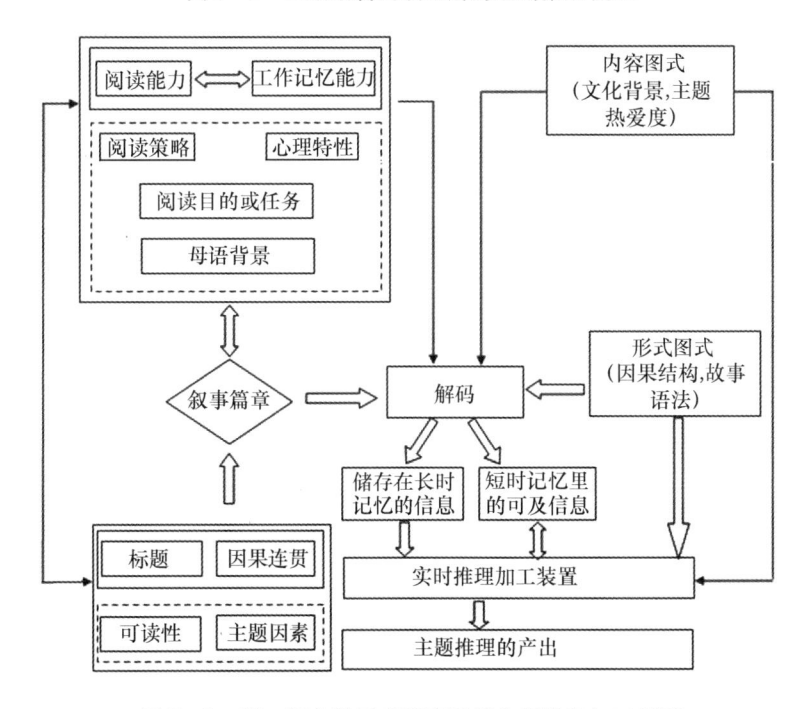

图 5-3 第二语言学习者叙事语篇主题推理加工模型

篇章连贯的标志有三①：语义关联性、主题关联性、语境关联性。具体地说，语义关联性指的是篇章的各个部分之间在意义上有联系；主题关联性指的是篇章各个部分均符合该篇章总主题的要求；语境关联性指的是篇章的各个部分与其产生的情景交融为一体，共同完成整个交际过程。

叶圣陶说："看整篇文章，要看明白作者的思路。思想是有一条路的，一句一句、一段一段，都是有路的，好文章的作者是绝不乱走的。看一篇文章要看怎样开头，怎样写下去的，跟着它走，并且要理解它为什么这样走。"② 阅读的一个关键所在就是能够弄清楚作者写作的目的和思路，能够摸到文章布局谋篇的机理。

赵元任先生曾说过这样一段话："关于中国文字跟西洋文字的比较，有一个很通行的说法，说中国文字是标义，西洋文字是标音的。其实中国文字也未始不标音，字母文字也未始不标义。比方说西洋文字标义，近年来外国中、小学里头，甚至于在成年人教育，特别注重一种叫'视觉读书'（visual reading）。这种看书的法子啊，就是不一目十行，也能练习到一目一两行的。他们应用照相的法子，看一行眼睛不应该动几回，应该一下子就整个念下去，那么这样子啊，这个读书的速度远超过人的发音器官所能跟得上的速度。换言之，他在那儿读的时候，他看那个字形的轮廓，就认出什么意思，文法结构马上就得到了，他并不是在那儿读出来。反之，中国人倒是从前读书的习惯，往往就是看报看信也必得把字都咬出来，才会得到文里的意味。常常看见老人家们拿着一封家信，嘴里念念有词的：'父亲大人膝下敬禀者'，心里想着：'唉，这孩子懂事，啊，出了洋还会这样儿写'；他咕噜咕噜，嘴里这么念，要非得读出来才能得出那个意味来，才得出个调儿，才得出意义。"③ 这段话对我们在阅读教学上的启示和引发的思考可以归纳为下面几点：一是所谓的表义汉字和所谓

---

① 张德禄、刘汝山：《语篇连贯与衔接理论的发展及应用》，上海外语教育出版社2003年版，第10页。
② 叶圣陶：《叶圣陶语文教育论集》（上），教育科学出版社1980年版，第144页。
③ 赵元任：《语言问题》，商务印书馆2003年版，第145页。

的表音字母文字其表义与表音属性并不是绝对的；二是"念"书的习惯是会影响"看"书的速度的；三是阅读速度是可以训练的；四是由"念"到"看"的过渡语转换是二语习得中需要关注的一个问题；五是汉字字形"轮廓"的记忆与识别问题对阅读速度的影响。

对于课后练习的设计与安排建议加强句段间的衔接手段、篇章结构、信息流程、篇章类型等练习内容，因为练习的目的在于加强和巩固已学习的知识，在阅读课上应加强篇章意识的训练与培养，通过练习，让学生将学习到的篇章知识经由不断的反复和训练在头脑中建立起相应的图式，再利用已经构建起的篇章图式来帮助和提高阅读能力。

二　篇章写作教学的理论与方法

（一）篇章写作教学的认知基础

写作教学的目标是培养学生书面语篇章的表达能力，因此华语二语写作教学，一方面要培养学生华语书面语的运用能力，另一方面要把对华语运用能力高下的考察放在篇章层面，而不是在语法学习的层面上，只要写出正确的句子即可。在篇章层面考察语言运用能力是多方位的甚至可以说是全方位的，比如，词语的选择、句式的选择、句群或语段的衔接等，都需要符合具体文体和语体的要求，都需要符合中国人的表达习惯和思维特点，都需要服从篇章整体表达的统一要求。因此，在华语二语写作教学中，要做到从篇章出发、为篇章服务、以篇章构建为最终学习成果的检验。

写作过程是写作教学应该重视的一个重要内容。一般情况下，写作过程可以划分为三个阶段，即思维的对象化阶段、思维的意象化阶段和思维的形式化阶段。可见，写作，即书面语表达和思维有密切关系。那么，华语二语写作，即作为二语的华语书面语表达和华语思维的关系也是十分密切的。因此，本书将思维与篇章的关系在前文做了论述，意在引起二语教学对华语思维模式的特别关注，弥补现有教学中对它的疏忽。

华语二语的写作与学习者运用自己的母语进行写作以及把华语作

为母语的写作者在写作过程中遇到的困难和需要解决的问题的先后虽然有相关联之处，但更是有所区别的。后二者与前者之间可以相互参照、相互借鉴，但不能混为一谈。

对华语二语学习者而言，良好的母语写作能力和习惯对华语写作是有帮助的，但不能照搬。因为其母语写作时的思维特点和篇章布局特点以及语言表达的要求是不能原封不动地套用在华语写作上面的，否则写出来的文章就会让人看着不舒服，类似于金发碧眼的老外穿上长袍马褂冒充中国人的那种一目了然的"穿帮"戏。要明确的一点是，在华语二语写作教学中，并不是用汉字、用中文写出来的文章就是符合我们所说的写作要求的。应该说，华语学习者的第一语言写作能力在其华语写作中发挥影响作用的是非语言表达的因素，包括其思维水平、表达能力和篇章组织能力等。

至于华语作为母语的写作与作为第二语言的写作的区别也是显而易见的。最突出的一点就是，作为母语的写作者在写作过程中更多关注的是表达的内容以及文章的结构，而运用二语的写作者首先考虑的是如何克服语言上的障碍与局限。其语言能力和思维能力、表达能力有可能存在较大的差距，因此在写作教学上，对教学重难点的安排等各方面的考虑，华语二语的教学与华语作为母语的教学必然有相应的区别，自然不能拿已有的较为成熟的母语写作教学的模式来生硬地强加在二语教学上。这是华语二语写作教学首先要澄清的一个观念。

国内对第二语言写作教学的研究并非始于华语，而是以英语为第二语言的写作教学。自20世纪80年代以来，语言研究者和教师不断从实践和理论层面关注写作教学，他们对第二语言写作教学过程中学生存在的主要问题的探讨、对教学方法的探究、对教学内容的理解等方面的研究对华语二语的写作教学都具有一定的启示意义。

（二）篇章视域下的写作教学的几个问题

1. 教师问题意识不强。

华语二语写作教学的内容就是明确教学生写什么、如何写。"写什么"成为写作课上最头疼的问题，其原因：一是学生华语水平有限，在写作中有太多的语言障碍和困难；二是学生对华语文化的了解

第五章　篇章视域下华语书面语教与学

有限，在写作中常会出现思维、修辞等跨文化交际方面的问题；三是学生写作动机不一致，在写作中很难有符合每一个学生需求的题目，所谓"众口难调"。要回答"写什么"的问题，就需要解决"学什么"的问题，就由此带出"教什么"和"怎么教"、"怎么学"的问题，总归指向的是写作教学的内容设置和安排的问题。华语二语写作教学中的"写作"和作为母语的华语写作中的"写作"在内涵上是有区别的，它更多的是为满足华语学习者运用华语和汉字进行现实交际活动的实用的书面语表达方式，其现实针对性、应用性、交际性更为突出，而并非指向文学性和创造性。这是我们在考虑和设计华语二语写作课教学内容以及编写教材时应该明确和达成共识的。

教师在写作课堂上的作用关系到方方面面，如对教材的理解、把握与使用，对学习者个体差异的了解、控制与引导，对教学环境的熟悉、驾驭与利用等，特别是对写作这门总是不讨学生喜欢的课程的总体认识和教学理念的构建，都非由教师本人来完成。由于写作课型长期以来在华语二语教学中未得到足够和应有的重视，目前尽管在教材建设方面有了较为明显的改善，但在教师配备和培训上则表现出与综合课、口语课等有很大的差距。写作课教师常常缺乏一定的教学经验或没有接受过系统的华语二语专业教师的培训，他们对课程的认识普遍比较模糊，对学生在书面语表达上存在的问题和畏难心理了解不够，对如何帮助学生克服畏难心理以及解决学生遇到或出现的困难与问题缺少办法和足够的心理及专业知识储备。同时，在这方面已有的理论研究成果也十分有限，能够给予教师有效指导的文献资料、实践案例不多，无法满足和解决教师在写作教学实践中的需求与困惑。

教师在写作教学中对文体的选择一方面取决于学习者的切实需求，另一方面受到所使用的教材的限制。华语二语写作教学上遇到了诸多困难，其中，将病因归咎于教材者司空见惯。于是，我们分析了几套写作教材的情况。拿文体训练为例：《初级汉语阅读与写作教程Ⅰ》[①]中应用文所占比例为33%，文章的格式（包括标点符号、文

[①] 刘立新编著：《初级汉语阅读与写作教程Ⅰ》，北京大学出版社2006年版。

章修改符号）占33%，简单的记叙文占25%，议论文占9%；《初级汉语阅读与写作教程Ⅱ》① 中应用文占29%，说明文占21.5%，描写文占14%，记叙文占7%，议论文占7%，文章段落、句子练习占21.5%；《中级汉语阅读与写作教程Ⅰ》② 中三种文体的训练比例为：议论文占45%，记叙文（夹叙夹议、叙议结合）占45%，说明文占10%；《中级汉语阅读与写作教程Ⅱ》③ 中议论文（包括社论）占36.5%，论文写作占36.5%，记叙文占9%，说明文占9%，调查报告占9%；《高级汉语阅读与写作教程Ⅰ》④ 中议论文占45%，应用文占55%。

从文体分布情况来看，以上几种写作教材均注意到了文体选择的应用性和现实针对性；注意到了写作能力在不同学习阶段的差异性，内容安排上考虑到了难度上的层级划分。在华语二语教学中，尽管对写作教材的满意度不是很高，但是从对写作教材的抽样调查中可以看出，绝大部分教材在编写理念上是清晰、明确的，在具体内容的安排上也注意到了华语二语写作的现实需要和学习者的认知特点。这是从写作教材在文体选择上做考察得出的基本结论。那么，为什么教材仍然不能满足写作教学的需要？为什么还是由教材来背负影响写作教学效度的沉重包袱？

应该说，这和教师对教材的依赖有关。长期以来，教师习惯了"有本可依"的课堂教学，对"照本宣科"缺少批判，对自身在课堂教学中所处地位和所发挥作用的认识总有摇摆。事实上，一直未得到应有重视的华语二语写作教学，给教师在课堂教学中留下的主动空间很大，尤其需要教师具有问题意识。

2. 教学目标不够明确。

华语二语写作教学要达到什么样的教学目标？我们从下面两部"大纲"对华语学习者"写"的能力的要求来看"写"和"写作"

---

① 刘立新编著：《初级汉语阅读与写作教程Ⅱ》，北京大学出版社2007年版。
② 张园编：《中级汉语阅读与写作教程Ⅰ》，北京大学出版社2006年版。
③ 张园编：《中级汉语阅读与写作教程Ⅱ》，北京大学出版社2007年版。
④ 赵昀晖编著：《高级汉语阅读与写作教程Ⅰ》，北京大学出版社2006年版。

第五章　篇章视域下华语书面语教与学

教学的目标：一部是《汉语水平等级标准与语法等级大纲》，一部是《高等学校外国留学生汉语言专业教学大纲》。前者对初等水平二级学生的要求是：语段（由学过的语句组成的较长语段）听写，速度为13字/分钟，汉字书写准确率达90%以上；记叙文（熟悉的题材）写作，两小时，500字以上。后者对本科一年级学生的教学要求是：正确掌握汉字笔画、笔顺等书写规则，汉字抄写速度达到18—20字/分钟，单句或语段（句群）听写速度为14—16字/分钟；能够做简单的课堂笔记，能够独立完成书面作业；能够写简单的记叙文和应用文，做到语句基本通顺、条理基本清楚、格式基本正确，100分钟（两节课）完成400字以上短文，汉字书写正确率达90%以上，句法正确率达80%以上，标点符号使用正确率达85%以上。

从两部大纲对"写"和"写作"的要求来看，细化、量化的指标是比较一致和具体的，问题在于这些量化和细化的指标的指向不明确，亦即在大纲中缺少了对能够提纲挈领的那部分内容的描述。这就导致教师在依照大纲进行教学安排的时候，过分在意词、字、句、标点等篇章细部和各个组件，而对于篇章从整体、全局的视角加以观照则缺失或做不到位。目前，国内的华语二语教学已经出版的各类教学大纲有20部，其中，以语言要素（如词汇、语法、汉字等）的等级划分与等级归属者居多。随着学科建设的成熟和教学实践的推动，现有大纲的不足越来越受到注意，需要在理念上与具体内容上迈出更大的一步，尽可能与国际语言教育的评定标准接轨，尽可能体现语言教育是以综合语言能力培养为重心的原则，淡化或走出大纲即是确定语言要素范围和划分语言等级的原有框架，重视并加强对语言能力的等级描述和量表的制定。

以如何对待语法教学为例，看写作教学常常出现的"抓小放大"现象。对语法的偏爱长时间影响我国的语言教学，无论是英语教学还是华语二语教学。在华语二语教学中，由于面对的是留学生，对语法的抵触情绪等来自学生的反馈信息，让业界的学者和一线教师相对做了更多的反思与调整，情况会略好于英语教学，但是在课堂教学中放不下或舍不得放下并处理不好语法教学的教师还是占绝大多数的。而已有不少语言学家都认为语言学习者学习的语法，与语言学学生学习的语法应该不同，并且有齐户扬等学者为华语二语教学编写、提供了"教学语法"。教学语法的学习与语法学的学习有明显不同，后者的学习重点之一就是要了解语法术语和语法分类。在语法教学问题上，王力（1956）[①] 曾对中学华语教师提出应该是"通过语法的讲授把学生们带到语言实践中去，不应该引导学生们把注意力都放在术语和分类上"。张志公（1985）[②] 也指出："教学语法应该简要，不能繁琐，要教有用的，不是为语法而语法，不去纠缠那些有分歧、有争论的比较复杂的问题。"王培光（2005）[③] 通过实验的方法证明了语法教学的作用是可以直接提高系统语言感知能力，但对于语言能力的促进作用却只能是间接的和有限的。所谓系统语言感知能力，是指以语法术语描述语言现象的能力。只有学习过语法知识的人，才能拥有这种能力。从王培光的实验结果来看，系统语言感知能力与写作能力的关系很小，那些系统语言感知能力很强的人，写作能力却未必很高。所以，对于写作教学而言，尤其是对于学生习作的讲评与批改而言，教师对语法的强调和在语法上花费的精力与时间确实需要加以调整和反思。语法是语言规律性的集中反映，对语言教学和语言学习的重要性毋庸置疑，需要我们华语二语教师进行反思的关键问题不应该是"要不要语法"、"要不要讲语法"，而应该是"语法怎么教"、"怎么讲语法"。在以训练篇章表达能力为主的写作教学中，语法摆在什么位置才合适？没有明确的教学观和教学目标，答案必然含糊，定位必然有偏差。

3. 教学手段过于单一。

写作教学似乎很难有创意和革新，教师在教学手段上也习惯了自己的一本教材、一支粉笔、一张嘴再加学生一张纸、一支笔、一只手

[①] 王力：《语法体系和语法教学》，载张志公编《语法和语法教学》，人民教育出版社1956年版，第4—9页。

[②] 张志公：《关于〈中学教学语法系统提要（试用）〉的几个问题》，载张静等编《中学教学语法讲话》，河南教育出版社1985年版，第33—53页。

[③] 王培光：《语感与语言能力》，北京大学出版社2005年版，第77页。

第五章 篇章视域下华语书面语教与学

的模式。这一方面是受传统写作教学的桎梏,另一方面也是由于教师的惰性和对写作课的轻视所导致。教学手段的单一,既影响了写作教学的效果和良好课堂氛围的营造,也严重影响了学生对写作课的热情和对华语写作的热爱。所以,如何丰富写作课的教学手段,应该引起教师的重视。

笔者曾经跟踪观察了某中级班一个学期的写作课堂教学。由于是年轻教师任课,乐于在教学手段上做积极的尝试,因此在课堂上能够比较娴熟地使用多媒体。多媒体在写作教学中的介入,首先从视觉上刺激和调动了学生的学习热情和兴趣,打破了写作课枯燥、沉闷的局面;另外,在信息量的传递上也体现出更大的优越性,信息传递的形式也丰富了很多。因此,多媒体的运用使写作教学直观、可感、立体、多元,使原本较为枯燥的写作课堂有了"声"、"色"。

再比如,关于作文讲评。作文讲评是写作教学中一个必不可少的环节。有些教师喜欢安排学生互批互改作文的做法是否值得提倡和推广值得研究者深入思考。学生互改的形式在中小学作文教学中也时常被采用,但是把这种方式移植到华语二语写作课堂并不太合适。理由是,把华语作为二语来学习的学生对华语的正确、良好的语感尚未形成,对于彼此在习作中出现的各类错误与偏差不敏感,甚至有互相都存在的语言盲点或误区,教师希望学生通过互批互改作文以达到提高写作水平的目的,可以说是一厢情愿,是与事实相违背的,不仅很难达到预期的目标,而且很有可能造成学生在反反复复中加强、加深了对错误和偏差的记忆。至于如何讲评作文,除了传统使用的方法外,在华语二语写作课堂上,可以尝试多种方法,努力调动学习者动手、动脑、动口的积极性。可以是教师针对本次习作中出现的主要问题和存在的普遍现象进行讲评,可以是请优秀习作者朗读自己的文章,可以是学习者自查本次写作中的问题和困难,也可以是分享写作经验,等等。当然,还可以同学之间互评,但我们提倡"互评",不是"互改",评的重点在于找出别人习作中写得好的地方,并且说出理由。这样做的效果和互相挑毛病的"互改"是不一样的。因为互评的关注点在于寻找同学习作中优秀的部分,是学习和欣赏的过程,汲取的是他人习作中有益和积极的成分。

4. 教学对象感不强。

学习者对华语写作的具体需求千差万别，情况比较复杂，因此几乎没有一本能够满足所有学习者需求的写作教材。教材无法尽善尽美地满足学习者学习华语的现实需要，但是学习者可以根据自己的需要去挑选适合自己的教材，因为近些年来，针对不同的学习群体，编撰了不少优秀的写作教材，学习者可以各取所需。

这里所说的教学对象感不强，主要是针对教师而言。教师在写作教学中的主导作用是毋庸置疑的，教师在写作篇章教学中如何安排教学具有很大的灵活度。而这个"灵活度"以什么为标尺？应该说，是由具体的教学对象来决定的。但从写作教学的实际来看，教师在这方面所做的努力还很不够，还有很大的提升空间。

(三) 篇章写作教学方法的改进

教学方法的研究带有较强的主观性、个别性，在写作教学中也不例外。同一种教学方法，在不同的教师、不同的学生、不同的学习环境中，其使用起来所达到的效果是会有很大差距的。因此，尽管教学具有普遍规律和共性，有"法"可循，但是在具体的教学实践场域下，教学方法必须灵活运用，做到因人（师与生）、因内容（学习内容）、因地（学习环境）而有所变化和调整。当然，本书始终强调教学观在华语二语教学中的作用和地位，这在教学方法的选择、运用与改进方面，更为突出和明显。那么，我们在教学方法上可以给写作教学的教师提供一些什么样的建议呢？"教无定法"、"有教无类"是对教学法的基本共识，写作教学即便是在华语作为母语的作文教学中也始终是一个令教育者煞费苦心的难题，从小学一直到高中十二年里可谓常抓不懈，然而成效与投入和付出显然不成正比；华语二语教学中写作课且不说开设的时间短、课时少，就连教学大纲和教材的编写、选择都未尽如人意，更何况作为二语的华语学习者对写作抱有的畏难情绪，有的甚至认为华语书面语写作对其个人是没有学习必要的，出现拒绝或排斥学习的消极行为。

目前，华语二语写作教学已经受到较多关注，在教学法探索上也

第五章　篇章视域下华语书面语教与学

有一些新的尝试,特别是任务教学法和过程写作法的运用,很大地推进了华语二语写作教学,较大地改变了写作教学枯燥、呆板的面貌,也在一定程度上提高了学习者的写作兴趣并克服了学习者较普遍的畏难情绪。

篇章视域下的写作教学,同样可以贯彻交际语义场观点,在写作篇章的教与学过程中,尝试"立体化"教学。同时,根据篇章写作的特殊性,提出"板块化"教学模式。"板块化"教学突出的是阶段性教与学的特点,"立体化"教学则贯穿在教与学的始终,不过,在不同的学习阶段,突出训练的某项或某些项语言要素会有不同的侧重。下面,分别就篇章教学观下的写作教学"立体化"与"板块化"加以具体阐述。

1. "立体化"书面语篇章教学。

书面语篇章教学追求"立体化",仍然是篇章视域下交际语义场观点在华语二语教学中的实践。但作为书面语,其教学与口头语有很大的差别,这一点教师在教学中要有明确的认识,因此这里提出的"立体化"教学有别于口头语中的"立体化"。口头语教学中的"立体化"重在情境创设上,由交际语义场中的相关语言要素和非语言要素构建起来的多维、立体的情境,可以帮助学生更全面地学习口头语篇章表达和理解,努力将口头语篇章的学习置放在交际语义场中进行和完成。书面语教学中的"立体化"重在华语书面语在各课型间的衔接与配合以及篇章语义场的构建。

在华语二语教学中,直到现在,书面语篇章教学还存在比口头语篇章教学滞后的普遍现象,问题十分突出。在华语二语教学的初级阶段,基本上都是从拼音开始,汉字辅助并缓慢介入,所以初级阶段的教学,通常都是听说先行,读写在后,很难做到同时并举。但是,就华语教学的整个过程而言,口头语和书面语在篇章意识培养和篇章意识建立方面应该不分先后,至少要缩短二者之间培养和建立的时间距离,否则就无法避免出现目前教学中已然存在并且非常明显的学习者听说能力高于读写能力的状况。而这种状况使华语二语教学遭遇了难以突破和提升的窘境,即在探寻帮助学习者达到理想的华语运用水平的过程中,华语二语教学遇到了困难,卡在了瓶颈处。最主要的表现就是学习者书面语篇章表达能力跟不上。因此,反思和改变现有教学模式势在必行。

"听说先行"在初始阶段是可行的,也是快速切入华语二语教与学的很好途径和办法。不过,已有的教学经验告诉我们,"听说先行"的阶段性合理与必需不等于在华语二语整个教学过程中都具备合理性。"立体化"书面语篇章教学的建议是:

一是听说读写教学立体化。缩短和控制"听说先行"在华语二语教学中的时间,做到听、说、读、写语言能力的立体构建。这就要求,汉字教学要与拼音教学同步启动,并且汉字教学不能只做表面功夫,也不能只是蜻蜓点水式地一周授课两个学时,不能没有明确的教学目标和教学计划,而是要通过一个学期的汉字教学,让学习者掌握汉字的书写规则、学会使用字典等工具书、帮助学生克服汉字学习的畏难情绪并培养起对汉字的学习兴趣。"听说先行"的状况最多在第一个学期中运用和保持,之后的教学要在教学计划中加强阅读教学。阅读是书面语篇章意识养成与建立的必要而又有效的途径。篇章阅读既是写作的储备阶段,也是写作的推进手段,没有足够多的阅读,就不可能有高质量的写作。在有了一定汉字基础和学会使用字典等工具书之后,阅读教学和阅读训练就应该进入教学的整体规划,不需要等到第二个学年才开设阅读课程。这样,听说和读写分离的状况就可以得到适当调解。

二是篇章阅读的立体化。篇章选择和教学重点需做调整,在书面语篇章阅读训练过程中,实现华语篇章多文体、多题材、多风格的立体化语言输入。上文我们谈到,华语二语学习者在篇章写作上最讲求的是有现实应用意义的实用性,而不是以文学创作为主的艺术性,所以在写作教学中我们对应用性强的文体写作更为重视,训练强度更大,而文学性强的创作型写作不作为教学重点,甚至不做教学要求。但是,这一原则不能照搬到华语二语阅读教学中去。

以篇章教学观指导阅读教学,首先在阅读文本的选取上,要以培养与建立华语篇章意识为宗旨,要以培养和建立良好的华语语感

第五章 篇章视域下华语书面语教与学

（也可以叫作"文感"，以突出是对书面语篇章的感觉）为目标，故而选文体裁和题材都要广泛，并且在阅读篇章中不但不排斥文艺语体的文章，而且鼓励并推荐学生扩大阅读面、加大阅读量，其中大部分阅读材料可以是文学作品。因为，好的文学作品，在语言上一定做到了"信"、"达"、"雅"，十分有利于学习者语感的培养。当然，在华语水平有限的初中级阶段，选文在语言规范度上应该做严格考量。像现代文学中的一些名家名篇，虽然在中国现当代文学中有较大的影响力，有些甚至堪称经典，但因为受当时白话文中很多未被规范下来的条件的限制，很多文章在用词、语法等方面与当代的普通话有较大的不同，因此这一类文章不宜进入华语二语阅读教材中，可以作为扩展读物推荐给学生。否则，难免要让阅读课的教学陷入字、词、句、语法的讲解中，破坏了阅读教学重点在篇章的原则。

三是篇章写作训练的立体化。在写作训练上，需要改变原有的教师一张嘴、一本教材、一支粉笔和学生一支笔、一张纸、一只手的呆板、枯燥的状况，在篇章教学观指导下，把篇章写作贯穿到各课型当中，如在综合课、阅读课、听力课、文化课等课型中，均可以有计划、有意识地进行篇章写作的训练，即使是在口语课上，也可以进行一定程度的训练，因为华语普通话在某种意义上被认为是"挂在口头的文章"，大可以在口头语篇章训练的同时，促进和推动书面语篇章能力的提升。

2."板块化"书面语篇章教学。

篇章教学观指导下的"板块化"书面语篇章教学，不同于传统的以字—词—句—句群为学习单位，并非按照从小到大、"自下而上"的顺序来安排教学，而是在总体上按照"自上而下"的认知模式，从整体上观照整个书面语篇章教学的过程，在学习的不同阶段所安排的不同"板块"内容，是根据学习者的认知特点与能力、根据华语篇章的特点和篇章制作的步骤等（相关内容参见本书第三章）来切分和规划书面语教学的具体内容。这些教学内容相对独立，将书面语篇章涉及的知识点和问题类化，从而形成教学"板块"。书面语篇章教学主要依靠两个课型：阅读课和写作课。"板块化"教学在华语学习的初、中级阶段主张将阅读和写作两种课型合并，在大量"板块化"的书面语输入的同时，将书面语输出即篇章写作及早引入教学，帮助学习者尽快建立华语篇章写作意识。

拿写作教学为例。一般情况下，在四年制本科学历教学中，写作课开课的时间安排在三年级和四年级，授课时间长度通常是1个学年，最多也有2个学年的。也就是说，写作课在初级阶段是没有开设的。其中原因也十分明了：对于初学华语的学习者而言，尚不具备篇章写作的基本条件，如汉字的书写能力弱、词汇量积累不够、华语语法知识掌握得少，等等。这是以"自下而上"认知模式看待写作教学的必然结果。

从篇章教学观出发，篇章意识的建立无论是口头语还是书面语，在华语学习的初级阶段都应该开始培育，并且具备培育的可能性。"板块化"教学不是简单地按照从小到大的语言要素的习得顺序来设计和安排教学，而是遵从篇章视域下的华语二语教学的规律和特点，从初级阶段开始，就把各个语言要素的学习纳入华语篇章的交际语义场中。

从现有教材课后练习的设计与安排，我们可以大致了解编写者的训练意图和侧重点。下面的数据是对几部教材"练习部分"内容的统计。《初级汉语阅读与写作教程Ⅰ》练习部分：本书因为有阅读材料做写作的范文，且应用文所占比重较大，所以写作练习以抄写、仿写、填空、根据模板（或提示）进行写作为主，辅助的练习有听写、加标点、扩写、文章修改等。各项练习所占比例分别为：根据模板（或提示）进行写作32%，抄写20%，填空12%，仿写12%，听写8%，扩写8%，加标点4%，文章修改4%。《初级汉语阅读与写作教程Ⅱ》练习部分：因为该阶段学生已基本掌握格式较为规范的短文，所以在练习部分增加了根据提示进行写作的练习内容，仿照课文的例句或者语段进行写作的比例也明显加大。各项练习的具体比例为：根据提示进行写作42%，仿写26%，抄写9.5%，缩写9.5%，扩写6.5%，填空6.5%。《中级汉语阅读与写作教程Ⅰ》练习部分：

第五章 篇章视域下华语书面语教与学

按教材设计,该阶段学生进入全文写作,所以根据提示的内容进行写作占的比例很大。另外,作文的评改也占了写作练习相当一部分比例,这反映了编者希望学生能通过相互批改来达到自查和纠错的目的。各种练习类型所占比例分别为:根据提示进行写作 32%,评改练习 30%,句子排序 10%,填空 6.5%,列提纲 6.5%,抄写 3%,口头说话 3%,扩写 3%,缩写 3%,自由写作 3%。《中级汉语阅读与写作教程Ⅱ》:在各种文体的基本格式方面学生已经能够基本掌握了,所以写作练习方面注意安排文章的整体练习,针对论文的写作,专门增加了注释训练的内容,篇章的练习多于语段的练习。各项练习的比例如下:命题作文 23%,评改作文 23%,自由作文 19%,列提纲 12.2%,口头作文 3.8%,改写 3.8%,抄写 3.8%,仿写 3.8%,加注释 3.8%,写调查报告 3.8%。《高级汉语阅读与写作教程Ⅰ》:由于学习要求学生能够对整篇文章有很好的把握,所以单项的练习内容(如列提纲、填空、扩写、缩写、翻译、分析写作方法)已经明显减少,而是以语段训练和命题作文的写作为主。各部分所占比例为:命题作文 50%,单项练习 29%,片段写作 21%。

另外,学习者母语对华语写作的影响也常常会是教师关注的一个重点。对于这方面的关注,从篇章立场出发,我们的态度表现在两个方面:一方面是积极肯定的;另一方面是消极否定的。具体来说,积极肯定的是,利用母语学习的经验向作为二语的华语学习进行顺利转化;消极否定的是,不要夸大母语对二语的影响力。王培光曾在 136 名香港学生中做过一个问卷,是关于中文和英文的语感问卷,其结果是这两种语感只存在低度相关,二者关系并不紧密。可见,第一语言对第二语言的影响是有限的,大可不必"谈虎色变"。因为这个调查对象具有一定的特殊性,其得出的结论未必完全适用于华语二语教学,但至少可以给我们一定的信心:学习华语或者华语写作,每个学生都站在同一条起跑线上,只要教学中引导得当,学习并不受母语(或第一语言)的直接影响。

在以篇章观为统领的华语二语写作课堂教学的方法改进中,"体裁教学法"值得一提。建立在华语篇章认知基础上的这一教学法,按照交际（写作）目的或对象来确定篇章体裁，在教学中帮助学生建立相关类别篇章具有共性的图式结构，确立下来的篇章体裁的图式结构又影响篇章内容和语言风格的选择。"体裁分析"是将语言学分析方法与社会学和心理学方法结合起来用以描述篇章的语言特点、社会性和规范性以及篇章的认知结构和建构策略。"体裁分析法"主要就是建立在上述理论背景下的一种教学方法。事实上，"体裁教学法"在国外的二语写作教学中已经有了较早的尝试和较为成熟的经验。其主要操作步骤基本上是分三步走，即从范文分析到模仿写作再到独立写作。我们认为这个"三步走"符合二语篇章习得的客观实际，在教学中灵活运用"体裁教学法"是有利于华语篇章体裁图式的培养和建立的。在华语二语书面语教学中，篇章体裁图式结构的建立是教与学的重点和难点。

已有的一些研究对我们改进和完善目前华语二语写作教学有很大启示。如李姝雯等人（2012）[①]的以母语背景和华语水平为标准，对母语为日语、韩语、英语和泰语的汉语水平为初级的留学生的 286 篇作文做了整篇的标注，他们从四个方面来分析篇章偏误的现象，即篇章逻辑、篇章衔接、篇章照应和语体四类，并较为细致地考察和对比了不同母语、不同华语水平的学生在篇章偏误类型分布上的情况和特点。其研究结果显示，不同华语水平的留学生在篇章表达上出现的偏误情况并不是随华语水平的提高而呈现规律性的递减，而是更贴合于习得的"U型"效应，其特征是一种波浪式发展。而就不同母语背景的学生而言，英语背景的学习者无论是哪个华语水平上的，他们在篇章逻辑和篇章照应上出现的偏误数量都是最多的，韩语背景的学习者的偏误数则在各个等级上都是最少的。这在某种程度上说明了汉字文化圈的学习者在华语书面语篇章表达上确实具有一定的优势。而这个分析结论给我们在写作教学上的启示还表现在：

[①] 李姝雯、孟莹、张琳琳、赵奕：《留学生语篇表达中的偏误类型及分布》，载张旺熹、邢红兵主编《汉语测试、习得与认知新探索》，中国书籍出版社 2012 年版，第 93—122 页。

◈ 第五章 篇章视域下华语书面语教与学 ◈

其一，篇章意识可以在初级阶段培养和建立。写作篇章教学可在初级阶段进行华语篇章结构特点、逻辑思路以及华语文化与思维对华语篇章的影响等较为宏观的华语篇章特点的介绍和输入，因学习者华语水平尚处于初级阶段，教师在传授该部分内容时可大胆使用媒介语，以便于学习者准确而又快速地接收到最为完整的信息。

其二，写作篇章教学要因材施教。面对不同国别的学习者，可相对粗略地以是否是汉字文化圈来划分，写作教学在教学重点、难点和教学内容与教学策略的安排与设计上均应突出针对性，不宜一把尺子量到底或者是搞一刀切。

其三，不同学习阶段教学要各有侧重。华语水平的差异、母语背景的差异，导致在不同学习阶段的学习者所面对和出现的篇章问题是不尽相同的，因此写作教学要考虑这一因素，不能盲目甚至无视学习者在不同学习阶段的特殊要求与困难。

第四节　书面语篇章习得的两个问题

一　汉字问题

从长期从事写作教学的经验来看，有一个很特殊的内容，似乎不在写作教学内容当中，可又确确实实是写作教学进行和华语学习者进行华语写作的前提与基础，这就是汉字习得。很多华语学习者，尤其是非汉字文化圈的学习者，他们对汉字的学习从一开始就持有严重的畏难心理和抵触情绪。他们对汉字持有这样的消极态度并不十分奇怪，连大教育家卢梭[①]对象形文字都带有这样的偏见，他曾说过：越是粗糙的文字语言就越古老，最早的书写符号是用来描摹物体的，而并不描述声音，他认为这样一种对物体描摹的书写方式只适合野蛮人。但我们认为，文字和语言一样，是没有高低贵贱、文明野蛮、精致粗糙之分的，我们既不自负汉字如何优越，也不自卑汉字生来落

---

① 转引自［法］克洛德·海然热《语言人：论语言学对人文科学的贡献》，张祖建译，北京大学出版社2012年版，第67页。

后。而有些学习动力不足或动机只在使用华语进行日常交际会话的学习者，甚至坚持认为汉字学习是没有必要的。如果我们有机会看看由罗伯特·德里尼主演的电影《斯坦利与爱丽丝》（*Stanley and Iris*）或者由凯特·温斯莱特主演的《朗读者》（*The Reader*），我们会看到，一个不识字的人所面临的困窘之境。由此可见，学习一门语言，如果仅仅停留在口头交际层面，如果只是能听会说却看不懂写不出，那么这样的学习，无论如何都是极大的残缺，是不可能真正掌握和领会这一门语言的精髓的。要想写出漂亮的合乎华语表达习惯与规范的文章，要想使写作教学能够顺利进行，不会书写汉字，不重视对汉字的学习，可以说，那将无异于"无米之炊"和"海市蜃楼"。因此，我们需要端正学习者对汉字的学习态度，需要把汉字教学与写作和阅读教学更好地融通。

　　洪堡特曾说过："中国人其实早就知道了欧洲的字母文字，但他们一直顽固地抵制使用，绝非因为他们如何忠于自己的传统或对外来事物的反感，而主要是由于汉语及其结构本身的能力，在内部没有产生对字母文字的需要。否则的话，就中国人所表现出的巨大的创造能力，以及他们所使用的书写符号本身，就会使他们不仅将声符作为一种辅助手段，而会创造一种完整的、真正的、纯粹的字母文字。"[①] 西方汉学家或语言学家们的确注意到，中国人不采用字母文字而坚持使用那些被认为是"古怪"的文字，并不是因为他们愚蠢或顽固保守，而是由于汉字与华语的默契和适应，因而无法废弃。英国语言学家帕默尔（Frank Palmer）也曾有过类似的论述："在中国，一如在埃及，文字不过是一种程式化了的、简化了的图画的系统。就是说，视觉符号直接表示概念，而不是通过口头的词再去表示概念。这就意味着，书面语言是独立于口头语言的各种变化之外的。它意味着，一个学生学了4000个左右的视觉符号（据说足够日常应用了）之后，四千年的文献就立刻展现在他面前了。

---

① ［德］洪堡特：《论人类语言结构的差异及其对人类精神发展的影响》，姚小平译，商务印书馆2002年版，第236页。

第五章 篇章视域下华语书面语教与学

对于他不存在学习中古汉语和上古汉语的负担。也没有学习古希腊文献的学生碰到的那种复杂的方言问题,后者要想欣赏荷马、莎芙(Sapho)、希罗多德和狄摩西尼(Demosthenes)的作品就要学习多种方言。而且,虽然中国的不同地方说着互相听不懂的方言,可是不管哪个省的人,只要是有文化的,都能马上看懂用古代文字写的一个布告。但是据说,一个广州人要是把它读出来,那声音对一个说北京话的人根本不能传达任何意思。所以,汉字是中国通用的唯一交际工具,唯其如此,它是中国文化的脊梁。如果中国人屈从西方国家的再三要求,引进一种字母文字,充其量不过为小学生(和欧洲人)省出一两年学习时间,但是为了这点微小的收获,中国人就会失掉他们对持续了四千年的丰富的文化典籍的继承权。而且,用北京话写的文件在别的地方就会读不懂。中国的统一,正如所有行政区域的统一那样,完全依靠一种共同交际手段的存在。这项事业迄今为止一直通过全国普遍通用的文字这个媒介来进行。如果把它废除了,从哪里找得出一种能代替它的'普通话'?"[①]

我们在此不吝赘言大段引用了两位西方学者的话,主要用意即在于让华语学习者,尤其是非汉字文化圈的以西方人为大多数的华语学习者能够从中领悟汉字学习的必要性与重要性。只有学习汉字、学会书写汉字,才能真正打开华语学习的大门,才能真正进入华语文化辉煌的殿堂。用一个毫不夸张的通俗比喻,汉字是打开华语学习的一把钥匙,而且是金钥匙。同时,华语教师在教学中也应该坚定和明确汉字教学的任务与目标,不需要在学不学汉字、教不教汉字的问题上再摇摆不定。只有解决了汉字书写问题,写作教学才有可能得以顺利展开,否则无以为托,寸步难行。

其实,也并不是所有的华语学习者都畏惧汉字或汉字的学习,特别是对于汉字文化圈的学习者而言,他们对汉字有一种特殊的亲切感和亲近感,在华语学习的入门阶段,汉字的学习难度甚至小于语音的学习难度。所谓"汉字文化圈",通常指的是汉字文明所影

---

① [英]帕默尔:《语言学概论》,李荣等译,商务印书馆1983年版,第99页。

响的一个范围，除了中国之外，还有日本、朝鲜半岛、越南等东南亚一些国家。对于这些国家的华语学习者来说，汉字是他们乐于进入的一项学习内容，甚至中国书法都对他们中的一部分人产生了极大的吸引。

当然，汉字的难学除了难认外，更在于它的难写。可是随着电脑的普及，各种汉字输入法的发明和使用，汉字书写曾经带给学习者的难题得到了缓解甚至是化解，在电脑屏幕上不仅可以很容易地敲打出自己平时写不出的汉字，而且打字的速度与输入法的便捷都已经胜过了原以为在键盘输入上占绝对优势的英文。在教学中，要能够与时俱进并给予学生足够的信任和及时的鼓励，增强他们学习和攻克汉字难关的信心是很有必要的。与此同时，已经有一批有识之士热情关注汉字的规范和发展工作，给华语二语汉字教学带来了新的期待。如陈学超（2012）[①]等正积极倡导并开始努力推行的"读楷写行"的主张。他立足于汉字已有和现有的文化根基与特点，同时突破汉字繁简体的框架，以汉字教学规律为参照，拟讨论编写一套新楷书（用于正式文书印刷与电脑打字字体）和新行书（主要用于手写体）字表。汉字的学习和汉字在国际上的推广都不是一蹴而就的事情，但我们需要并感谢陈学超等具有学者理想与胸襟的学者在这条艰苦的路上所付出的热情和努力，也期待在华语国际化的过程中能够早日给汉字教学寻求到一条"通衢"。

二　语言输入与输出的问题

说写是语言输出形式，听读是语言输入形式，与之相对应的，说写能力属于语言输出能力，听读能力属于语言输入能力。在华语教学过程中，各种课型的设置和教学的设计归根结底都是以提高学习者听、说、读、写能力为目标和宗旨的，也就是说，语言教学就是要培养学习者语言输出能力和语言输入能力；语言学习就是对语言输出能

[①] 陈学超：《国际汉字规范化的历程和展望》，陈学超、吴伟平编著《语言学与华语二语教学：社会语言学的研究与实践》，香港中文大学、雅礼中国语文研习所2012年版，第71—75页。

第五章 篇章视域下华语书面语教与学

力和语言输入能力的学习。本书囿于篇幅和时间、精力的限制,未能将作为二语的华语输出能力与输入能力的相互转化纳入整体论述架构中,但并不是因此就忽略了该部分内容的价值。相反,笔者认为该内容应该得到足够的重视并进行专题研究,尤其是在建立了华语篇章意识与理念之后,将更加有利于对语言输出与输入能力的培养及其二者之间的有效转化途径研究的宏观驾驭和整体把握。

二语习得研究作为独立学科已有40多年,由于研究对象、研究方法、语言观、学习观以及哲学倾向等方面的差异,随着研究的深入和学科的发展,逐渐形成了两大对立阵营:认知派和社会文化派。他们在二语习得研究的诸多问题上存在观点分歧,而在语言输入、输出和互动的地位与作用等问题上,其分歧具体表现在对二语习得的看法和理论构建以及如何看待语言输入在二语习得过程中的作用上。某些认知派学者(如 Long,1996;White,2007;Carroll,2007)认为,新的语言知识的获得是一个心理认知过程,这是二语习得的本质,而二语习得受社会环境的影响,在这个过程中并不是决定性因素;所以,改变学习者语言学习的社会环境,其习得方式并不会有本质上的变化。而坚持社会文化派的学者(如 Lantolf,2006,2007[①];Larsen-Freeman,2007[②])则认为,语言的学习不能脱离语境和语言使用,语言意义是交际的产物;批判认知派过分强调个体和内心思维过程与语法能力的发展。语言认知观不同是社会文化派与认知派分歧的焦点所在。社会文化派认为语言认知是一种社会官能(social faculty),而不是大脑的语言或心理官能(psychological faculty)。也就是说,人类认知乃是起源于人类所经历的包括物质、文化等的社会历史环境之中。语言学习是大脑获取周围环境所提供的知识的过程,知识提供依赖于参与社会事件的社会过程而发生。而认知派坚持认为二语

[①] Lantolf, J. P. & Thorne, S. L., Sociocultural theory and second language learning, In B. VanPatten & J. Williams (Eds.), *Theories in Second Language Acquisition*, Mahwah, NJ: Lawrence Erlbaum Associates, 2007: 201-223.

[②] Larsen-Freeman D., Reflection on the cognitive-social debate in second language acquisition, *The Modern Language Journal*, 2007 (5): 773-787.

习得主要是心理过程（即新语言知识的获得），无论社会因素影响有多大，无论语言学习的社会环境有什么变化，学习者的语言习得方式都不会有大的改变，即在语言学习中，学习者本身是决定性因素，他们才是语言学习的主体。

具体而言，社会文化派和认知派的主要不同表现在：（1）语言观上。前者认为语言是社会现象，后者认为语言是心理现象。（2）学习观上。前者坚持学习是社会参与的结果，后者坚持学习发生在个体内部。（3）研究对象上。前者认为研究对象是第二语言的运用，社会/互动因素应该作为研究的焦点，同时应该关注语言使用影响；后者认为学习者如何习得第二语言才是二语习得研究的对象，坚持把研究焦点放在学习者对语言结构的掌握上。对学习的最终状态的理解双方也各持己见，前者认为语言学习是一个持续的无止境的过程，没有最终状态；后者则认为，应是学习者的语言水平达到目的语水平或者出现僵化现象。在语言学习的方法上，认知派从现代派的观点法，坚持二元论，认为人与社会环境是互为独立的实体，认为二语习得归根结底是心理过程，不论社会环境因素如何改变都不会引起习得方式根本性的变化；社会文化派是基于后现代派观点，认为人类的心智机能在起源和发展上，都存在于社会与文化的互动中，他们坚持，语言使用是依存于社会文化环境的，在二语习得中，社会文化环境所起的作用是根本性的，而不仅仅是辅助性的。

国内外语教学界对语言输入、输出和互动的研究比较集中和深入，研究主要包括两个方面，即理论引进与探讨和实证研究与教学实践。这不仅是应我国外语教学之需，也是国内长期推行的英语教育在理论与实践方面进行双重探讨的理性沉思的成果。20世纪80年代，我国外语界对 Krashen（1985）[①] 的输入假设理论便给予了足够的重视，被当时的外语教学视作理论参照。当时，对该理论的研

[①] Krashen S. D., *The Input Hypothesis: Issues and Implications*, London: Longman, 1985.

究，集中在介绍与评论上，语言输入可以说是当时外语教学与外语研究的焦点。到了 20 世纪 90 年代，"哑巴英语"、"费时低效"等外语教学的现状，使英语教学陷入困境和反思，迫使外语教学改变观念，继而以输出和互动假设理论作为突破口，探讨其与外语教学的关系及其在外语教学中的应用。在这方面开展实证研究的国内学者开始出现，如王初明等（2000）[1] 提出的"写长法"（写长作文），就是以可理解性输出作为理论依据，提倡用"写长法"来促进和提高学习者的英语水平，证明了语言输出的功能；冯纪元、黄娇（2004）[2] 的调查研究结果则印证了 Swain 的输出假设，他们调查了两种语言输出活动（"有引导写作"和"短文重构"）对语言形式的注意与习得。实验结果说明，在目的语语言形式习得上，实验组要比对照组好，实验中设计的输出任务不但促进了学习者对目的语语言形式的习得，而且其影响不是暂时的。孙明等（2007）[3] 关注了在中国外语环境下的儿童二语问句形式的习得，探讨了交际英语课堂上互动式反馈的有效性，文章得出的结论是，充分的互动式反馈（即两次参与互动）能有效促进儿童二语问句的习得。郭红、戚德山（2009）[4] 强调，用"听"的方式输入知识的重要性，目的是帮助学习者创建自己的有声信息库。他们用实证法，论证了"以听导说"这种教学模式的可行性。实验结果说明，"以听导说"教学模式大大提高了外语教学效度。

以上仅是我国外语教学在语言输入、输出与互动方面较有代表性的部分研究成果，我们认为，外语教学方面的理论研究与实践经验对作为二语的华语教学是有借鉴意义与价值的，华语二语教学的研究在更加开阔的学术视野中观照和思考本学科的问题将会减少不必要的探

---

[1] 王初明、牛瑞英、郑小湘：《以写促学——一项英语写作教学改革的试验》，《外语教学与研究》2000 年第 3 期。
[2] 冯纪元、黄娇：《语言输出活动对语言形式习得的影响》，《现代外语》2004 年第 2 期。
[3] 孙明、赵飞、赵江葵：《互动式反馈对儿童二语疑问句发展作用的研究》，《国外外语教学》2007 年第 2 期。
[4] 郭红、戚德山：《输入与输出假说的实证性研究》，《外语学刊》2009 年第 1 期。

索途中的弯路，在自身建设与研究尚不够深入和完善的现实背景下，以"他山之石"来"攻玉"也是一计良策。

在华语二语习得研究中，关于输入、输出和互动应该注意的主要问题有：（1）语言输入的质（内容）与量（数量）在学习者不同学习阶段的设计与安排。（2）语言输入（听读）能力习得的方法与途径。（3）语言输出（说写）能力习得的方法与途径。（4）语言输入与语言输出能力的互相关系与转化。（5）关于华语二语教学法的研究。语言输入、输出和互动过程的研究为交际教学法和基于任务的语言教学提供了强有力的理论支撑。

什么样的任务最能促进二语习得的发展？篇章教学观能否解决以及如何解决相关问题？华语二语教学法研究需要有正确的教学观做统领。

就语言输入问题而言，学习者有必要大量接触语言输入。关于语言输出和输入的地位及作用，二语习得各家理论各有不同的阐述，但是却没有谁否认语言输入在第二语言习得中的作用。对于 Krashen（1985）[①]提出的著名的监察理论（the monitor theory），我们在接受的同时也需要加入自己的思考，不能全盘照搬，比如，对"五大假说"理论中的核心内容"语言输入假说"（input hypothesis）的理解也如此。Krashen 认为可理解性输入（comprehensible input）是二语习得的必要条件，足够的可理解性输入是获得语言知识的唯一方式，并提出最佳的语码输入量是"i+1"（"i"代表的是学习者现有的语言水平，"+1"代表的是略高于学习者现有水平的语言层次）。Krashen 认为，促成语言习得成功有两个基本的条件：一个是大量的、可理解的语言输入；另一个是学习者本身所具有的内在语言习得机制（language acquisition faculty），因此只要有足够的可理解输入，学习者的语言水平就可以从 i 水平进入到 i+1 水平。但是，在"i+1"原则当中，不仅"i"是动态的变量，而且"1"也不是恒定的固定的指数，

---

① Krashen S. D., *The Input Hypothesis: Issues and Implications*, London: Longman, 1985.

第五章　篇章视域下华语书面语教与学

它也是一个不确定的变量。这就是我们在研究和教学中需要适时调整和酌情考量的方面，也是我们把"质"与"量"两个层面同时纳入研究的原因。而如何把握和衡量"质"与"量"？应该在篇章教学观的宏观观照下进行。

语言输入活动和输出活动并不是作为独立个体而存在的，因此可以通过课堂互动，把二者有机地结合起来。语言输出的功能体现在注意触发、假设检验和元语言反思三方面。语言学习是交际双方互动、交流的过程，输入、互动到输出并不是一个线性状态的过程。学习者多一些参与产出性活动的机会，可以在交流过程中提高并有意识加强对语言形式的注意；在参与互动的过程中，学习者可以提高对语言输入与语言输出反馈的注意，在形成、检验假设之后，对假设进行拒绝或确认，从而渐进形成和建立系统的语言知识，最终改善语言输出的面貌，提高其语言能力。同时，输入能力与输出能力是怎样一种互为促进的关系、能否在习得过程中利用二者的这种不可绝对分割的关系寻找到二者互为转化的有效途径，从而加快学习者对目的语的学习，也是有待进一步研究的课题。

对于社会文化派和认知派在二语习得研究中输入、输出和互动理论上的分歧与争论，目前国内有学者（文秋芳，2008）[1]主张两派应摒弃成见，双方互相汲取有益于促进二语习得研究的营养，更加全面和理性地从不同角度去观察和分析二语习得者的语言行为。笔者认为，如果从篇章语言学的视角来考察社会文化派和认知派的纷争，那么不难解决二者相持不让的胶着状态，因为前者不过是重在社会文化语境对语言习得的影响，而后者不过是重在学习者主体认知心理过程对语言习得的作用，而二者在语言习得的篇章理解与呈现上并无实质性的冲突，只是社会文化派强调的是外部要素、外在系统，认知派强调的是内部机制、内在系统，将二者有机结合则正是篇章语言观所涵盖和追求的语言习得的理想状态。

---

[1]　文秋芳：《评析二语习得认知派与社会派20年的论战》，《中国外语》2008年第3期。

在华语二语教学研究中，需要改变多年来形成的经验性总结和对语言现象描述的研究范式，需要加强一线教师对华语本体的认知水平及对与语言、教育、教学等相关联的理论的了解与驾驭能力，这样才能自觉运用于教学实践和提升教学研究的学理性。语言输入与输出问题的研究亟须在理论和实践上同时进行，是华语二语教学中的重要课题之一。

结　　语

　　华语二语教学发展到现阶段，其宏观研究应该得到足够的重视，其学科建设与发展中的宏观问题也应该加强力量去加以解决。本书研究的主旨是在华语二语教学中建立篇章教学观。笔者认为，华语二语教学在篇章视域下进行，可以将语言的各种要素教学统摄其中（包括语音、词汇、语法、句子、语用等）；对口头语和书面语两种语体兼具适用性；对语言输出能力和语言输入能力的培养与提升均具有指导意义；对华语听、说、读、写四项基本语言技能的训练均能够有效观照，因此篇章教学观具备在华语二语教学中贯彻的条件。通过本书前面诸章节的论述可以得出以下结论：

　　第一，在华语二语教学中建立篇章教学观有深厚的理论与文化根基。华语具有高语境的语言特质。本书提出交际活动是一个由言语交际和非言语交际共同作用、交织构建的语义场。篇章语言观把交际活动看作是一个动态的、整体的交际语义场。

　　第二，在华语二语教学中建立篇章教学观有扎实的现实基础。在长期的教学实践中，尽管教学观在华语二语教学中时隐时现，难以梳理出一个明确的线索，但是从教学法的流变和推行上，可以寻出教学观念上的一些或明或暗的轨迹。从结构主义到功能主义到结构、功能、文化的结合，华语二语教学逐渐关注对现实生活中"活"的语言的学习，课堂教学"精讲多练"原则得到越来越好的贯彻和发挥，以教师为主导、学生为主体的原则也越来越得到认可和落实。在华语本体研究方面，各语言要素的研究都在往细处和深处走。词汇、语法、语音、语用的本体研究和字、词、句、句群及语段等教学研究，给华语二语教学在篇章观念意识的树立上和篇章研究的储备上都奠定了很好的基础。

第三，篇章研究和篇章观的确立是语言教学的大势所趋。华语二语教学学科特点决定了其理论与实践的不可分割性。一方面，语言教学本身不是传授理论，而是培养语言能力；另一方面，语言教学需要理论背景、理论支撑、理论指导。从华语二语教学理论研究的过程来看，理论与实践始终紧密相关。从长期的教学实践看，华语二语教学在语言要素教学上，从重语法和词汇，到重句子和语段，是沿着由小到大的语言单位的轨迹走来的，这是教学探索走出的实际路径，也是教学探索的现实指向。可以说，华语作为第二语言的研究走向和指向篇章，是一种理论和教学选择的必然。

第四，篇章视域下的华语二语教学可以创建教学新范式。随着社会文明程度的提高以及国际交流与交往的日益频繁和日常化，人们的社会交往越发开放、自由的同时，也日趋规范化和程式化。在语言教学中，学习语言的最终目的是用于现实生活中的交际。那么，在篇章视域下，无论是口头语交际还是书面语交际，都不同程度地具有程式化、规范化的特征。所以，本书提倡"自上而下"的认知模式，在口头语篇章和书面语篇章的教学中均重视图式认知理论的运用。比如：在口头语教学中，在篇章观指导下，提出"立体化情境教学"、"副语言教学"、"态势语教学"、"诵读法教学"等以往在口头语篇章教学中未得到应有重视的新范式；在书面语篇章教学中提出"立体化"和"板块化"相结合的教学模式等。

第五，篇章视域下的华语二语教学研究可以在研究方法上有新的开拓。本书在口头语篇章部分使用了实验语音学的研究方法，考察感叹词在篇章中的功能，可以说是一种方法上的有益尝试。华语二语教学研究涉及华语本体、二语习得、教育学、心理学等多种理论，因此在方法上也要做科学的探究，并能够科学合理地加以运用，否则本学科理论研究也难有实质性的突破。

篇章教学的理论依据和理念建立是华语二语教学工作者必备的专

结 语

业素养之一,但是在具体的教学实践中,教师同时也必须具备对理论的消化能力和灵活运用能力,不能教条化、形式化。比如,对于衔接形式之一的关联词语教学,强调其在篇章中的作用是必不可少的,加强训练其在篇章中的运用也是理所当然的,但是具体教学中强调和训练的尺度与方法又应该是灵活的和可变的。过分强调则会导致关联词语在篇章中的过度使用,特别是在口头语篇章中的使用与在书面语篇章中的使用状况差别还是很大的。长期关注华语教学实践的学者对这一问题和现象已经有所提及(刘乐宁,2004)[①]。

真正意义上的基于篇章的华语二语教学,应该做到教学大纲的设计(包括教学目标的制定和教学内容的描述)、教材的编写、教学过程的具体实施以及教学效果的课程评价等各个环节均是以基于篇章的语言观和语言教学观为指导,而且需要基础理论的进一步夯实和教学理论的进一步探索。本书试图在华语二语教学中建立起一个理想框架,找到以华语篇章为统领的包括口头语篇章和书面语篇章在内的华语语言能力教学的新途径,实现学习者运用华语得体进行篇章表达和交际的最终目的。

限于本书的篇幅和笔者的研究能力,在华语口头语和书面语的篇章研究上不能做到面面俱到和深入细致,也未能做到将已有华语篇章研究成果尽可能转化到华语二语教学中并全面给出运用和改造的具体策略。华语篇章习得是华语学习的系统工程,树立起篇章即语言的语言观和语言教学就是篇章教学的语言教育教学观是本文的指归,至于框架下的细节建构和完善则是需要更多时日和更多人力投入的工作。华语口头语与书面语之间的差异不仅是现代华语语法研究的棘手问题之一,也是华语二语教学与研究中的重要问题和困难所在,是华语篇章习得中无法规避的两大门槛。尽管本书已经努力从语体的区别上来论述华语篇章的特点和教学,但就解决教学中的具体问题和困难而言,本书所做的工作仍然远远不够。

---

① 刘乐宁:《文体、风格与语篇连接》,《哈佛大学高年级汉语教学研讨会论文集》,北京语言大学出版社 2004 年版,第 235—247 页。

今后，在本研究的基础上，将进一步拓展对交际语义场母系统和子系统的科学、具体的构建与研究；同时，将进一步开拓篇章视域下交际语义场立体化教学模式在华语二语教学中的构建与贯彻，将篇章观深入并落实到语言要素教学和各课型教学中去，尽可能为华语二语教学提供具有参考价值和实践指导意义的教学范式。另外，华语二语口头语与书面语以及语言输出与语言输入的转化研究也将在篇章教学观的具体指导下做理论与实践上的进一步探索。

参考文献

一 中文部分

著作类：

陈海叶：《相同功能语言学的范畴化研究》，上海大学出版社 2009 年版。

陈望道：《陈望道文集》（第三卷），上海人民出版社 1981 年版。

崔永华：《汉语二语教学设计导论》，北京语言大学出版社 2008 年版。

崔永华、杨寄洲：《汉语二语课堂教学技巧》，北京语言学院出版社 1997 年版。

丁金国：《语体风格分析纲要》，暨南大学出版社 2009 年版。

范琳：《二语叙事篇章主题推理研究》，中国社会科学出版社 2009 年版。

冯胜利：《汉语二语书面语教学与研究的最新发展》，胡文译，北京语言大学出版社 2005 年版。

葛桂斌：《写作突破》，安徽人民出版社 2007 年版。

龚千炎：《中国语法学史稿》，汉语出版社 1987 年版。

桂诗春编著：《新编心理语言学》，上海外语教育出版社 2000/2005 年版。

郭富强：《意合形合的汉英对比研究》，中国海洋大学出版社 2007 年版。

何南林:《汉英语言思维模式对比研究》,齐鲁书社2008年版。

胡壮麟:《篇章的衔接与连贯》,上海外语教育出版社1994年版。

黄国文等:《系统功能语法入门:加的夫模式》,北京大学出版社2008年版。

黄国文主编:《功能语言学与篇章分析研究》(第1辑),高等教育出版社2009年版。

靳义增:《中国文法理论》,中国社会科学出版社2009年版。

黎锦熙:《新著国汉语法》,商务印书馆1924年版。

黎运汉:《现代汉语语体修辞学》,广西教育出版社1989年版。

李晓琪:《汉语二语阅读与写作教学研究》,商务印书馆2006年版。

李汛:《汉语综合写作教程》,北京大学出版社2009年版。

廖秋忠:《廖秋忠文集》,北京语言学院出版社1992年版。

刘锡庆:《中国写作理论辑评》,内蒙古教育出版社1992年版。

鲁忠义、彭聃龄:《篇章理解研究》,北京语言大学出版社2003年版。

陆丙甫:《汉语的认知心理研究》,商务印书馆2010年版。

陆俭明、沈阳:《汉语和汉语研究十五讲》,北京大学出版社2003年版。

吕叔湘:《汉语语法分析问题》,商务印书馆1979年版。

罗青松:《发展汉语中级写作》(上、下),北京语言大学出版社2006年版。

罗青松:《汉语二语写作教学研究》,中国社会科学出版社2002年版。

马清华:《系统原理下的语言问题》,上海人民出版社2012年版。

马正平主编:《高等写作思维训练教程》,中国人民大学出版社2002年版。

穆林华、张玲棣:《写给中学英语教师的书》,中国青年出版社2005年版。

潘文国、谭慧敏:《对比语言学:历史与哲学思考》,上海教育出版社2006年版。

彭聘龄主编：《汉语认知研究》，山东教育出版社1997年版。

彭宣维：《语言过程与维度》，清华大学出版社2002年版。

钱玉莲、赵晴菊：《留学生汉语输出学习策略研究》，世界图书出版公司2009年版。

屈承熹：《汉语篇章语法》，潘文国译，北京语言大学出版社2006年版。

尚杰：《中西语言与思想制度》，北京大学出版社2010年版。

邵敬敏：《汉语语法学史稿》，上海教育出版社1990年版。

石锋：《语音格局——语音学与音系学的交汇点》，商务印书馆2008年版。

孙有康：《文章是怎样写成的》，暨南大学出版社2006年版。

唐青叶：《篇章语言学》，上海大学出版社2009年版。

田海龙：《篇章研究：范畴、视角、方法》，上海外语教育出版社2009年版。

田小琳：《汉语句群》，商务印书馆2002年版。

田小琳：《句群和句群教学论文集》，新蕾出版社1986年版。

王建芳：《语义悖论与情境语义学》，中国社会科学出版社2009年版。

王培光：《语感与语言能力》，北京大学出版社2005年版。

王守元、郭鸿、苗兴伟：《文体学研究在中国的进展》，上海外语教学出版社2004年版。

王希杰：《汉语修辞学（修订本）》，商务印书馆2005年版。

王缃：《复句·句群·篇章》，陕西人民出版社1985年版。

王寅：《中西语义理论对比研究初探》，高等教育出版社2007年版。

吴启主：《汉语构件篇章学》，岳麓书社2001年版。

席晓青：《语篇分析：思维、策略与实践》，厦门大学出版社2011年版。

徐赳赳：《现代汉语篇章回指研究》，中国社会科学出版社2003年版。

徐赳赳：《现代汉语篇章语言学》，商务印书馆2010年版。

杨俐：《外国人汉语过程写作》，北京大学出版社2006年版。

张会恩、曾祥芹：《文章学教程》，上海教育出版社1995年版。

张旺熹、邢红兵主编：《汉语测试、习得与认知新探索》，中国书籍出版社2012年版。

张志公：《传统汉语教育教材论》，上海教育出版社1992年版。

章熊：《中国当代写作与阅读测试》，四川教育出版社2000年版。

赵建华、祝秉耀：《汉语写作教程》，北京语言文化大学出版社2004年版。

赵建中：《文章体裁学》，南京大学出版社1990年版。

赵金铭：《汉语可以这样教——语言技能篇》，商务印书馆2006年版。

赵秀凤：《篇章视角语言表征的认知研究》，科学出版社2009年版。

赵元任：《汉语口语语法》，吕叔湘译，商务印书馆1979年版。

郑贵友：《汉语篇章语言学》，外文出版社2002年版。

周红：《二语篇章理解中预期推理的激活与编码》，河南大学出版社2007年版。

周小兵、李海鸥：《汉语二语教学入门》，中山大学出版社2004年版。

周振甫：《中国文章学史》，江苏教育出版社2006年版。

朱永生：《语境动态研究》，北京大学出版社2005年版。

朱永生：《语言·篇章·语境》，清华大学出版社1993年版。

祝秉耀、傅艺芳：《汉语写作教学导论》，中国环境科学出版社1996年版。

庄涛、刘敦骅、梁冠群：《写作大辞典》，汉语大辞典出版社1992年版。

［法］丹·斯珀波、［英］迪埃珏·威尔逊：《关联：交际与认知》，蒋严译，中国社会科学出版社2008年版。

［美］格雷夫斯：《语言课程设计——教师指南》，董奇译，北京师范大学出版社2008年版。

［美］坎贝尔：《第二语言写作教学》，董奇总编，北京师范大学出版

参考文献

社2006年版。

［瑞典］麦蒂森、［英］韩礼德：《系统功能语法：理论之初探》，黄国文、王红阳译，高等教育出版社2009年版。

论文类：

包小金：《过程写作教学中"分组讨论"的若干问题》，《云南师范大学学报》（汉语二语教学与研究版）2008年第4期。

蔡晖：《认知语言学视野下的功能语体分类问题》，《外语学刊》2004年第6期。

常敬宇：《略议汉语教学应以语体为纲》，《修辞学习》1994年第2期。

常敬宇：《语体的性质及语用功能》，《修辞学习》1994年第4期。

陈福宝：《汉语二语语段写作训练简论》，《汉语学习》1998年第6期。

陈贤纯：《汉语二语教学写作课初探》，《语言教学与研究》2003年第5期。

储诚志：《知识图式、篇章构造与汉语阅读教学》，《世界汉语教学》1994年第2期。

崔耀、陈永明：《阅读理解中的预期推理》，《心理学报》1996年第3期。

邓骏捷：《语体分类新论》，《修辞学习》2000年第3期。

丁金国：《语体构成成分研究》，《修辞学习》2007年第6期。

丁金国：《再论汉语二语教学中的语体意识》，《语言文字应用》1999年第2期。

杜欣：《留学生写作中的控制性训练原则》，《汉语学习》2006年第3期。

范琳、刘振前：《篇章阅读推理理论模式研究综述》，《解放军外国语学院学报》2005年第5期。

冯胜利：《论汉语书面正式语体的特征与教学》，《世界汉语教学》2006年第4期。

冯胜利：《书面语语法及相对的独立性》，《世界汉语教学》2003 年第 2 期。

付甜甜：《语体的再界定》，《陕西师范大学学报》（哲学社会科学版）2008 年第 S2 期。

郭熙：《论华语研究》，《语言文字应用》2006 年第 2 期。

何立荣：《浅析留学生写作中的篇章失误》，《汉语学习》1999 年第 1 期。

汲传波：《中级汉语综合教材语体不对应研究》，《云南师范大学学报》（汉语二语教学与研究版）2009 年第 7 卷第 6 期。

金廷恩：《汉语二语写作教学与完句成分研究》，载《第八届国际汉语教学讨论会论文选》，高等教育出版社 2007 年版。

雷英杰、龙叶：《对一次请柬和启事写作教学的分析和思考》，《云南师范大学学报》（汉语二语教学与研究版）2007 年第 5 期。

李春林：《汉语二语教学中如何强化语体意识》，《成功（教育）》2007 年第 12 期。

李海燕：《汉语二语写作教学中如何实现口语词向书面词语的转换》，《吉林省教育学院学报》2009 年第 4 期。

李建芳：《试析语体习得的过程》，《修辞学习》1998 年第 1 期。

李清华：《外国留学生中级阶段的写作教学》，《语言教学与研究》1986 年第 1 期。

李泉：《基于语体的汉语二语教学语法体系构建》，《汉语学习》2003 年第 3 期。

李泉：《加强基于汉语二语教学的语体研究的必要性》，《语言研究》2001 年增刊。

李泉：《面向汉语二语教学的语体研究的范围和内容》，《汉语学习》2004 年第 1 期。

李绍林：《论书面语与口语》，《齐齐哈尔大学学报》（哲学科学社会版）1994 年第 4 期。

李熙宗：《关于语体的定义》，《复旦大学学报》（社会科学版）2005 年第 3 期。

刘瑜：《复述写作中交际策略使用的实验研究》，《云南师范大学学报》（汉语二语教学与研究版）2008年第1期。

刘元满：《留学生一般性文章格式偏误表现与分析》，《汉语学习》2007年第5期。

刘月华：《关于叙述体的篇章教学——怎样教学生把句子连成段落》，《世界汉语教学》1998年第1期。

刘振前、刘蕴秋：《国外语言理解研究述论》，《四川外语学院学报》1998年第1期。

刘壮：《重视书面语教学 进行系统化研究》，《汉语学习》2005年第4期。

罗丽：《语体意识与汉语二语教学》，《中国高教研究》2001年第9期。

马金科：《系列汉语写作教程给汉语二语写作教学的启示》，《云南师范大学学报》（汉语二语教学与研究版）2007年第1期。

马仲可：《关于如何培养高级汉语写作人才的我见》，载《第六届国际汉语教学讨论会论文选》，北京大学出版社2000年版。

南勇：《留学生的汉语写作教学刍议》，《汉语学习》1994年第6期。

彭小川：《关于汉语二语篇章教学的新思考》，《汉语学习》2004年第2期。

朴德俊：《对韩写作教学策略》，载《第八届国际汉语教学讨论会论文选》，高等教育出版社2007年版。

祁玲、张春梅：《汉语写作课互动教学模式探析》，《现代汉语》（语言研究）2008年第1期。

任桂琴、任延涛、孙巍：《阅读研究方法述评》，《辽宁师范大学学报》（社会科学版）2006年第3期。

申修言：《应该重视作为口语体的口语教学》，《汉语学习》1996年第3期。

盛炎：《跨文化交际中的语体学问题》，《语言教学与研究》1994年第2期。

陶嘉炜：《认识和处理汉语二语写作教学中的三大问题》，载《第八届国际汉语教学讨论会论文选》，高等教育出版社 2007 年版。

田胜参：《对语体分类的探索》，《陕西师范大学学报》（哲学社会科学版）2008 年第 S2 期。

王晓娜：《第二语言语体能力的培养与教材虚设语境的设置》，《汉语学习》2003 年第 1 期。

吴丽君：《口语词汇与书面语词汇教学研究》，《云南师范大学学报》2004 年第 3 期。

吴平：《从学习策略到汉语二语写作教学》，《汉语学习》1999 年第 3 期。

吴双：《多媒体辅助汉语二语写作教学的意义》，《云南师范大学学报》（汉语二语教学与研究版）2009 年第 1 期。

吴双：《论过程体裁写作理论在汉语二语教学中的运用》，《现代汉语》2008 年第 3 期。

辛平：《对 11 篇留学生汉语作文中偏误的统计分析及对汉语写作课教学的思考》，《汉语学习》2001 年第 4 期。

辛平：《汉语二语写作验证性研究》，《云南师范大学学报》（汉语二语教学与研究版）2009 年第 3 期。

辛平：《基于语言能力构想的作文评分标准及其可操作性》，《暨南大学华文学院学报》2007 年第 3 期。

徐晶凝：《基于篇章对比分析的写作教学构想》，载《北京地区第三届汉语二语教学学术研讨会论文选》，北京大学出版社 2004 年版。

许国萍、王一平：《汉语二语写作教学中的重要一环——作文评改的现状和对策》，《暨南大学华文学院学报》2002 年第 2 期。

许力生：《当代语体研究中的不同模式与走向》，《外国语》1997 年第 5 期。

杨建昌：《浅谈外国留学生汉语专业的写作课教学》，《语言教学与研究》1982 年第 3 期。

杨俐：《过程写作的实践与理论》，《世界汉语教学》2004 年第 1 期。

于灵子：《论汉语教学中的语体习得》，《社会科学家》2005 年第

5期。

张宝林:《"汉语写入门"教学模式刍议》,《语言教学与研究》2009年第3期。

张德禄:《论篇章连贯》,《外语教学与研究》2000年第2期。

张德禄:《语类研究理论框架探索》,《外语教学与研究》2002年第5期。

张建理:《论篇章连贯机制》,《浙江大学学报》(人文社科版)2000年第6期。

张笑难:《任务型教学模式在汉语二语写作中的应用》,载《北京地区第三届汉语二语教学学术研讨会论文选》,北京大学出版社2004年版。

赵永桂:《试论汉语二语教材生词编排中的语体意识》,《和田师范专科学校学报》(汉文版)2009年第3期。

周红、范琳:《篇章阅读推理研究方法述评》,《解放军外国语言学院学报》2010年第4期。

周健:《第二语言教学应以培养语感为导向》,《语言翻译》2003年第1期。

朱湘燕:《多媒体辅助汉语二语写作教学研究》,《国际关系学院学报》2007年第4期。

祝秉耀:《浅谈写作课教学》,《语言教学与研究》1984年第1期。

博士论文类:

金宝荣:《汉语指示语及其篇章衔接功能研究》,博士学位论文,复旦大学,2011年。

李挺:《篇章视角下的汉语存现句研究》,博士学位论文,华东师范大学,2010年。

刘智伟:《含同一语素的同义单双音节动词研究》,博士学位论文,北京师范大学,2005年。

马国彦:《篇章的组块:标记与管界》,博士学位论文,复旦大学,2010年。

汤春燕：《篇章类型语用研究》，博士学位论文，上海外国语大学，2010年。
吴勇毅：《不同环境下的外国人汉语学习策略研究》，博士学位论文，上海师范大学，2007年。
杨一飞：《篇章中的连接手段》，博士学位论文，复旦大学，2011年。

硕士论文类：
方清：《中西方思维模式的不同及其对中国学生英语作文的影响》，硕士学位论文，中山大学，2003年。
冯新宏：《高年级留学生汉语篇章显性衔接偏误分析》，硕士学位论文，陕西师范大学，2008年。
刘建霞：《韩国留学生叙事篇章中名词性词语省略的偏误分析》，硕士学位论文，北京语言大学，2005年。
刘怡冰：《中级印尼留学生篇章衔接偏误分析及写作课篇章教学》，硕士学位论文，暨南大学，2006年。
孙新爱：《主位—述位理论和留学生汉语篇章教学》，硕士学位论文，暨南大学，2004年。
王瑶：《从指称类型考察中高级阶段越南留学生的篇章连贯性问题》，硕士学位论文，广西师范大学，2004年。
闫婧：《"结果法"与"过程法"——汉语二语写作两种教学模式的考察》，硕士学位论文，暨南大学，2007年。
杨丽赟：《中级阶段以英语为母语的留学生叙事文体篇章照应使用情况分析》，硕士学位论文，华东师范大学，2007年。
张静：《对阅读理解中影响篇章连贯建构因素的研究》，硕士学位论文，中南民族大学，2005年。
张述娟：《汉语篇章中主要的衔接方式及留学生偏误考察》，硕士学位论文，暨南大学，2003年。
张树权：《过程教学法在高级阶段汉语二语写作教学中的应用研究》，硕士学位论文，北京师范大学，2004年。

附　　录

表 1　　　　　　　　泰国发音人频率值数据表

	惊恐 1	惊喜 2	赞叹 3	醒悟 4	叹惋 5	叹息 6	不满 7	惊讶 8	疑问 9	追问 10
	279	255	244	246	235	225	255	256	263	243
	295	276	254	253	236	225	256	264	270	254
	310	295	262	257	236	225	253	267	278	264
	324	311	268	259	233	224	248	265	284	274
M1	332	322	275	258	229	220	241	259	289	283
	332	325	276	256	222	216	233	251	291	290
	323	317	278	251	215	210	222	241	293	294
	301	296	279	244	206	203	212	229	294	296
	273	262	251	236	197	197	201	217	293	296
	210	177	157	161	164	151	159	195	165	142
	235	204	182	164	174	158	166	201	171	146
	267	236	219	169	177	157	167	205	172	146
	291	262	253	171	174	153	163	203	166	143
M2	303	269	264	166	166	146	153	199	155	139
	293	253	250	157	158	140	142	192	141	130
	260	224	219	139	146	132	130	183	126	124
	215	197	180	128	136	125	119	177	115	114
	187	176	149	116	128	119	114	174	112	111

续表

	惊恐1	惊喜2	赞叹3	醒悟4	叹惋5	叹息6	不满7	惊讶8	疑问9	追问10
F1	350	364	395	318	261	247	251	334	267	246
	351	387	413	335	271	250	249	353	279	244
	342	396	412	351	273	249	247	376	285	240
	326	394	403	365	269	242	240	389	283	234
	303	382	392	374	261	232	231	386	280	233
	279	359	364	381	250	221	222	369	275	243
	259	328	328	390	237	213	216	337	267	268
	240	308	295	393	225	203	207	295	259	297
	240	308	295	393	213	199	201	265	258	312
F2	332	329	298	283	248	229	237	226	227	197
	348	337	317	307	247	229	239	225	230	191
	352	346	325	322	245	225	240	225	231	188
	361	356	330	320	241	220	234	217	227	187
	360	362	332	314	231	212	227	210	218	190
	362	364	333	302	218	203	217	202	208	197
	358	365	330	279	204	191	205	190	196	217
	357	361	325	254	191	179	190	178	186	239
	354	357	314	241	181	171	180	171	180	257

表2　　　　　　　　　　泰国发音人 T 值数据表

	惊恐1	惊喜2	赞叹3	醒悟4	叹惋5	叹息6	不满7	惊讶8	疑问9	追问10
M1	80	68	54	53	41	33	54	60	64	53
	88	79	59	56	40	32	53	62	69	60
	96	89	62	57	39	31	49	61	73	67
	100	95	67	56	35	29	44	57	76	72
	100	96	68	55	30	25	38	51	77	76
	95	92	69	51	24	20	30	44	78	79
	83	80	70	47	17	15	22	36	79	80
	66	59	51	41	9	9	12	26	78	80
	47	29	24	33	0	2	3	15	76	78

续表

	惊恐1	惊喜2	赞叹3	醒悟4	叹愧5	叹息6	不满7	惊讶8	疑问9	追问10
	63	47	34	37	39	31	36	56	39	25
	74	60	49	39	45	35	40	59	43	27
	87	75	68	42	47	35	40	61	43	28
	96	85	82	43	45	32	38	60	40	25
M2	100	88	86	40	40	27	32	58	33	22
	96	82	81	34	35	23	25	55	24	16
	85	70	68	22	27	17	16	50	12	11
	66	57	48	14	20	12	7	47	4	3
	52	46	29	5	14	7	3	45	1	0
	77	83	94	64	37	30	32	71	40	29
	78	91	100	71	42	31	31	79	46	28
	74	94	100	78	44	31	30	87	49	26
	68	94	97	83	41	27	26	92	48	22
F1	58	89	93	86	37	21	21	91	47	22
	46	81	83	89	31	14	15	84	45	28
	36	68	68	92	24	9	11	72	40	41
	26	60	54	93	17	3	6	54	36	55
	26	60	54	93	9	0	2	39	36	62
	88	86	73	66	49	38	43	37	37	19
	94	90	82	77	48	38	44	36	39	15
	95	93	85	83	47	36	45	36	39	12
	99	97	87	83	45	33	42	32	37	12
F2	98	99	88	80	39	28	37	27	32	14
	99	100	88	75	32	22	31	22	26	19
	98	100	87	64	23	15	24	14	18	31
	97	99	84	52	15	6	14	5	11	44
	96	97	80	45	7	0	7	0	6	54

表3　　　　　　　泰国发音人时长值和斜率值数据表

		惊恐 1	惊喜 2	赞叹 3	醒悟 4	叹惋 5	叹息 6	不满 7	惊讶 8	疑问 9	追问 10
M1	时长值	302	366	379	189	210	210	202	153	156	117
	斜率	0.11	0.09	0.08	0.11	0.23	0.17	0.32	0.34	-0.18	-0.42
	时长的相对值	71	95	100	27	35	35	33	14	15	0
	斜率的相对值	9	4	0	9	44	26	71	77	28	100
M2	时长值	482	470	549	209	318	334	255	257	254	174
	斜率	0.05	0.00	0.01	0.21	0.11	0.09	0.18	0.08	0.21	0.18
	时长的相对值	82	79	100	9	38	43	22	22	21	0
	斜率的相对值	21	0	6	100	53	44	82	37	98	85
F1	时长值	315	364	369	133	308	299	219	433	277	361
	斜率	0.26	0.02	0.04	-0.60	0.12	0.15	0.20	0.09	0.03	-0.14
	时长的相对值	61	77	79	0	58	55	29	100	48	76
	斜率的相对值	40	0	2	100	16	21	30	11	0	21
F2	时长值	314	270	250	286	327	317	346	264	288	278
	斜率	-0.07	-0.10	-0.07	0.15	0.20	0.18	0.16	0.21	0.16	-0.22
	时长的相对值	67	21	0	38	81	70	100	15	40	30
	斜率的相对值	4	24	0	55	92	77	65	94	65	100

附 录

表4　　越南发音人频率值数据表

	惊恐1	惊喜2	赞叹3	醒悟4	叹惋5	叹息6	不满7	惊讶8	疑问9	追问10
	236	214	234	209	191	201	202	218	187	186
	242	229	244	218	195	201	209	227	192	188
	251	235	250	223	193	198	211	229	191	187
	255	239	253	226	186	191	206	220	187	186
M1	256	239	250	221	178	177	198	210	183	181
	255	238	244	217	171	161	185	195	176	176
	252	232	232	208	157	144	167	182	167	168
	247	226	221	198	145	128	150	168	155	161
	246	218	211	192	139	123	139	158	146	158
	142	146	160	135	136	143	137	144	147	144
	144	149	165	134	135	146	139	146	147	149
	145	152	167	132	134	147	142	146	148	151
	146	153	168	132	132	145	143	147	147	149
M2	146	153	167	131	131	144	142	146	147	147
	146	152	166	130	130	142	139	145	145	145
	146	151	165	128	129	142	137	142	143	142
	146	152	164	126	128	141	136	141	142	140
	147	152	165	124	129	139	135	140	141	139
	307	314	322	301	291	286	295	301	293	299
	321	324	326	310	295	292	297	307	295	304
	326	331	327	311	294	292	297	305	299	307
	327	331	319	310	288	291	293	297	301	306
F1	327	329	312	302	281	286	288	288	299	301
	323	324	303	294	272	280	278	275	300	295
	321	321	289	282	264	273	270	262	301	289
	317	316	277	273	254	267	260	249	302	285
	310	316	269	269	248	265	255	240	303	278

续表

	惊恐1	惊喜2	赞叹3	醒悟4	叹惋5	叹息6	不满7	惊讶8	疑问9	追问10
F2	301	363	350	283	269	284	272	401	322	352
	308	381	356	284	264	279	270	397	319	350
	310	392	359	276	259	274	262	384	316	343
	312	394	361	266	253	267	252	366	303	334
	308	401	359	253	243	259	243	341	291	326
	307	398	359	244	235	248	235	323	282	315
	307	402	358	234	226	238	227	305	272	301
	310	405	356	224	218	229	220	291	264	284
	313	404	357	219	216	221	215	284	260	275

表5　　　　　　越南发音人T值数据表

	惊恐1	惊喜2	赞叹3	醒悟4	叹惋5	叹息6	不满7	惊讶8	疑问9	追问10
M1	89	76	87	72	60	67	68	78	57	56
	92	85	93	78	63	67	72	83	61	58
	97	88	97	81	61	65	74	85	60	57
	99	90	99	83	56	60	71	80	57	57
	100	90	97	80	51	50	65	73	54	53
	100	90	93	78	45	37	56	63	49	49
	98	87	87	72	33	21	41	54	41	42
	95	83	80	65	23	6	28	43	32	37
	94	78	74	61	16	0	17	35	24	34
M2	43	53	84	27	31	46	33	49	55	48
	49	61	93	25	28	54	38	54	57	59
	51	66	98	20	25	55	44	53	58	64
	53	68	100	20	19	51	47	56	56	61
	53	69	98	18	16	49	44	54	55	56
	53	67	97	14	14	44	37	51	51	51
	53	64	95	10	11	44	31	45	46	45
	54	67	93	5	11	42	30	43	43	39
	57	68	93	0	10	36	28	40	41	38

续表

	惊恐1	惊喜2	赞叹3	醒悟4	叹惋5	叹息6	不满7	惊讶8	疑问9	追问10
F1	76	83	91	70	59	55	64	70	62	68
	90	93	95	79	64	60	65	76	64	73
	95	100	96	81	62	60	66	74	68	76
	96	100	88	79	56	59	62	66	70	75
	96	98	81	71	48	55	56	56	68	70
	92	93	72	63	39	47	46	42	69	64
	90	90	57	50	29	40	36	26	70	57
	86	85	45	40	17	33	24	11	71	53
	80	85	35	35	10	30	19	0	72	45
F2	53	83	77	44	35	44	37	98	64	78
	57	90	79	44	32	41	36	97	62	77
	58	95	81	39	29	38	31	92	61	74
	59	96	82	33	25	34	25	84	54	70
	57	98	81	26	19	29	19	73	48	66
	56	97	81	20	14	22	14	64	43	60
	56	99	81	13	8	16	8	55	37	53
	58	100	80	6	2	10	4	48	32	44
	59	100	80	3	1	4	0	44	30	39

表6　　越南发音人时长值和斜率值数据表

		惊恐1	惊喜2	赞叹3	醒悟4	叹惋5	叹息6	不满7	惊讶8	疑问9	追问10
M1	时长值	183	192	196	194	196	219	216	191	195	190
	斜率	−0.05	−0.02	0.12	0.09	0.27	0.36	0.29	0.31	0.21	0.15
	时长的相对值	0	24	35	30	37	100	91	23	34	19
	斜率的相对值	9	0	28	19	74	100	81	86	56	38

续表

		惊恐 1	惊喜 2	赞叹 3	醒悟 4	叹惋 5	叹息 6	不满 7	惊讶 8	疑问 9	追问 10
M2	时长值	265	259	286	240	247	221	310	270	258	291
	斜率	-0.02	-0.03	-0.02	0.04	0.03	0.02	0.01	0.01	0.02	0.01
	时长的相对值	49	43	73	22	30	0	100	55	41	78
	斜率的相对值	40	52	26	100	66	30	0	16	44	20
F1	时长值	260	291	287	215	246	272	240	194	218	272
	斜率	-0.01	-0.01	0.18	0.15	0.17	0.08	0.17	0.31	-0.05	0.08
	时长的相对值	68	100	96	22	53	81	48	0	25	80
	斜率的相对值	1	0	58	46	54	23	52	100	12	22
F2	时长值	230	295	247	170	205	227	227	187	191	162
	斜率	-0.02	-0.08	0.00	0.38	0.24	0.26	0.24	0.60	0.31	0.46
	时长的相对值	51	100	64	5	32	48	49	19	21	0
	斜率的相对值	3	12	0	63	38	43	39	100	51	76

致　　谢

用我生命中短短的四年来凝聚这短短的"篇章",用我沉静有力的心跳直面我要致谢的人。

感谢我的导师陈学超先生,以下选几段微博上留下的文字管窥我对老师的敬重和老师对我的影响。

2011年7月4日:老师说要相信"伟大是熬出来的"。老师还相信萨特,说"孤独"才能造就出伟大和伟人。我不信自己能成为伟人,也不信自己会伟大。可我相信我的老师。学会了思考,是在最得意最满足的时候也不放弃她;学会了思考,是在最困顿最失落的时候也还仰赖她。我总是在最某和最不某的中间态徜徉,那样一种自得与慵懒能与思考结缘吗?是否该置身连接地与天的布达拉宫前,给自己一个交代?

2012年9月9日:老师下午的谈话有一个主题词叫"游离"。无论是教授、作家,还是书法家、教育管理者,抑或是社会活动家,他书写出的人生角色无不处在"游离"态。我欣赏老师的游离,因为它意味着对"入流"的抵抗,因为它是微小个体面对强权社会的一种自我坚守。为纯净、理想的人生,我们需有从善不落俗的勇气。

2012年12月20日:知道导师沉默了,我登时脸红了,竟一个上午不能释怀:头皮阵阵发麻,我的末日来了。你敬重一个人就必定在意他的感受;若是因为自己的怠慢和疏懒而令他失望,则必定是要怀揣不安和愧疚的。我长长一段时间的自我放纵,长长一段时间的置老师的叮嘱于心外,终于在传说中的末日来临前一天被他的"沉默"惩罚。2013年12月17日:老师把宝贵的时间慷慨地给了我六个半小时,我的小伙伴们没惊呆我自己出来以后可都惊呆了。老师纵横四海、阅历丰富,既友善待人又律己严明,既有率真纯粹的心境也有通达了然的智慧,能包容世俗万象、能坚守理想生活。学习是一辈子的事,学习知识可以靠自己,学习做人则需要榜样。我的幸运在于:老师是我人生的导师。

感谢我的导师组:温婉知性、博闻强记的杜敏老师;风趣严谨帅气、像热爱生活一样热爱治学的邢向东老师;满腹诗书才情,端正持重、幽默的胡安顺老师;踏实诚恳、爱生如子的赵学清老师;在开题和预答辩时给予我宝贵意见并给我留下深刻印象的韩宝育老师。特别感谢南开大学石锋老师,在我的论文写作和研究道路上,石老师用实验语音学热情地为我开启了一扇新窗。诸位师长为人为学的品格与风范,是我求学治学路上不灭的灯火,一生追随。

感谢我的家人:这一谢要用我深深的拥抱和以后的时间来点滴回报。有深爱并全力以赴支持我学业的丈夫;有和我并肩在求学赛道上奔跑的我的上高三的女儿;有四年来不断给我送行和接风的豁达慈爱的公婆;有默默关注和支持我的父亲;更有为我读博骄傲、把我从病榻旁赶到学校开题、现在天堂也深情关注我学业进步的我深爱的母亲。博士阶段的学习生活是我生命中一颗璀璨的明珠,而这颗明珠是用我的勤奋、坚韧与对专业的热爱做内核,展露给世人的光彩华美的那一面凝聚的则是我的至亲至爱的人对我的无私奉献与慷慨付出。他们的爱,正是我整个的生命。四年里的聚少离多,让我深深感受到:无论自己身在何处,心都安放在家人那里;无论自己身在何处,家人的心都会追随到那里。用我不再漂泊的心给我的家人深深地鞠上一躬。

感谢陪我一路走来的人:友人梁谦、李蓓帮助收集了部分资料和

◈ 致　谢 ◈

语料，学生莫芳、邓宏丽、池洁明、郑颖芳帮助整理了部分资料，师兄白玉波在英文翻译上给予了帮助，还有同门、同窗和生活中的亲密朋友给我的精神上的鼓励与支持。

  每一种研究都只是开始，而不是完成和终结。当我们把目光投向它，便意味着要赋予它生命或新的生机；然而，一个有强大生命力的课题一定会吸引更多志同道合的人，因为一个人的力量无法担当起对它的穷尽性研究。从教20年，华语二语教学伴随我教育、教学生涯的始终。在博士论文选题上，经过和导师多次反复论证之后，把焦点落在了"篇章"上。这是一块难啃的骨头，凭我个人的才智是啃不动、啃不完的，但这是语言教学应该啃、必须啃的一块大骨头，无论是做理论研究还是搞教学实践。最后，真诚感谢把我引向"篇章"之路的前辈和同道，以及正在和将要与我一起关注"篇章"的人，让我们一起努力，突破华语二语教学如裹足而行般的艰难。

刘　惠
二〇一四年五月于西安